実務者のための
自然換気設計
ハンドブック

日本建築学会　編

Natural Ventilation
Design HandBook

技報堂出版

事例1		ディスプレイタワーを用いた展示場の自然換気
建物概要	建物名称	メガウェブ・トヨタシティショーケース棟
	建物用途	展示場
	所在地	東京都江東区青海
	敷地面積	12 372 m^2
	建築面積	9 291 m^2
	延床面積	16 489.54 m^2
	建物高さ	30.95 m
	構造規模	S造　地上3階
	設計・監理	トヨタ自動車（株），大成建設（株）
	工期	1998年5月～1999年3月
設備概要	空調設備	熱源：ガス焚き吸収式冷温水発生機 空調：AHU，床置型ファンコイル方式 　　　冷温水放射パネル，空冷HPマルチ
自然換気計画	自然換気タイプ	シャフト型
	換気量目標値	ー
	換気経路 経路上のポイント	中間期は北寄りの風が卓越風となるため，通風のための南北面に排煙兼用換気窓を設置した。また建物中央の高さ30mのディスプレイタワー2棟には頂部4周に排煙兼用換気窓を設けた。
	システム制御	（運転モード別　換気窓開閉条件表）
	自然換気運用実績	通風量，排熱量の実測値（5月18日，南東の風2.0m/s） 排熱量 848MJ/h　ディスプレイタワーA 77 700m^3/h (26.0℃) ディスプレイタワーB 63 500m^3/h (28.2℃) 外気温度 22℃　風向 南東　風速 2.0m/s 排熱量 417MJ/h　97 700m^3/h (24.1℃)　67 400m^3/h (24.1℃) 室内温度 24.1℃　144 700m^3/h (22.0℃)　196 700m^3/h (22.0℃) 換気による排熱量：1 265MJ/h 排気ファン動力の削減：1 180MJ/h 省エネルギー量：2 445MJ/h

撮影：三輪晃久写真研究所

事例2		都心部に建つ超高層オフィスビルの通風型自然換気
建物概要	建物名称	関電ビルディング
	建物用途	オフィスビル
	所在地	大阪府大阪市北区中之島
	敷地面積	21 000m²
	建築面積	3 060m²
	延床面積	106 000m²
	建物高さ	196m
	構造規模	RC造，S造，SRC造　地上41階，地下5階
	設計・監理	(株) 日建設計
	工期	2000年8月～2004年12月
設備概要	空調設備	熱源：地域冷暖房施設より冷水，温水を受け入れ 空調：事務所　タスクアンビエント
自然換気計画	自然換気タイプ	通風型
	換気量目標値	3～9回／h（実績値）
	換気経路 経路上のポイント	日射遮蔽と眺望確保の両立のため，柱，梁を外部架構化（エコフレーム）しており，その軒内部に自然換気口を設置し，超高層の強風を和らげて取り入れている。 導入した外気が窓際で降下することなく，室の奥深くまで行き渡るよう，室内側天井部に設けた換気口の形状を工夫している。 換気システム概略　　　　　　　　室内換気口
	システム制御	換気口の開閉は，中央監視盤からの遠隔操作により，自然換気条件（室内外温湿度，外部風速，降雨状況）を見ながら自動で制御する。また，取入口にはセンサーがあり，気圧のバランスをとりながら各換気口の開閉を自動的に制御している。
	自然換気運用実績	外部風速2m/s時に3～6回/h，4m/s時に6～9回/hと，大きな換気回数が確保されている。 気象台風速と換気回数　　　　流入部の断面温度分布（秋，実測）

事例3		屋上無線塔を利用したオフィスビルのシャフト型自然換気
建物概要	建物名称	神戸関電ビルディング
	建物用途	オフィスビル
	所在地	兵庫県神戸市中央区加納町
	敷地面積	3 349 m²
	建築面積	1 529 m²
	延床面積	33 295 m²
	建物高さ	95 m（無線塔高さ：170 m）
	構造規模	RC造，S造，SRC造　地上19階，地下2階
	設計・監理	（株）日建設計
	工期	1997年12月～2000年2月
設備概要	空調設備	熱源：空気熱源ヒートポンプ，熱回収ヒートポンプ，氷蓄熱システム，井水熱源ヒートポンプ 空調：事務所　空調機VAV方式
自然換気計画	自然換気タイプ	シャフト型
	換気量目標値	2～4回／h（実績値）
	換気経路 経路上のポイント	無線塔をガラスで囲った「風の塔」を用いたシャフト型換気であり，各階の四隅にある外気導入口から床下トレンチに導入された外気を，室内，天井チャンバーを経由して換気シャフトに流し，無線塔の最上部で排出する。 無線塔を利用することで，中性帯が無線塔部分に生じるため，全館での自然換気が可能となる。 基準階平面図　　　無線塔外観
	システム制御	自然換気は外気導入部に設置された電動ダンパを自動で開閉することで行い，室内温度に応じて比例制御を行うとともに，自然換気許可条件を外れた場合には全閉制御を行う。
	自然換気運用実績	施工後の換気性能試験を2000年6月と11月に行った。結果，6月の測定（外気温度24℃）で2回/h換気程度，11月の測定（外気温度14℃）で4回/h換気程度の換気性能が得られることを確認した。 シミュレーション　6月2日実測　11月13日実測 自然換気実測（2000年6月，11月）

事例4		エスカレータシャフトと中間階風穴によるシャフト型自然換気
建物概要	建物名称	明治大学リバティータワー
	建物用途	学校
	所在地	東京都千代田区神田駿河台
	敷地面積	11 148m²
	建築面積	6 120m²
	延床面積	53 068m²
	建物高さ	119m
	構造規模	RC造，S造，SRC造　地上23階，地下3階
	設計・監理	(株)日建設計
	工期	1996年1月～2000年9月
設備概要	空調設備	熱源：ヒーティングタワーターボ冷凍機 　　　　水冷スクリュー冷凍機，水蓄熱 空調：空調機VAV方式
自然換気計画	自然換気タイプ	シャフト型
	換気量目標値	－
	換気経路 経路上のポイント	1階～17階の吹抜けエスカレータホールを利用したシャフト型自然換気。教室のペリカウンターの自然換気口から導入された外気は，エスカレータシャフトを通り，18階に風穴階で排気される。19階以上の大学院フロアは自然換気シャフトを利用し，屋上に排気を抜いている。 自然換気概略図　　　窓廻り自然換気口　　　18階風穴
	システム制御	自然換気は自然換気条件(室内外温湿度，外部風速，降雨状況)に基づき，中央監視より自然換気窓を自動で開閉して行う。また，自然換気を行いながら，負荷処理の不足分を空調で補う，ハイブリッド空調も行うことができる。
	自然換気運用実績	中間期の代表的な1日(外気温度：15～22℃程度)における自然換気による除去熱量と空調機による除去熱量は右図のようになっており，約50%の空調負荷が削減されていた。 自然換気による空調負荷削減量(1999年5月)

事例5	10本の光庭による博物館のシャフト型自然換気

建物概要

建物名称	日本科学未来館
建物用途	博物館
所在地	東京都江東区青海
敷地面積	19 637m^2
建築面積	8 881m^2
延床面積	40 590m^2
建物高さ	45m
構造規模	RC造，S造　地上8階，地下2階
設計・監理	(株) 日建設計（意匠，構造）， (株) 久米設計（設備）
工期	1999年12月～2001年3月

撮影：Nacasa&Partners Inc.

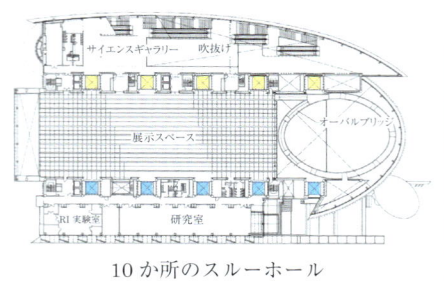

設備概要

空調設備	熱源：地域冷暖房施設より冷水，温水を受け入れ 空調：空調機VAV方式

自然換気計画

自然換気タイプ	シャフト型
換気量目標値	－

換気経路　経路上のポイント

建物内部に設けた10本の光庭（スルーホール）を利用したシャフト型自然換気。研究室ではバルコニー側の窓→廊下出入口の換気口→スルーホールを開放することで自然換気を行う。スルーホールは5本ずつ，「風の塔」，「光の塔」に分かれ，展示スペースは「光の塔」から取り入れた外気を「風の塔」に導いて換気する。

10か所のスルーホール

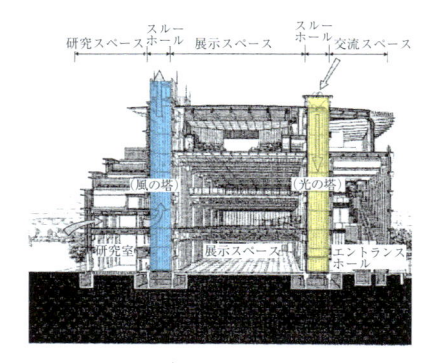

断面スペース

エントランスロビー

事例6		階段室を換気塔として用いたオフィスビルのシャフト型自然換気
建物概要	建物名称	堺ガスビル
	建物用途	オフィスビル
	所在地	大阪府堺市住吉橋町
	敷地面積	1 842m^2
	建築面積	1 085m^2
	延床面積	7 156m^2
	建物高さ	32m
	構造規模	S造，SRC造　地上7階
	設計・監理	日建設計，安井建築設計事務所JV
	工期	2001年6月〜2003年8月
設備概要	空調設備	熱源：ガス焚吸収式冷温水発生機，ガスエンジンヒートポンプ，コージェネレーションシステム 空調：事務所　デシカント空調機，床吹出し空調方式
自然換気計画	自然換気タイプ	シャフト型
	換気量目標値	約1.0回/h（実績値）
	換気経路 経路上のポイント	階段室を換気塔として利用したシャフト型自然換気。外気は南北外壁面の取入れスリットより導入し，床下換気トレンチ，幅木スリット，執務室，階段室を経て，上部の換気窓より排出される。 自然換気，天井シーリングファン，床吹出し空調の3種を組み合わせたハイブリッド空調方式を採用している。
	システム制御	自然換気条件（室内外温湿度，外部風速，降雨状況）で，外気取入口，および階段室上部窓の開閉制御を自動で行うほか，室内条件応じて，天井シーリングファン，空調との組み合わせによる制御も行っている。
	自然換気運用実績	トレンチ外気取入口での手動による風速測定値から自然換気量を求めると，昼間の換気回数として4階事務所室容積基準で約1回/hの換気であった。

撮影：エスエス大阪

事例7	卓越風をとらえる屋根形状のアトリウムによる研究所の自然換気		
建物概要	建物名称	地球環境戦略研究機関（IGES）	
	建物用途	研究所	
	所在地	神奈川県三浦郡葉山町上山口	
	敷地面積	20 974m²	
	建築面積	4 404m²	
	延床面積	7 408m²	
	建物高さ	18m	
	構造規模	RC造，S造　地上2階，地下1階	
	設計・監理	（株）日建設計	
	工期	2001年3月～2002年4月	
設備概要	空調設備	熱源：空冷ブラインチラー＋氷蓄熱システムほか 空調：外調機＋空調機（ファンコイル）	
自然換気計画	自然換気タイプ	シャフト型	
	換気量目標値	—	
	換気経路 経路上のポイント	玄関ホールを兼ねた吹抜けアトリウムを利用して，建物全体の自然換気を行う。アトリウムの屋根形状を工夫することで，計画地域の卓越風による吸引効果も利用している。外気は下階の軒下から取り入れている。 窓際の環境装置 フロストガラスにより反射光を拡散／ライトシェルフを兼ねた水平庇／構造柱を利用し再生木を組んだ垂直庇／エアフローウィンドウによる外部負荷を遮断しつつ眺望を損なわない窓廻り／ライトシェルフ・フィン-ブラインドの要らない明るい研究室 自然換気概略図：卓越風／ソーラールーバー／熱溜り／床輻射冷房 自然換気解析：アトリウムを利用した施設全体の自然換気 中間期：積極的に外気を導入し，卓越風の吸引効果を用いた風力換気と室内外温度差による重力換気を併用する 夏　期：ナイトパージ（夜間の外気導入による建物の冷却）を行って，昼間の冷房負荷を削減	
	システム制御	各研究室には自然換気有効ランプがあり，自然換気条件（室内外温湿度，外部風速，降雨状況）が整った際に執務者にそれを知らせ，執務者の判断で換気口の開閉を行える。アトリウム上部の換気窓は自然換気条件により，自動的に開閉制御を行う。	

撮影：三輪晃士

事例8	ダブルスキンとエコシャフトを換気経路として用いた自然換気		
建物概要	建物名称	きんでん東京本社ビル	
	建物用途	オフィスビル	
	所在地	東京都千代田区九段南	
	敷地面積	1 954.94m²	
	建築面積	857.49m²	
	延床面積	9 063.97m²	
	建物高さ	48.00m	
	構造規模	SRC造，CFT造　地上10階，地下1階	
	設計・監理	鹿島建設（株）	
	工期	2000年12月～2002年7月	
設備概要	空調設備	熱源：ターボ冷凍機，ガス焚吸収冷温水機，氷蓄熱槽 空調：事務所　天井・床吹出切替システム（冷房時天井吹出，暖房時床吹出） 　　　ハイブリッド空調システム（自然換気併用空調） 　　　個室・オフィスガーデンなど　ファンコイルユニット	
自然換気計画	自然換気タイプ	ボイド型（エコシャフト利用）	
	換気量目標値	約4.0回／h	
	換気経路 経路上のポイント システム制御	本建物は，10階建てのオフィスビルで，東面のダブルスキンファサードと建物中央のエコシャフトと呼ばれる吹抜けを利用した大規模な温度差換気型の自然換気併用冷房を行っている。ダブルスキン部の欄間，オフィス－エコシャフト間，エコシャフト最上部の自然換気開口は外界気象条件を基に5段階の開度に制御される。計画時にはシミュレーション・実験などを駆使した。 自然換気のコンセプト	ダブルスキンファサード
	自然換気運用実績	竣工後性能検証を行い，制御方法にフィードバックするとともに，年間シミュレーションにより，自然換気を行うことで年間冷房負荷が約26%低減できることを確認した。 流入風量の推定 （実測，2003年5月27日，5階）	気流の可視化 自然換気の効果（空調負荷）

事例9　4層吹抜けのアトリウムを用いた学校の自然換気

建物概要

建物名称	西南学院中学校・高等学校
建物用途	学校
所在地	福岡県福岡市早良区百道浜
敷地面積	74 006m^2
建築面積	13 588m^2
延床面積	36 273m^2
建物高さ	24m
構造規模	RC造（教室棟）　地上4階
設計・監理	日建設計，鹿島設計JV
工期	2001年6月～2003年1月

設備概要

空調設備	熱源・空調：ガスヒートポンプパッケージ空調機

撮影：馬場祥光

自然換気計画

自然換気タイプ	シャフト型
換気量目標値	－

換気経路　経路上のポイント

4層吹抜けのアトリウムを利用したシャフト型自然換気。教室から導入された外気はアトリウムを通り，アトリウム上部の換気ダンパより抜けていく。

吹抜けアトリウム　　撮影：馬場祥光

アトリウム廻り平面図

自然換気の解析結果

システム制御

アトリウム上部の換気ダンパを自然換気条件（室内外温湿度，外部風速，降雨状況）で開閉制御して換気を行う。換気ダンパは自動制御のほか，中央監視からの手動開閉も可能である。給気側である教室の窓は手動での開閉となる。

事例10		階段室を利用したオフィスビルのシャフト型自然換気
建物概要	建物名称	白寿ビル
	建物用途	事務所・ホール
	所在地	東京都渋谷区富ヶ谷
	敷地面積	1 014m^2
	建築面積	706m^2
	延床面積	5 356m^2
	建物高さ	39.8m
	構造規模	S造，NSC造，CFT造　地上9階
	設計・監理	(株)竹中工務店
	工期	2001年8月〜2003年3月
設備概要	空調設備	熱源：ガス焚吸収式冷温水発生機 352kW（100USRT）×2台 　　　温水吸収式冷温水発生機 35kW（10USRT）×1台 　　　合計冷房能力 739kW（210USRT）（空調面積 3 540m^2） 空調：オフィス（インテリア）：空調機＋ファン無し床吹出口（循環風量 27m^3/m^2・h） 　　　オフィス（ペリメータ）：プルファンによるエアバリア（吸込風量 110m^3/m・h） 　　　ホール：空調機＋単一ダクト（壁吹出・床吸込）（循環風量 56m^3/m^2・h） 自動制御：ハイブリッド空調・ナイトパージ・自然換気制御，CO$_2$制御， 　　　　　VWV制御，熱源制御ほか BEMS：データ収集システム，エネルギー管理ほか
自然換気計画	自然換気タイプ	シャフト型（階段室利用）
	換気量目標値	3.8〜4.6回／h（実績値）
	換気経路 経路上のポイント	自然換気の開口部は基準階オフィスの窓下にモータダンパを設置し，階段室に付帯する吹抜けを利用して，頂部より自然排気を行う構成としている。また自然換気運転をより長時間行うため，アンダーフロア空調と自然換気を併用して行うハイブリッド空調のモードを設定した。
	システム制御	自然換気運転を長時間行うため，アンダーフロア空調と自然換気を併用するハイブリッド空調のモードを設定した。通常空調・ハイブリッド空調・自然換気・ナイトパージは，以下の制御条件で自動的にモード切替えを実施する。 ①　自然換気・ナイトパージ：15℃＜外気温度＜23℃，外気エンタルピ＜室内エンタルピ，空調時間帯または，0時〜6時（ナイトパージ時間帯） ②　ハイブリッド空調：自然換気時に室内温度＞室内温度設定＋2℃の場合 ③　各モードの中止：室内温度＜室内設定温度−2℃の場合，降雨，強風
	自然換気運用実績	自然換気風量と室内温度の変化　　月別空調モード別冷房運転時間の集計

事例 11　2 層吹抜けの温度差換気も用いた超高層オフィスビルの通風型自然換気

<table>
<tr><td rowspan="8">建物概要</td><td>建物名称</td><td>汐留タワー</td></tr>
<tr><td>建物用途</td><td>オフィス，ホテル</td></tr>
<tr><td>所在地</td><td>東京都港区新橋</td></tr>
<tr><td>敷地面積</td><td>15 659m^2</td></tr>
<tr><td>建築面積</td><td>3 650m^2</td></tr>
<tr><td>延床面積</td><td>79 819.38m^2（事務所専有部：34 503.81m^2，ホテル専有部：26 430.96m^2）</td></tr>
<tr><td>建物高さ</td><td>172m</td></tr>
<tr><td>構造規模</td><td>S 造，CFT 造
地上 38 階，地下 4 階
（23 階までは事務所，24 階より上はホテル）</td></tr>
<tr><td colspan="2">設計・監理</td><td>鹿島建設（株）</td></tr>
<tr><td colspan="2">工期</td><td>2000 年 1 月～2003 年 4 月</td></tr>
<tr><td>設備概要</td><td>空調設備</td><td>熱源：地域熱源受け入れ（冷水，蒸気），冷水は大温度差式（ΔT=10℃）
空調：【事務所】多機能分散型空調方式，自然換気併用空調システム，
　　　　　　　ペリメータ処理は 4 管式ファンコイルユニット
　　　【ホテル】（客室）外調機＋4 管式ファンコイルユニット（客室以外）個別空調方式</td></tr>
<tr><td rowspan="4">自然換気計画</td><td>自然換気タイプ</td><td>通風型（オフィスガーデン 2 層吹抜けの高さを用いた温度差換気も利用）</td></tr>
<tr><td>換気量目標値</td><td>約 2.0 回／h</td></tr>
<tr><td>換気経路
経路上のポイント
システム制御</td><td>超高層ビルの事務所部分において，二層吹抜けのオフィスガーデンを利用した通風換気型の自然換気併用冷房を実現し，明るく自然を感じられる半屋外的空間を形成している。また，執務スペースの窓上部スリットから天井内に設置された自然換気口（加圧防煙システムの避圧ダンパを使用）を開放することで外気を導入し，間接的な自然換気も行っている。計画時には年間シミュレーションと気流数値解析（CFD）により検討を実施するとともに，超高層ビルでの煙突効果による悪影響に対しても検討を行った。自然換気口の制御は，①外界気象条件による自然換気許可条件の検討，②外気温度と風速による開度調整の 2 段階で行った。

オフィスガーデン　　　　　自然換気のコンセプト</td></tr>
<tr><td>自然換気運用実績</td><td>竣工後性能検証を行い，自然換気運用時間が比較的長く中間期に 20 日／月を超えることや，温湿度・風速測定により室内環境に問題がないことを確認した。実際の自然換気開口の制御データを基に年間シミュレーションを行った結果，自然換気により年間積算冷房負荷が約 14%削減されると推定された。

オフィスガーデンの温度分布
（CFD 結果）　　　　自然換気運用時間</td></tr>
</table>

事例 12　建築計画に制約のある病院において実践した通風型自然換気

建物概要

建物名称	財団法人慈愛会　奄美病院
建物用途	病院
所在地	鹿児島県名瀬市大字浜里
敷地面積	23 771m^2
建築面積	6 148m^2
延床面積	16 839m^2
建物高さ	20m
構造規模	RC造，S造　地上5階
設計・監理	日建設計，下舞建築設計事務所JV
工期	2001年12月～2003年9月

撮影：Kouji Okamoto（Techni Staff）

設備概要

空調設備	熱源：ボイラー，ターボ冷凍機 空調：空調機VAV方式

自然換気計画

自然換気タイプ	通風型，一部シャフト型（ソーラーチムニー利用）
換気量目標値	保護室換気実績：25回／h（最大），7回／h（平均）
換気経路 経路上のポイント	一般病室は共用部の窓，及び病室に面した風のテラスと呼ばれるバルコニーに面する窓を開けることで通風が得られる。保護室は，ヒートチムニー（集熱器）を利用して換気の促進を図っている。 レンガ積の透かしが入った風のテラス 撮影：Kouji Okamoto（Techni Staff）
システム制御	通風型の自然換気を行う一般病室は，入所者，および病院スタッフによる手動操作による。ヒートチムニーの換気は，ダクト内の通風量を見ながら，必要に応じて補助排気ファンを起動させる制御を行っている。
自然換気運用実績	日射の集熱により，保護室とヒートチムニー内は最大で約20℃の温度差がついており，換気量は最大で25回／h，平均で7回／hが確保されていた。 ヒートチムニー内温度と自然換気風量（2004）

事例13		3本の光庭を用いた本社オフィスビルの自然換気
建物概要	建物名称	(株) 竹中工務店　東京本店社屋
	建物用途	オフィスビル
	所在地	東京都江東区新砂
	敷地面積	23 383m^2
	建築面積	5 904m^2
	延床面積	29 747m^2
	建物高さ	30.95m
	構造規模	S造, CFT造, 外殻ブレース構造 地上7階, 塔屋1階
	設計・監理	(株) 竹中工務店
	工期	2003年10月～2004年9月
設備概要	空調設備	事務室系統：OHU＋AHU方式 インテリア系統：自然風利用ハイブリッド低温送風空調機 (11℃送風) ペリメータ系統：外調機兼用高温送風ペリメータ空調機 (暖房時40℃送風) 自動制御：制御方式DDC その他：ウェブDDCを利用したオープン型中央監視・BEMS (WebTop型)
自然換気計画	自然換気タイプ	ボイド型
	換気量目標値	1.5回／h
	換気経路 経路上のポイント	外壁の自然換気口から導入した外気が, 3本の光庭を経由して流出する計画とした。自然換気モードにおいて大部分は外壁換気口から流入, 光庭換気口から流出しており, 設計意図に沿った風の流れが形成されている。
	システム制御	① 自然通風モード 外気温湿度ともに条件が良い場合, 自然換気を行う。自然通風時は空調機停止。 ② 自然通風＋空調併用モード 自然通風だけでは冷房不足の場合, 補完的に空調機運転。 ③ 外気冷房モード 外気温度が低い場合, ダクトで冷気を均等に分配。外気温は低いが高湿度の場合, 除湿処理を行った外気で冷房。 ④ 低温送風モード 低温送風空調で11℃の冷気を吹き出す。外気はペリメータ系統の空調機から供給。
	自然換気運用実績	月別空調運転モードの割合 (2009年)　　自然換気時の外気流出入風量

撮影：小川泰祐写真事務所

事例 14　吹抜けコミュニティー階段を用いたオフィスビルのシャフト型自然換気

建物概要

建物名称	トヨタ自動車本館
建物用途	オフィスビル
所在地	愛知県豊田市トヨタ町
敷地面積	194 129 m^2
建築面積	9 672 m^2
延床面積	64 988 m^2
建物高さ	72 m
構造規模	S造，SRC造　地上15階，地下1階
設計・監理	基本設計・監理：（株）日建設計　実施設計：清水建設（株）
工期	2003年11月～2005年1月

設備概要

空調設備	熱源：ガス焚吸収式冷温水発生機・排熱回収式冷温水発生機（冬期，フリークーリング） 空調：事務所　外調機＋空調機方式（全面床吹出し）

自然換気計画

自然換気タイプ	シャフト型
換気量目標値	実績値：8回／h（最大），4回／h（平均）
換気経路 経路上のポイント	フロア2か所に設置された吹抜け階段（バーティカルビレッジ）を利用した自然換気。事務室ペリカウンター部に設置した自然換気窓から導入した外気は，事務所，バーティカルビレッジを経由し，吹抜け上部の換気用窓から排出される。自然換気条件に応じて，自然換気窓，パスダクトダンパ，吹抜け上部窓の開閉連動を行う。 基準階平面／換気システム概要
システム制御	事務室ペリカウンター部に自然換気窓を設置。自然換気はフロア2箇所に設置された吹抜け階段（バーティカルビレッジ）を利用したシャフト型方式であり，事務室～バーティカルビレッジをパスダクトでつなぎ，バーティカルビレッジ上部に排気用窓への換気経路を確保している。自然換気条件に応じて，自然換気窓，パスダクトダンパ，吹抜け上部窓の開閉連動を行う。 窓廻り詳細図

事例15		札幌における冷涼な外気を利用したシャフト型自然換気
建物概要	建物名称	大成札幌ビル
	建物用途	オフィスビル
	所在地	北海道札幌市中央区
	敷地面積	863m²
	建築面積	770m²
	延床面積	6 970m²
	建物高さ	34.6m
	構造規模	RC造，S造　地上8階，地下1階，塔屋1階
	設計・監理	大成建設（株）
	工期	2005年3月～2006年6月
設備概要	空調設備	熱源：空気熱源ヒートポンプチラー 　　　密閉式冷却塔（フリークーリング専用） 空調：（事務所）外調機＋床吹出し空調機＋天井躯体蓄熱放射冷暖房併用方式 　　　（テナント・小部屋）空気熱源ヒートポンプマルチ方式
自然換気計画	自然換気タイプ	シャフト型
	換気量目標値	－
	換気経路 経路上のポイント	4～7階の事務所用途部分はエコボイドと称する吹抜けを囲んでつながっており，各階からトップライトへの換気経路として用いられる。また，エコボイドはトップライトからの採光にも用いられる。8階のみボイド内空気の逆流防止のため吹抜けとの間はガラスで間仕切られている。 トップライトは東西面に開口が設けられており，自然換気時と外気冷房時と，トップライト頂部の排熱に対応して自動制御により開閉される。 各階3種の自然換気開口があり，東面の開口2は床上100mmの位置に4～5個設置され，全て手動開閉式である。
	システム制御	中間期，17：30以降は一度空調停止し，必要に応じて在室者が空調運転，自然換気開口を操作する。自然換気に適した外気条件であることを示すランプによって，自然換気を促す仕組みとし，在室者の自然換気利用の判断の参考としている。 自然換気の可否は，外気冷房の判定と同じである。
	自然換気運用実績	各月の冷房負荷と削減率（計算値）

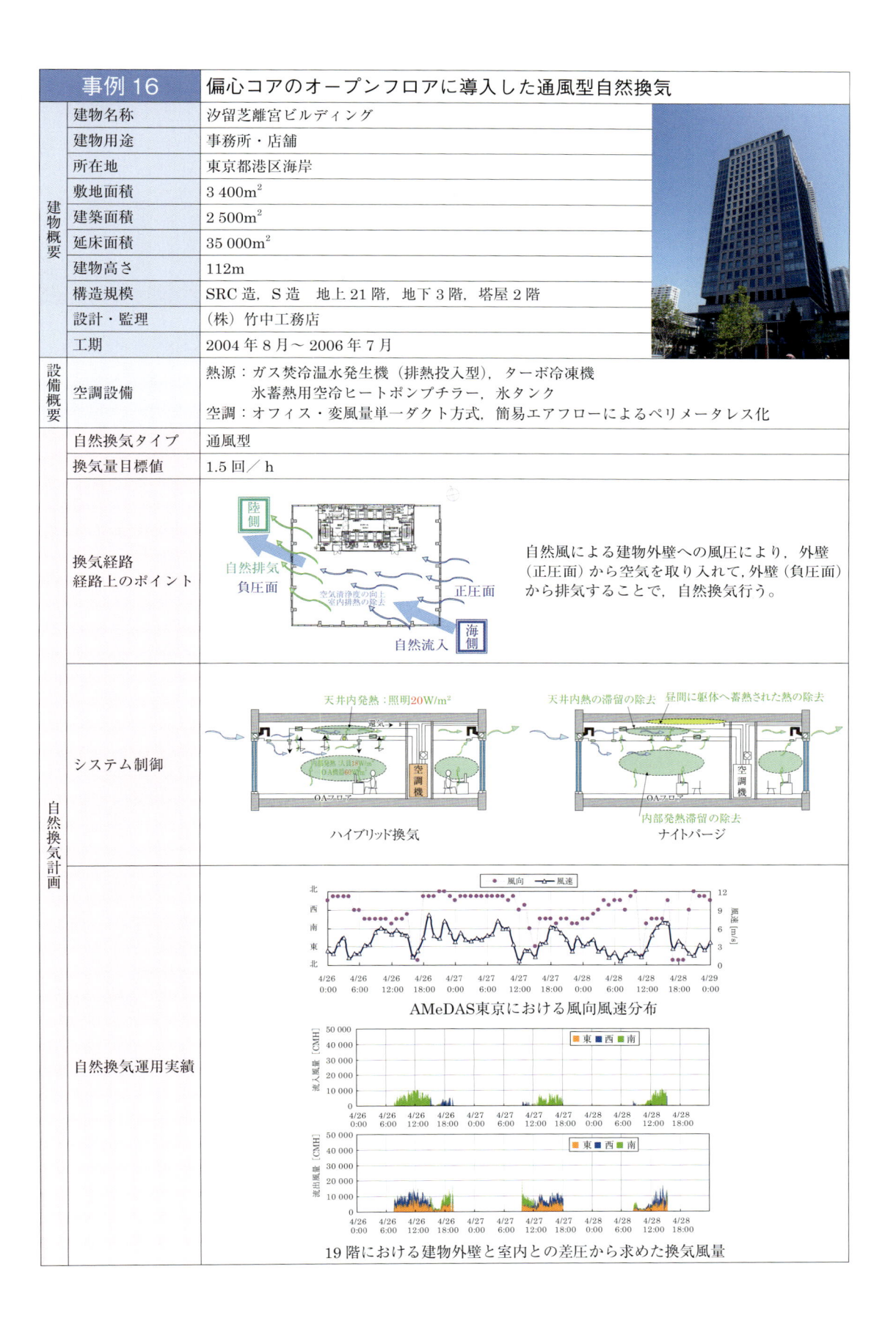

事例16		偏心コアのオープンフロアに導入した通風型自然換気
建物概要	建物名称	汐留芝離宮ビルディング
	建物用途	事務所・店舗
	所在地	東京都港区海岸
	敷地面積	3 400m²
	建築面積	2 500m²
	延床面積	35 000m²
	建物高さ	112m
	構造規模	SRC造, S造　地上21階, 地下3階, 塔屋2階
	設計・監理	(株)竹中工務店
	工期	2004年8月～2006年7月
設備概要	空調設備	熱源：ガス焚冷温水発生機（排熱投入型），ターボ冷凍機　氷蓄熱用空冷ヒートポンプチラー，氷タンク 空調：オフィス・変風量単一ダクト方式，簡易エアフローによるペリメータレス化
自然換気計画	自然換気タイプ	通風型
	換気量目標値	1.5回／h
	換気経路 経路上のポイント	自然風による建物外壁への風圧により，外壁（正圧面）から空気を取り入れて，外壁（負圧面）から排気することで，自然換気行う。
	システム制御	ハイブリッド換気　　ナイトパージ
	自然換気運用実績	AMeDAS東京における風向風速分布 19階における建物外壁と室内との差圧から求めた換気風量

事例17　改修による吹抜けを換気経路として利用した自然換気

建物概要

建物名称	大成建設（株）技術センター
建物用途	オフィスビル
所在地	神奈川県横浜市戸塚区名瀬町
敷地面積	34 821.92m^2
建築面積	2 348.3m^2
延床面積	6 409.6m^2
建物高さ	17.2m
構造規模	RC造, S造　地上4階, 地下1階, 塔屋1階
設計・監理	大成建設（株）
工期	2006年4月～2006年12月

設備概要

空調設備	空調：外調機, 空調機, FCU, 空冷ヒートポンプマルチ, 照明一体型パーソナル空調ユニット（執務室）, 床吹出空調（共用スペース）

自然換気計画

自然換気タイプ	通風型・ボイド型
換気量目標値	－
換気経路 経路上のポイント	2～4Fを自然換気対象とし，居室の南東面をダブルスキン化し，内側の窓に花粉対策網戸を設けて花粉などの侵入防止を図っている。 自然換気は南東，北西の開口による通風，およびトップライト側面の排煙兼用窓による温度差換気を自然換気経路となるように計画した。
システム制御	自然換気の有効判定は「外気エンタルピ」＜「還気エンタルピ」の条件で「有効」とする。自然換気が有効な場合，自然換気推奨ランプにより在室者に知らせ，自然換気の実施を促す。また，自然換気の効果を試算しており，各自のパソコン上から確認することができる。
自然換気運用実績	各月の冷房負荷と削減率（計算値）

事例18　自然換気に適した断面ゾーニングを行った高層庁舎の自然換気

建物概要

建物名称	栃木県庁舎
建物用途	庁舎
所在地	栃木県宇都宮市塙田
敷地面積	36 158m²
建築面積	10 560m²
延床面積	97 954m²
建物高さ	81.8m
構造規模	県庁舎本館：S造（地上），SRC造（地下） 地上15階，地下2階
設計・監理	（株）日本設計
工期	2004年10月～2007年11月

設備概要

空調設備	熱源：地域冷暖房（DHC）+需要家蓄熱槽（温度成層型） 　　　ガス焚吸収冷温水機，空気熱源ヒートポンプユニット 　　　空冷チリングユニット 空調：変風量単一ダクト方式（執務室インテリア，ペリメータ）

自然換気計画

自然換気タイプ	低層部：シャフト型　高層部：ボイド型
換気量目標値	3.0回／h

換気経路　経路上のポイント

断面図中のラベル：逆流防止窓（光庭側）／光庭／出入口扉上部欄間 扉脇スリット／定風量装置／高層階（10F～15F）／エコボイド／電動窓／定風量装置／中層階（6F～9F）／分節／低層階（1F～5F）／熱溜り（1層分）／電動窓／地下駐車場ビル風を導き込み換気

平面は中庭を囲む形で執務室が配置されており，ペリカウンターの手動換気口から外気を導入し，廊下を経由して中庭に排気する風の流れとなっている。断面は低層部と中高層部を空間的に分節し，低層部は風力換気を主とすることで冬季の煙突効果によるエントランスからの外気侵入に配慮している。

システム制御

スケジュール，降雨，風速，外気エンタルピーの条件によって，中央監視から自動開閉を行っている

手動換気窓／逆流防止窓

基準階断面図：ライトシェルフ，隅角部はダブルスキン，2-1出入口扉上部欄間，逆流防止窓，外周側，自然採光，執務室，廊下，光庭側，1定風量換気窓，2-2扉脇スリット，定風量装置

自然換気運用実績

事務所専用部における換気量実測結果（縦軸：換気量(m³/h) 0～25 000、横軸：室内外風圧差(mmAq) 0～0.7）
○熱量から換気量　■風圧から換気量　▲風量
換気回数　5～13回／時

事例19		大講義室専用のウインドチムニーを用いた学校の自然換気
建物概要	建物名称	神戸薬科大学11号館
	建物用途	大学
	所在地	兵庫県神戸市東灘区本山北町
	敷地面積	35 281m^2
	建築面積	1 224m^2
	延床面積	6 908m^2
	建物高さ	30.75m
	構造規模	RC造　地上4階，地下1階，塔屋1階
	設計・監理	(株)竹中工務店
	工期	2006年11月～2008年2月
設備概要	空調設備	熱源：空冷ヒートポンプパッケージエアコン　計1 300kW（冷房時） 空調：講義室　床置ダクト型室内機＋全熱交換器 自動制御：パッケージ室内機，全熱交換器集中制御，自然換気窓制御
自然換気計画	自然換気タイプ	シャフト型（ウィンドチムニー）
	換気量目標値	約1.0～3.0回／h（実績値）
	換気経路 経路上のポイント	「風の建築」をコンセプトに自然換気設計の指針となる計画法を構築し，設計基礎データを整備した。学校建築において，有効な外気導入を得るためにチムニー（煙突）を利用した自然換気システムを計画し，風力換気と重力換気の複合効果により，効果的な換気が得られるよう配慮した。
	窓の開閉状況と運用改善	大講義室内にチムニー内の扉を開閉するボタンを設置している。教職員や学生に本建物の自然換気システム利用を促すことを配慮して，自然換気システムの説明パネルを開閉スイッチ付近に設置した。なお，雨対策のため降雨センサーを屋上に設置し，チムニー内の扉を自動的に開閉する機構を設けている。
	自然換気運用実績	チムニー換気量の時系列変化／自然換気による顕熱処理熱量

撮影：母倉知樹

事例20	中廊下式の学校における階段室を用いた自然換気		
建物概要	建物名称	高松大学2号館	
	建物用途	大学	
	所在地	香川県高松市春日町	
	敷地面積	33 631m²	
	建築面積	1 484m²	
	延床面積	4 098m²	
	建物高さ	14.7m	
	構造規模	S造，RC造 地上4階，塔屋1階	
	設計・監理	(株)竹中工務店	
	工期	2007年8月〜2008年3月	
設備概要	空調設備	熱源：空冷ヒートポンプパッケージエアコン　計375kW（冷房時） 　　　ルームエアコン　　　　　　　　　　　　計325kW（冷房時） 空調：教室・実習室　　　天井カセット型室内機 　　　教員・学生研究室　壁掛ルームエアコン 換気：教室・実習室　　　天井カセット型全熱交換機 　　　教員・学生研究室　給気ファン＋排気ファン	
自然換気計画	自然換気タイプ	シャフト型（階段室型チムニー）	
	換気量目標値	約3.0回／h	
	換気経路 経路上のポイント	①南北に配置した2階から3階の個室（教員室・学生室）に手動開閉の窓を設けるとともに，②居室から廊下へ空気が流れるように欄間開口を設けた。③建物両サイドに立ち上げた階段室の上部に開口を設け，階段室型チムニーとして鉛直方向の換気経路を確保する計画とした。	
	窓の開閉状況と運用改善	本建物の窓の開閉はその運用が居住者の能動的行為に委ねられているため，竣工後の実測調査やアンケート調査による利用実態および効果を確認するとともに，建物利用者への啓蒙活動を通じて自然換気の運用改善を実施し，設計から運用を通じてパッシブな自然エネルギー利用建築の実現を目指した。	各室の窓の開放率	ウィンドチムニーを利用した自然換気システム
	自然換気運用実績	外部風向・風速とチムニー換気量の時系列変化		自然換気による処理熱量

事例21 単層型ダブルスキンを利用した超高層オフィスビルの自然換気

建物概要

建物名称	ブリーゼタワー
建物用途	オフィスビル
所在地	大阪府大阪市北区梅田
敷地面積	5 292m²
建築面積	3 616m²
延床面積	84 790m²
建物高さ	174.9m
構造規模	S造（地上），SRC造（地下） 地上34階，地下3階，塔屋1階
設計・監理	設計・監理：(株)三菱地所設計 デザインアーキテクト：クリストフ・インゲンホーフェン
工期	2006年3月～2008年7月

設備概要

空調設備	空調方式　オフィス：AHU + VAV（単一ダクト） 　　　　　店舗　　：外調機 + FCU 　　　　　ホール　：置換空調方式 自動制御方式：電子式，DDC 主な省エネルギー制御：VWV制御，VAV制御，外気冷房制御，CO_2制御，熱源運転制御など

自然換気計画

自然換気タイプ	通風型
換気量目標値	0.7回／h
換気経路 経路上のポイント	ダブルスキンファサードの室内側に手動で開閉可能な縦長の自然換気窓を設けて外気を導入。大部屋の2面に開口を設け，風の流れを形成。換気経路に定風量装置を備える。
システム制御	自然換気窓情報：「窓開放による自然換気は効果的です」／「窓開放による自然換気は効果的ではありません」 居住者の操作により開閉を行う。適正な運用を促すためWeb画面に自然換気適否を表示，開閉状態は中央にて監視可能としている。
自然換気運用実績	測定期間において，平均0.8回／h，最大1.3回／hの確保を確認した。

事例 22　外部ボイドを利用した本社オフィスビルの自然換気

建物概要

建物名称	日産自動車グローバル本社ビル
建物用途	オフィスビル
所在地	神奈川県横浜市西区高島
敷地面積	10 000.14m^2
建築面積	9 009.16m^2
延床面積	92 102.89m^2
建物高さ	99.4m
構造規模	S造，SRC造 地上22階，地下2階，塔屋2階
設計・監理	（株）竹中工務店
工期	2007年1月～2009年4月

設備概要

空調設備	熱源：地域冷暖房（冷水-冷水熱交換器 7 830kW，蒸気-温水熱交換器 4 770kW） 空調：オフィス系統　　　床吹出空調＋外調機 　　：ギャラリー系統　　床放射空調＋床吹出空調＋外調機 　　：講堂系統　　　　　座席空調＋外調機 自動制御：DDC方式 中央監視：BACnetによる中央監視設備およびBEMS

自然換気計画

自然換気タイプ	ボイド型
換気量目標値	3回／h
換気経路 経路上のポイント	①本計画地の主風向である南北面より自然風を導入する。 ②建物中央部に外部ボイドを設け，重力換気と風力換気を併用して自然換気を促進する。 上記方針にて構築したシステムにより中間期は北面，夏期夜間は南西面より自然風を導入し，中央ボイドより排気する自然換気システムを構築した。
システム制御	オフィスの空調はアンダーフロア空調を採用し，自然換気（アンビエント）と機械空調（タスク）によるハイブリッド空調を実現した。
自然換気運用実績	2011年5月の自然換気実施状況（10階）

事例23	3層吹抜けのアトリウムによるシャフト型自然換気		
建物概要	建物名称	東京ガス港北NTビル（アースポート）	
	建物用途	オフィスビル	
	所在地	神奈川県横浜市都筑区茅ケ崎町	
	敷地面積	2 499m²	
	建築面積	1 653m²	
	延床面積	5 645m²	
	建物高さ	20m	
	構造規模	SRC造，S造，W造　地上4階	
	設計・監理	（株）日建設計	
	工期	1994年11月～1996年3月（新築）／2010年2月～7月（改修）	
設備概要	空調設備	熱源：ソーラー吸収冷温水機，熱電併給型GHPチラー 　　　　コージェネレーションシステム 空調：空調機VAV方式，デシカント空調VAV方式	
自然換気計画	自然換気タイプ	シャフト型	
	換気量目標値	－	
	換気経路 経路上のポイント	吹抜けアトリウム「エコロジカルコア」を利用したシャフト型換気。アトリウム屋根形状の工夫により，外部風による吸引効果も利用している。 事務室窓廻り（撮影：堀内広治）　　エコロジカルコア 自然換気の仕組み	
	システム制御	外気条件により，自然換気窓の開閉を自動で制御する。	
	自然換気運用実績	中間期にあたる10月において自然換気が有効に機能した。その結果，熱源，搬送動力が低減され，空調消費エネルギーの約36%の削減を実現した。 自然換気による省エネルギー効果	

事例 24		建築一体化の換気口デザインに取り組んだアトリウムの自然換気
建物概要	建物名称	NEXUS HAYAMA
	建物用途	研修所
	所在地	神奈川県三浦郡葉山町上山口
	敷地面積	19 548m²
	建築面積	4 619m²
	延床面積	12 835m²
	建物高さ	14.97m
	構造規模	RC造，S造，SRC造　地上5階
	設計・監理	(株)日本設計
	工期	2009年10月～2011年1月
設備概要	空調設備	熱源：空冷ヒートポンプチラー，水蓄熱槽（350m³） 空調：（中・大研修室）　空調機方式 　　　（小研修室・宿泊室）　FCU＋外調機方式 　　　（アトリウム）　放射冷暖房＋床吹き空調
自然換気計画	自然換気タイプ	シャフト型
	換気量目標値	1.0～2.0回／h
	換気経路 経路上のポイント	アトリウム上部の排気口と1階に設けた外気取り入れ口が自動で開放される。給気口は外部に直接開く換気窓以外に，クールピットを経由してキオスクや階段蹴上部分から外気が供給されるような経路が設置されている。最上階の4階には，外部風の圧力を受けやすい位置に採風窓を設置している。
	システム制御	排気口に関しては，H型の空間と屋根上部の開口を設け，外部風向によらず常に強い負圧を維持するようなデザインとしている。原理はH型ベンチレーターと同じである。
	自然換気運用実績	

事例25		ダブルスキンを併用した超高層オフィスビルのボイド型自然換気
建物概要	建物名称	飯野ビルディング
	建物用途	事務所・商業・ホール・会議室
	所在地	東京都千代田区内幸町
	敷地面積	8 000㎡
	建築面積	4 600㎡
	延床面積	104 000㎡
	建物高さ	143m
	構造規模	S造，CFT造，SRC造，RC造 地上27階，地下5階，塔屋2階
	設計・監理	(株)竹中工務店
	工期	2009年3月～2011年9月（Ⅰ期工事）
設備概要	空調設備	熱源：冷専用　　電動ターボ冷凍機 　　　温専用　　ボイラ 　　　冷温兼用　ガス直焚冷温水発生機 　　　　　　　　ヒートポンプチラー（熱回収なし） 空調：（オフィス）デシカントAHU単一ダクト方式
自然換気計画	自然換気タイプ	ボイド型
	換気量目標値	4.7～7.6回／h
	換気経路 経路上のポイント	外装に設けた自然換気口から外気を取り入れ，建物中央のエコボイドや階段室で発生する上昇気流が誘引力となり外部へ排気される。
	システム制御	自然通風が有効なときは，ダブルスキンを貫通して外気を室内へ直接取り込み，または排出する。さらにダブルスキン内部を経由し，外気を室内へ取り入れ，または排出する。
	自然換気運用実績	24階における建物外壁と室内との差圧から求めた換気風量

手前のⅡ期工事予定部分はCG

事例26		低層ボイド型スパイラルオフィスの自然換気
建物概要	建物名称	明治安田生命新東陽町ビル
	建物用途	事務所・宿泊施設
	所在地	東京都江東区東陽
	敷地面積	30 081.77m^2
	建築面積	14 768.45m^2
	延床面積	96 911.48m^2
	建物高さ	55.5m
	構造規模	S造 地上12階, 地下1階, 塔屋1階
	設計・監理	(株)竹中工務店
	工期	2009年11月～2011年11月

撮影：小川泰祐写真事務所

設備概要	空調設備	熱源：ターボ冷凍機＋水蓄熱槽, 空冷HPモジュールチラー, 冷温水発生機 空調：（オフィス）放射併用空調（単一ダクトVAV方式） 　　　パネル内に空調空気を通しその表面温度を下げた後に 　　　室内に送風する放射併用吹出パネルを採用。 　　　不在エリアは空調を緩和（照明制御用人感センサと連動） 　　　CO_2制御, 外気冷房制御
自然換気計画	自然換気タイプ	シャフト型
	換気量目標値	2.7回／h
	換気経路 経路上のポイント	外壁面に空調機と自然換気口を交互に配置。 インナーボイドを活用した温度差換気により自然換気風量を確保する。 ボイドを利用した自然換気・自然採光
	システム制御	通常空調モード：輻射併用空調（体感温度制御），人感センサによるVAV制御を行う。 ①自然換気・ナイトパージモード：外気条件が良い時間帯は自然換気ダンパを開放し建物内に外気を導入する（吹抜け・ソーラーチムニーを活用）。 ②ハイブリッド空調モード：自然換気のみでは負荷を処理できない場合は，外気冷房を併用する。全外気運転可能である。 ③ファン併用ナイトパージモード：モード①に加えて，空調機のファンを最小回数で運転し，ナイトパージ効果をアップする。 空調システムの概要
	自然換気運用実績	2012年5月の自然換気運用状況（自然換気の換気回数，天井高さ3.4m基準）

事例 27 通風型とボイド型を使い分ける中央制御可能な超高層オフィスビルの自然換気

建物概要

建物名称	JP タワー
建物用途	オフィステナントビル
所在地	東京都千代田区丸の内
敷地面積	約 11 600 m²
建築面積	約 8 400 m²
延床面積	約 212 000 m²
建物高さ	200 m
構造規模	S 造,SRC 造 地上 38 階,地下 4 階,塔屋 3 階
設計・監理	(株)三菱地所設計
工期	2009 年 11 月～2012 年 5 月

設備概要

空調設備
熱源:地域冷暖房施設より冷水,蒸気を受け入れ
空調:空調機 VAV 方式＋エアフローウインドウシステム外気冷房対応

自然換気計画

自然換気タイプ:通風型(一部高層部のみボイド利用型)

換気量目標値:約 2.0 回／h

換気経路 経路上のポイント
東西面の外壁サッシュの足下に定風量機能を有した自然換気窓を設置。
8 階～37 階事務室のうち,24 階以下は自然風による通風型,25 階以上においてボイドシャフト利用型としている。ボイド利用の換気経路は,事務室～廊下天井内～ボイドシャフトへ各パスダクトのダンパが自然換気窓の開閉と連動し,重力換気経路を形成する。

〈29 階平面図〉
自然換気窓 東面・西面に各 10 か所
自然換気ルート
ボイド利用の換気経

システム制御
換気窓は,空調中央監視盤より遠隔操作可能で,気象条件(外気温度,湿度,外部風速,降雨状況)により窓開閉操作の許可／禁止設定を行う。自然換気許可時,居住者は柱に設置したリモコンにより開閉操作が可能。また,条件により中央より自然換気窓の自動開も可能な仕組みとしている。

自然換気窓　　自然換気窓操作リモコン
窓操作許可／禁止表示ランプ

事例28　フロア完結型2層吹抜けを用いたオフィスビルのメゾネット自然換気

建物概要

建物名称	茅場町グリーンビルディング
建物用途	オフィスビル
所在地	東京都中央区日本橋茅場町
敷地面積	387.43m²
建築面積	296.201m²
延床面積	2 869.95m²
建物高さ	46.65m
構造規模	S造，SRC造　地上10階，地下1階
設計・監理	(株) 三菱地所設計
工期	2012年6月～2013年5月

設備概要

空調設備	熱源：空冷ヒートポンプチラー／空冷冷専チラー／水冷冷専チラー 　　　　／冷却塔（フリークーリング） 空調：（事務所）天井放射空調方式（躯体蓄熱併用） 　　　（共用部）FCU 換気：デシカント外調機＋全熱交換器付外調機の混合給気

自然換気計画

自然換気タイプ	ボイド型（貸室内吹抜け）
換気量目標値	約1.5回／h（最大）

換気経路 経路上のポイント	排気：貸室内端部の吹抜け上部に設けた，逆流防止機能を有する換気窓より排気 給気：前面開口部ペリカウンターに内蔵されたベンチレータより給気 貸室内端部の吹抜けを各階に独立して設けることで，共用ボイドを用いた場合に考慮すべき中性帯位置による自然換気効果の偏りをなくし，他階の自然換気運用に影響されることなく，一定の自然換気効果が期待できる。
システム制御	各監視装置により，外気と室内の温湿度状況および風雨の状況を監視し，自然エネルギー利用が可能と判断された際に，自然換気運用の禁止を解除する。設定・操作により自動運用／手動操作の切替えが可能。
自然換気運用実績	運用実績なし（竣工後性能検証実施予定）

《執筆者・参考引用文献》

事例1　メガウェブ・トヨタショーケース棟
　　　　　　　　　　　庄司　研（大成建設（株））
・水野高伸，横井睦己，梅津武彦，森川泰成，今福正幸，菅原圭子：換気ガラスタワーを持つアトリウムの換気・空調システムに関する研究　その1　夏期の冷房時及び自然換気時のCFD解析，空気調和・衛生工学会学術講演会講演論文集，1998
・水野高伸，横井睦己：日本におけるハイブリッド換気の事例（1）メガウェブ・シティショウケース棟，空気調和・衛生工学，第76巻第7号，pp51-55，2002
・省エネルギー建築ガイド編集委員会編：INVISIBLE FLOW　省エネルギー建築ガイド，財団法人　建築環境・省エネルギー機構，pp.142-143，2001

事例2　関電ビルディング
　　　　　　　　　　　関　悠平（（株）日建設計）
・堀川　晋，相良和伸，山中俊夫，甲谷寿史，山際将司，山下植也ほか：自然換気併用タスクアンビエント空調を有するオフィスの室内環境実測（その1）春期と秋期の室内環境について，日本建築学会学術講演梗概集，pp.1005-1006，2006
・堀川　晋，相良和伸，山中俊夫，甲谷寿史，山際将司，山下植也ほか：自然換気併用タスクアンビエント空調を有するオフィスの室内環境実測（その2）夏期と冬期の室内環境について，日本建築学会学術講演梗概集，pp.1007-1008，2006
・牛尾智秋，堀川　晋，三島憲明，相良和伸，山中俊夫，甲谷寿史，山下植也：風力換気併用ハイブリッド空調を導入したオフィス室内における温度・汚染物質濃度分布及び省エネルギー性，日本建築学会学術講演梗概集，pp.1117-1120，2007
・LIM EUNSU，相良和伸，山中俊夫，甲谷寿史，杭瀬真知子，山際将司，堀川　晋：自然換気併用空調を有するオフィス室内における温熱・空気環境形成メカニズム，空気調和・衛生工学会論文集，No.141，pp.19-27，2008

事例3　神戸関電ビルディング
　　　　　　　　　　　関　悠平（（株）日建設計）
・浅野真一朗，木虎久隆，岸本卓也，小林正則，岬加安崇，高山　真，丹羽英治：神戸関電ビルディングにおける省エネルギー性維持・改善の継続的取組み，空気調和・衛生工学，第85巻第7号，pp.41-45，2011

事例4　明治大学リバティータワー
　　　　　　　　　　　関　悠平（（株）日建設計）
・近本智行，伊香賀俊治，中村准二，加藤信介，村上周三ほか：ボイドを有する高層大学校舎における自然換気ハイブリッド空調システムに関する研究（その1）システム概要と省エネルギー効果，空気調和・衛生工学会学術講演会講演論文集，pp.77-80，2000
・近本智行，伊香賀俊治，中村准二，加藤信介，村上周三ほか：ボイドを有する高層大学校舎における自然換気ハイブリッド空調システムに関する研究（その2）実測概要と秋期実測結果，空気調和・衛生工学会学術講演会講演論文集，pp.81-84，2000
・伊香賀俊治，中村准二，近本智行，目黒弘幸，三坂育正，江崎　晃：明治大学リバティタワーの空気調和・衛生設備，空気調和・衛生工学，第75巻第11号，pp.33-42，2001

事例5　日本科学未来館
　　　　　　　　　　　関　悠平（（株）日建設計）
・大前芳蔵，織間正行，太田　信，井上浩二，竹之下慶信，石黒雅男：日本科学未来館，空気調和・衛生工学，第77巻第10号，pp.43-48，2003

事例6　堺ガスビル
　　　　　　　　　　　関　悠平（（株）日建設計）
・水出喜太郎，石野久彌，郡　公子，永田明寛，長井達夫ほか：ハイブリッド空調を行う環境共生建築の性能解析（第1報）建物運用実績と実測による性能評価・実測概要，空気調和・衛生工学会学術講演会講演論文集，pp.1213-1216，2005
・水出喜太郎，石野久彌，郡　公子，永田明寛，長井達夫ほか：ハイブリッド空調を行う環境共生建築の性能解析（第2報）運転モードと室内環境・自然換気効果，空気調和・衛生工学会学術講演会講演論文集，pp.1217-1220，2005
・水出喜太郎，石野久彌，郡　公子，永田明寛，長井達夫ほか：ハイブリッド空調を行う環境共生建築の性能解析（第3報）外気処理システムの効果および熱源エネルギー特性，空気調和・衛生工学会学術講演会講演論文集，pp.1221-1224，2005
・水出喜太郎，石野久彌，郡　公子，永田明寛，長井達夫ほか：ハイブリッド空調を行う環境共生建築の性能解析（第4報）居住者アンケート及びシーリングファンの体感効果，空気調和・衛生工学会学術講演会講演論文集，pp.1225-1228，2005
・水出喜太郎，石野久彌，郡　公子，永田明寛，長井達夫ほか：自然換気・シーリングファン併用ハイブリッド空調オフィスの性能評価（第1報）建物運用実績と実測による性能評価，日本建築学会学術講演梗概集，pp.1131-1134，2005
・水出喜太郎，石野久彌，郡　公子，永田明寛，長井達夫ほか：自然換気・シーリングファン併用ハイブリッド空調オフィスの性能評価（第2報）シーリングファンの効果，日本建築学会学術講演梗概集，pp.1135-1138，2005
・水出喜太郎，石野久彌，郡　公子，永田明寛，長井達夫ほか：自然換気・シーリングファン併用ハイブリッド空調オフィスの性能評価（第3報）自然換気の効果，日本

建築学会学術講演梗概集，pp.1139-1142，2005
・水出喜太郎，石野久彌，郡 公子，永田明寛，長井達夫ほか：自然換気・シーリングファン併用ハイブリッド空調オフィスの性能評価（第4報）内部発熱量と使われ方に関する調査，日本建築学会学術講演梗概集，pp.1143-1146，2005
・水出喜太郎，石野久彌，郡 公子，永田明寛，長井達夫，大高一博，大原千幸：自然換気・シーリングファンを併用した空調換気システムの制御手法と性能評価に関する研究，日本建築学会環境系論文集，第604号，pp.69-76，2006

事例7　地球環境戦略研究機関（IGES）
　　　　　　　　　　　関　悠平（(株)日建設計）
・森山修治，渡邊 薫，伊香賀俊治：事例研究2 地球環境戦略研究機関（IGES）の設備概要と総合エネルギー運用，建築設備士，第38巻第1号，pp.20-27，2006

事例8　きんでん東京本社ビル
　　　　　　　　　　　平岡　雅哉（鹿島建設(株)建築設計本部）
　　　　　　　　　　　武政　祐一（鹿島技術研究所）
・平岡雅哉，菰田英晴，武政祐一，加藤正宏：ダブルスキンファサードを利用した自然換気併用冷房に関する研究（第1報）建築概要と夏期ダブルスキン短期計測，空気調和・衛生工学会学術講演会講演論文集，pp.1205-1208，2003
・武政祐一，平岡雅哉，加藤正宏，菰田英晴：ダブルスキンファサードを利用した自然換気併用冷房に関する研究（第3報）自然換気併用冷房システムの概要と秋期短期計測結果，空気調和・衛生工学会学術講演会講演論文集，pp.1213-1216，2003
・加藤正宏，平岡雅哉，武政祐一，菰田英晴：ダブルスキンファサードを利用した自然換気併用冷房に関する研究（第4報）春期短期計測結果および年間シミュレーションによる空調負荷削減の評価，空気調和・衛生工学会学術講演会講演論文集，pp.1263-1266，2004

事例9　西南学院中学校・高等学校
　　　　　　　　　　　関　悠平（(株)日建設計）
・高山 眞，二村敏隆，大橋清文，田中賢二：西南学院中学校・高等学校の自然エネルギー利用，空気調和・衛生工学，第79巻第10号，pp.110-111，2005

事例10　白寿ビル
　　　　　　　　　　　樋口祥明（(株)竹中工務店）
・迫 博司，樋口祥明，芝原崇慶，高井啓明，竹迫雅史，石井佐知子：ナイトパージ・自然換気・ハイブリッド空調を導入したオフィスビルにおける室内環境実測と省エネルギー効果の検証，空気調和・衛生工学会講演論文集，2004
・迫 博司，下正純，芝原崇慶，竹迫雅史：白寿ビルの空調計画と実施，空気調和・衛生工学，第79巻第10号，pp.942-943，2005

事例11　汐留タワー
　　　　　　　　　　　平岡　雅哉（鹿島建設(株)建築設計本部）
　　　　　　　　　　　武政　祐一（鹿島技術研究所）
・平岡雅哉，三浦克弘，武政祐一：超高層ビルにおける風力換気を主体とした自然換気併用冷房に関する研究（第一報）シミュレーションによる自然換気の検討，日本建築学会大会学術講演梗概集，pp.537-538，2002
・長谷川俊雄，葛岡典雄，平岡雅哉，枡川依士夫，戸河里敏，三浦克弘，武政祐一，加藤正宏：汐留タワーにおける自然換気利用とエネルギー有効利用計画，空気調和・衛生工学，第79巻第10号，pp.901-907，2005

事例12　財団法人慈愛会　奄美病院
　　　　　　　　　　　関　悠平（(株)日建設計）
・安野英紀，堀川 晋，牛尾智秋，川島博治，山元昭男，山崎重則：慈愛会奄美病院"素朴な癒しの建築"，"徹底したランニングコストの低減"を目指した環境建築，空気調和・衛生工学，第80巻第10号，pp.94-95，2006

事例13　(株)竹中工務店　東京本店社屋
　　　　　　　　　　　樋口祥明（(株)竹中工務店）
・平野克彦，高井啓明，白鳥泰宏，杉 鉄也，樋口祥明，黒木友裕，田辺新一，望月悦子，市丸隼人：環境の質と負荷の削減を志向したオフィスビルの温熱環境（第1報）夏期の温熱環境に関する測定と執務者へのアンケート調査，空気調和・衛生工学会学術講演会講演論文集，2006

事例14　トヨタ自動車本館
　　　　　　　　　　　関　悠平（(株)日建設計）
・水野高伸，渡辺 正，渡辺健二，田中宏明，酒井克彦，内山明彦，池田真哉，今井田尚文：トヨタ自動車本館の環境配慮システム，空気調和・衛生工学，第82巻第7号，pp.41-46，2008

事例15　大成札幌ビル
　　　　　　　　　　　庄司　研（大成建設(株)）
・庄司　研，樋渡　潔，森山泰行，梶山隆史，横井睦己：寒冷地における事務所ビルの自然換気の検討，その1 シミュレーションによる省エネルギー効果の予測，日本建築学会大会学術講演梗概集，pp.635-636，2008

事例16　汐留芝離宮ビルディング
　　　　　　　　　　　樋口祥明（(株)竹中工務店）
・田中規敏，樋口祥明，下　正純，左　勝旭，菊池卓郎：自然換気システムを用いたオフィスの換気性能に関する実測調査，空気調和・衛生工学会学術講演会講演論文集，2007

事例17　大成建設(株)技術センター
　　　　　　　　　　　庄司　研（大成建設(株)）
・樋渡　潔，庄司　研，齋藤正文，加藤美好：三宅伸幸，低層事務所建物における自然換気性能に関する研究，その1　シミュレーションによる省エネルギー効果の予測，日本建築学会大会学術講演梗概集，pp.499-500，2009

事例18　栃木県庁舎
山本佳嗣（（株）日本設計）
・山本佳嗣，岡　建雄，横尾昇剛，海藤俊介，竹部友久，星野聡基：環境配慮型庁舎における環境性能評価（第2報）自然換気に関する計画概要と予測及び導入効果に関する基礎的実測，空気調和・衛生工学会大会学術講演論文集，H-18，pp.593-596，2008
・章　傑文，岡　建雄，横尾昇剛，竹部友久，星野聡基，海藤俊介：環境配慮型庁舎における環境性能評価（第5報）運用開始後の自然換気効果の検証，空気調和・衛生工学会大会学術講演論文集，pp.2163-2166，2009

事例19　神戸薬科大学11号館
樋口祥明（（株）竹中工務店）
・西本真道，山中俊夫，相良和伸，甲谷寿史，桃井良尚，鍋谷めぐみ，田中規敏：ウインドチムニーを有する大講義室における自然換気時及びハイブリッド空調時の室内熱環境の実測及びCFD解析，空気調和・衛生工学会学術講演会論文集，2009

事例20　高松大学2号館
樋口祥明（（株）竹中工務店）
・上　恭子，甲谷寿史，山中俊夫，桃井良尚，相良和伸，藤本　徹，坂口武司，田中規敏：階段室型チムニーが設置された学校建築の自然換気に関する研究，日本建築学会大会学術講演梗概集，2010

事例21　ブリーゼタワー
安田健一（（株）三菱地所設計）
・岩橋優子，米田拓朗，川口知真，川田康介，金　政秀，安田健一，田辺新一：建築ファザードにおける環境デザイン手法の熱的評価（その7）自然換気窓の換気量調査（Bビル），日本建築学会大会学術講演梗概集，2010

事例22　日産自動車グローバル本社ビル
樋口祥明（（株）竹中工務店）
・田中宏治，大宮由紀夫，芝原崇慶，黒木友裕，菊池卓郎，岩田雅之，桑原亮一：高層オフィスビルのパッシブな環境制御機能に関する研究（第1報）自然換気システムの計画，空気調和・衛生工学会大会学術講演論文集，pp.1383-1386，2010
・桑原亮一，大宮由紀夫，田中宏治，芝原崇慶，黒木友裕，岩田雅之：高層オフィスビルのパッシブな環境制御機能に関する研究（第2報）自然換気システムの実測結果，空気調和・衛生工学会大会学術講演論文集，pp.1387-1390，2010
・芝原崇慶，大宮由紀夫，田中宏治，黒木友裕，岩田雅之，桑原亮一：高層オフィスビルのパッシブな環境制御機能に関する研究（第3報）自然換気時の温熱環境実測結果，空気調和・衛生工学会大会学術講演論文集，pp.1391-1394，2010

事例23　東京ガス港北NTビル（アースポート）
関　悠平（（株）日建設計）
・今成岳人，小川哲史，中島英昭，江田岳彦，植田　喬，丹羽勝巳，久保木真俊，藤田尚志，宮崎友昭，三ッ峰吉樹，大宮政男，田辺新一，野部達夫，西原直枝：東京ガス港北NTビル（アースポート）のZEB化改修工事と評価，空気調和・衛生工学，第87巻第7号，pp.61-64，2013

事例24　NEXUS HAYAMA
山本佳嗣（（株）日本設計）
・山本佳嗣，佐々木真人，柳井　崇：第一三共（株）新研修所"NEXUS HAYAMA"における環境・設備計画，空気調和・衛生工学，第87巻第7号，pp84-85，2013

事例25　飯野ビルディング
樋口祥明（（株）竹中工務店）
・左　勝旭，菊池卓郎，和田一樹，田中規敏，堀　慶朗，直井康二：ダブルスキンファサードによる日射遮蔽と室内自然通風の一体的な計画と実施（第1報）計画と数値解析による事前性能評価，空気調和・衛生工学会大会学術講演論文集，pp.265-268，2012
・菊池卓郎，左　勝旭，和田一樹，田中規敏，山田裕明，堀　慶朗，直井康二：ダブルスキンファサードによる日射遮蔽と室内自然通風の一体的な計画と実施（第2報）短期実測による性能評価，空気調和・衛生工学会大会学術講演論文集，pp.269-272，2012
・飯野ビルディング，建築画報モノグラフ348号，2012

事例26　明治安田生命新東陽町ビル
樋口祥明（（株）竹中工務店）
・芝原崇慶，大宮由紀夫，和田一樹，田中規敏，田中宏治，畑中　健，菊池卓郎，高橋幹雄：低層ボイド型スパイラルオフィスの環境設備計画と実施（第1報）計画概要と自然換気シミュレーション，空気調和・衛生工学会大会学術講演論文集，pp.1575-1578，2012
・畑中　健，芝原崇慶，田中規敏，和田一樹，田中宏治，大宮由紀夫，菊池卓郎，高橋幹雄：低層ボイド型スパイラルオフィスの環境設備計画と実施（第2報）自然換気風量推定法と実績値，空気調和・衛生工学会大会学術講演論文集，pp.1579-1582，2012

事例27　JPタワー
佐藤博樹（（株）三菱地所設計）

事例28　茅場町グリーンビルディング
中村駿介（（株）三菱地所設計）
・中村駿介，佐々木邦治，安田健一：躯体蓄熱併用型輻射空調システムを導入した次世代テナントオフィスビル（第1報）施設・設備概要について，空気調和・衛生工学会学術講演会講演論文集，2013（発表予定）

はじめに

　古来，日本では夏の蒸し暑さへの対応として，建物に通風を有効利用してきた。京都の桂離宮は，夏の強い日差しを遮るために，軒には深い庇，外壁には十分な障子の開口が設置され，蒸暑気候に対応するための徹底した通風設計，採涼設計が施されている。今改めてこの伝統的な環境調整技術が見直されている。

　現在，我が国のエネルギー消費は，民生業務部門が20％を占めている。地球環境問題の深刻化とともに，着実に炭酸ガス排出量を削減するために，建築部門の果たす責務は重い。

　自然換気はその換気駆動力によって風力換気と温度差換気に分けられ，窓開口による大量の換気は通風と呼ばれている。自然換気の利用により，建築物の環境負荷低減と室内空気質の向上が図られ，省エネルギーへの有効な技術手段となりうる。環境に配慮した自然換気利用建物が，商業ビルを中心に各地に建設されている。

　自然換気の研究は，昭和初期から行われてきた。1930年の建築学会パンフレットでは，「換気と涼房」の題で，涼冷な外気を取り入れ室内を涼しくする視点から，通気路設計と通気路法規が記述されている。順次新たな内容のパンフレットが出版されたが，1957年の設計計画パンフレットの室内気候設計の中では，教室の通風設計が記述され，開口率の重要性が指摘されている。

　しかし，1973年の第一次石油危機を契機に1979年に省エネルギー法が制定され，自然風の通り路を考慮しない「閉ざされた空間」の高気密・高断熱の建物が建築されるようになった。その結果，通風換気を行き過ぎて削減した高気密化住宅では，シックハウス症候群や化学物質過敏症の発生を招き，社会的な問題となった。そこで1999年に次世代省エネルギー基準が新設され，閉じる機能と開ける機能の兼備が図られ，自立循環型住宅の設計ガイドラインなどが整備されてきた。

　住宅を除く建築物に関しては，2002年に外皮と設備の省エネルギー基準が改正され，日射負荷の低減策としてダブルスキンファサードが着目されている。

　海外でも1998年から国際エネルギー機関IEAのプロジェクトAnnex35の場で，ハイブリッド換気による建築物の省エネルギー研究が進められ，大開口における通風力学に対する研究成果は2001年以降，順次報告されている。

　この本で皆様にお伝えしたいのは，自然換気は風力と浮力が複雑に絡み合う気流現象で，不安定な外界条件の影響を受けるために，現場実測，室内実験，風洞実験および数値流体解析(CFD)を用いて，現在も自然換気の研究が行われている状況である。つまり，建物内の流れである自然換気経路や気流が通過する開口部面積の設定など，自然換気量を導入して自然換気システムを適切に運用させるための「自然換気利用建物の設計法」は，建築空調設備設計法に比べて，いまだ，はっきりした定量的な設計基準が確立されていない。意匠設計者や設備設計者は経験や事例に基づいて自然換気の設計を行っており，自然換気設計に関する統一的なノウハウを保有していないのが実情である。

　東日本大震災による原発事故の結果，今まで以上の省エネルギーが要請されている。また同時に建築物の環境品質の向上も要求されている。この相反する要求条件を達成できる「自然換気による環境調整技術」の確立が求められている。

本書は，建築設計の実務者が，オフィスビル，官公庁建築の基本計画，基本設計や実施設計に利用できる内容として企画され，大学院生・若手研究者も参考にできる内容を盛り込んだ。この出版を契機に，自然換気設計法の構築に向けた動きが加速されることを期待するものである。

2013年7月

日本建築学会

本書関係委員

環境工学委員会
委員長　田辺新一
幹　事　羽山広文，村上公哉，中野淳太
委　員　（省略）

企画刊行運営委員会
主　査　佐土原　聡
幹　事　飯塚　悟，田中貴宏
委　員　（省略）

実務者のための自然換気設計ハンドブック
作成小委員会
主　査　大場正昭
幹　事　甲谷寿史，山本佳嗣
委　員　赤嶺嘉彦，遠藤智行，倉渕　隆，後藤伴延，小林知広，庄司　研，
　　　　関　悠平，武政祐一，西澤繁毅，樋口祥明，山中俊夫，山本　弦
執筆協力　高橋祐樹，西田　恵

執筆担当者
岩橋祐之　　日本設計（7.1, 7.2）
遠藤智行　　関東学院大学（付録1）
大場正昭　　東京工芸大学（はじめに，付録2）
倉渕　隆　　東京理科大学（1.1, 1.2, 1.3）
甲谷寿史　　大阪大学（6.1, 6.2）
後藤伴延　　東北大学（付録1）
小林知広　　大阪市立大学（5.1, 5.2, 5.3, 5.4, 5.5）
庄司　研　　大成建設（4.5）
関　悠平　　日建設計（4.2）
多賀　洋　　日本設計（3.1, 3.2, 3.3）
武政祐一　　鹿島建設（2.1, 2.2）
樋口祥明　　竹中工務店（4.3.1, 4.3.2, 4.3.3）
山中俊夫　　大阪大学（5.3）
山本　弦　　三菱地所設計（4.6）
山本佳嗣　　日本設計（4.1, 4.3.4, 4.4）

（五十音順，（　）内は担当箇所，2013年7月現在）

目　　次

1　自然換気とは ·· 1
　1.1　自然換気を行う目的 ··· 2
　　1.1.1　省エネルギー性 ··· 2
　　1.1.2　気流環境と温熱環境 ·· 2
　　1.1.3　自然換気ビルの温熱快適条件 ·· 3
　　1.1.4　知的生産性 ·· 3
　1.2　自然換気の原理 ·· 4
　　1.2.1　温度差換気 ·· 4
　　1.2.2　風力換気 ·· 5
　　1.2.3　圧力損失 ·· 7
　　1.2.4　自然換気の計算例 ·· 8
　1.3　自然換気利用建物の形態 ·· 10
　　1.3.1　通　風　型 ·· 10
　　1.3.2　ボイド型 ·· 11
　　1.3.3　シャフト型 ·· 11

2　計画フローとチェックリスト ·· 13
　2.1　自然換気計画の要点 ··· 14
　　2.1.1　はじめに ·· 14
　　2.1.2　自然換気の計画フロー ·· 15
　2.2　計画チェックリスト ··· 22

3　計画事例 ·· 25
　3.1　検討内容 ··· 26
　　3.1.1　基本検討 ·· 26
　　3.1.2　建物性能の確保 ··· 28
　　3.1.3　自然換気の性能検証 ·· 29
　3.2　検討フロー ·· 32
　　3.2.1　自然換気装置の概要 ·· 32
　　3.2.2　検討フロー ·· 33

4　設計手法 ·· 35
　4.1　設計手法の概説と自然換気の目標値 ·· 36
　　4.1.1　設計コンセプトの決定 ·· 36

	4.1.2	目標値の考え方 ···	37
	4.1.3	自然換気による温熱環境制御 ··	37
	4.1.4	空気質の確保 ··	38
	4.1.5	BCP（事業継続計画）対応としての自然換気 ························	40
4.2	自然換気経路の確保 ···		41
	4.2.1	自然換気の導入検討 ···	41
	4.2.2	自然換気方式別の換気経路の確保 ··	43
	4.2.3	自然換気経路設定における留意事項 ······································	44
4.3	開口面積の設定 ···		45
	4.3.1	給気口・排気口モデル化の基本的な考え方 ····························	46
	4.3.2	開口面積の簡易設定 ···	48
	4.3.3	換気回路網計算による開口面積設定 ······································	50
	4.3.4	開口面積の簡易計算例 ··	50
4.4	自然換気口 ···		54
	4.4.1	自然換気口の種類と特徴 ···	55
	4.4.2	詳細仕様の検討 ··	59
	4.4.3	自然換気口に関連するクレーム ··	62
4.5	自然換気と機械空調 ···		66
	4.5.1	空調方式別の自然換気併用運転 ··	66
	4.5.2	外気冷房と自然換気の比較 ··	68
	4.5.3	自然換気口と空調 ···	68
	4.5.4	自然換気システムの応用 ···	69
	4.5.5	自然換気と機械空調の組合せ例 ··	69
4.6	制御方法 ··		71
	4.6.1	自動制御方式 ··	71
	4.6.2	手動制御方式 ··	75
	4.6.3	自然換気と空調運転併用時の制御 ···	76

5　計算手法と計算例 ··· 79

5.1	計算手法の分類 ···		80
	5.1.1	計算の目的 ···	80
	5.1.2	計算手法の分類 ··	80
5.2	自然換気量計算 ···		82
	5.2.1	換気量計算の概要と目的 ···	82
	5.2.2	多数の開口を有する単室の換気量計算 ···································	82
	5.2.3	換気回路網計算 ···	83
5.3	風圧係数および流量係数 ··		84
	5.3.1	風圧係数と流量係数 ···	84
	5.3.2	風圧係数の評価方法 ···	84
	5.3.3	風圧係数の取得例 ···	85

5.4　自然換気量に関する計算事例　89
　5.4.1　複数開口を有する単室の換気量計算　89
　5.4.2　換気回路網を用いた計算　90
　5.4.3　期間シミュレーション　92
5.5　CFDによる室内気流計算　95
　5.5.1　CFDの概要と目的　95
　5.5.2　基礎方程式　96
　5.5.3　乱流モデル　96
　5.5.4　移流項差分スキーム　98
　5.5.5　境界条件　98
　5.5.6　一般に使用されるソフトウェア　100
　5.5.7　CFD解析の事例　101

6　測定手法と測定例　103
6.1　測定の目的と測定項目　104
6.2　測定手法・機器・注意点　105
　6.2.1　設計用の自然換気口性能把握　105
　6.2.2　動作確認　106
　6.2.3　短期実測による性能検証　107
　6.2.4　BEMSデータによる中長期の性能検証　114

7　建築設計者からみた自然換気の取組み　117
7.1　自然換気に対する考え方　118
　7.1.1　はじめに　118
　7.1.2　自然換気の冷房としての利用　118
7.2　事　例　121
　7.2.1　夜間の自然換気によるナイトパージ　121
　7.2.2　自然換気による蓄冷と放射冷却　122
　7.2.3　ダブルスキンによる高層建築の自然換気　130
　7.2.4　ソーラーチムニー　133

付　録　137
付録1　近年の自然換気研究例　138
付録2　用　語　集　145

索　引　149

1
自然換気とは

1.1 自然換気を行う目的

自然換気は建物内の環境調整手法として，古くから利用されてきたが，空調システムの発展に伴い，都市部では窓の開かない完全空調のビルが増加してきた。これらの建物は，室内環境を空調によって一定に維持しやすい，都市部の騒音や空気質の問題に対処しやすいなどの長所がある反面，中間期に省エネルギー対策を進めにくい，建物の中にいて自然が感じられないなどの欠点がある。最近では，東日本大震災の影響による大規模停電の際に，窓の開かない建物はBCP（Business Continuity Plan：事業継続計画）立案の観点から問題があると指摘されたことも無視できない。

以下では，自然換気を導入するメリットとして一般に考えられている項目と，最近注目されているポイントについて解説する。

1.1.1 省エネルギー性

一般的なオフィスでは冷房エネルギーが全消費エネルギーの25%に達し，また図1.1.1に示すように全体の15%近くが，空気搬送と換気に消費されていることがわかっている。これより，中間期や盛夏時にナイトパージを行ったり，中間期の昼間に自然換気を利用して熱源と送風機を停止できれば，非常に大きな省エネルギー効果が期待できる。

オフィスの省エネルギー推進の決め手として，「高効率照明やライトシェルフ，光ダクトの採用，照度センサーを利用した照明電力の削減」「VAVやVWV方式によるデマンド制御を導入した搬送動力の削減」などが有効とされているが，これらと並び，自然換気の積極的な活用は省エネルギー効果が高い。したがって，建物の省エネルギーを推進するうえで，自然換気の利用は必須の検討項目と言える。

1.1.2 気流環境と温熱環境

地球温暖化防止の観点から官公庁ビルを中心に夏場のクールビズが定着してきた。クールビズはノーネクタイ，ノージャケットなど職場のドレスコードを緩めたうえで，室温を28℃に設定して省エネルギーを推進するものであるが，室温28℃で快適性を維持するための条件をPMV，SET*で評価した結果を図1.1.2に示す。0.7clo（薄手のジャケット＋ネクタイ）では気流が1.0m/sでも快適条件とするのは難しいが，0.5cloでは，0.4m/sの気流でPMV = 0.5，SET* = 25.6℃となり，快適範囲に収めることが可能であ

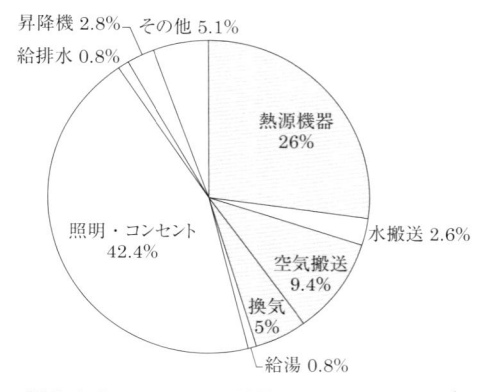

図1.1.1 オフィスの最終エネルギー消費量[1]

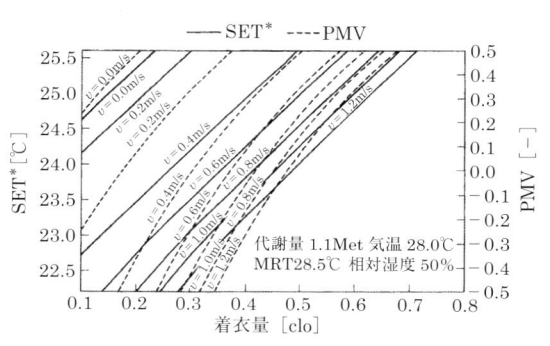

図1.1.2 着衣量とPMV，SET*[2]

る。つまり，自然換気を行うオフィスにおいて，この程度の気流を維持することができれば，室内快適性を維持することが可能となる。

1.1.3　自然換気ビルの温熱快適条件

ASHRAEでは，自然換気ビルにおける居住者の温熱快適条件を推定するオプションとして図1.1.3が提示されている。適用条件は，居住者が室内環境改善のために開閉可能な窓があり，空調設備はあってもよいが（空調は行われていないこと），室内での着衣規制が緩やかであることが条件である。このような条件では，温熱快適条件が外気温度により変化し，その原因は居住者の過去の温熱環境の経験や着衣量の自発的変化，室内環境が主体的に制御できることの意識，温熱環境に対する期待などによるとされている。図にはこのような条件で，居住者の代謝量が1.0～1.3Metの条件で80%と90%の居住者が快適と感じる作用温度の範囲が示されている。これは，自然換気ビルとすることによって室内環境条件が大幅に緩和される可能性を示している。

1.1.4　知的生産性

従来，建築室内における外気の取入れは外気負荷の増加を招くことから，空気質が悪化しない範囲で最小限の換気量を確保する方針で計画されてきた。しかし，最近では必要換気量を超えた換気を行うことによる知的生産性の向上が注目されて

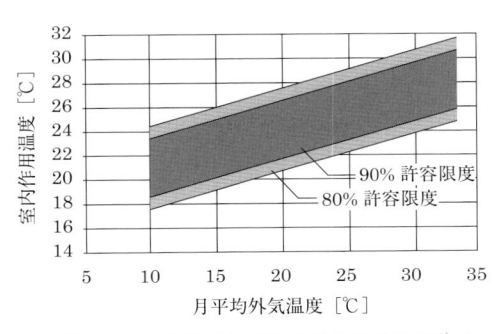

図1.1.3　自然換気室における快適条件[3]

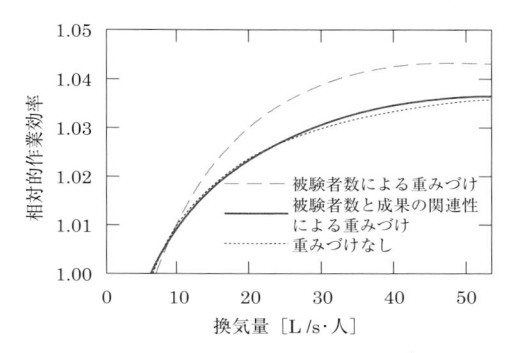

図1.1.4　換気量と成績の関係[4]

いる。

図1.1.4は換気量を変えた実験室における模擬事務作業と，実際のコールセンターでの対話時間から，作業効率と換気量の関係を示したものである。図によれば，換気量を倍増するとおよそ1.5%作業効率が改善すること，作業効率の改善は換気量が少ないときのほうが大きいが，40L/s・人（144m^3/h・人）を超えても改善すること，などが示されている。ちなみに日本での必要換気量（20～35m^3/h・人）は図中5.6～9.7L/s・人に対応する。自然換気によって大量の換気を取り入れることが，ワーカーの生産性向上につながる可能性を示すものである。

《参考引用文献》
1) 一般財団法人 省エネルギーセンター ホームページ
2) 石野久彌，大熊涼子：COOL BIZの室内温熱環境，空気調和・衛生工学，第80巻第7号，2006
3) ANSI/ASHRAE Standard 55-2004 Thermal Environmental Conditions for Human Occupancy, ASHRAE, 2004
4) REHVA guidebook No.6, Indoor Climate and Productivity in Offices, REHVA, 2006

1.2 自然換気の原理

　自然換気はその換気駆動力によって温度差換気と風力換気に分けられる。また，自然換気量はその換気駆動力と圧力損失のバランスによって決定される。以下ではその原理について概説する。

1.2.1 温度差換気

(1) 高さによる気圧の変化

　図 1.2.1 に示すように，断面積 S [m²] の容器が密度 ρ [kg/m³] の液体で，高さ h [m] まで満たされた状態で，液体に作用する圧力 P [Pa] を考える。底面から高さ z [m] では，それより上部にある液体が，下部の液体に重力：$\rho g(h-z)S$ [N] を及ぼし，この地点の圧力による力：PS [N] が釣り合っている。これより圧力は次式で表される。

$$P(z) = \rho g h - \rho g z \tag{1.2.1}$$

　式 (1.2.1) の右辺第一項は底面に作用する圧力を表しているので，これを P_0 [Pa] とおけば，

$$P(z) = P_0 - \rho g z \tag{1.2.2}$$

となる。つまり，液体に作用する圧力の高さによ

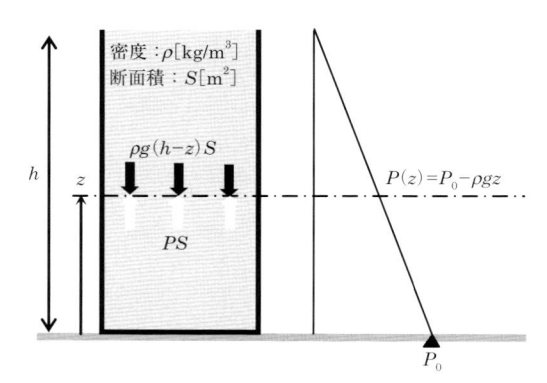

図 1.2.1　高度による圧力の変化

る変化は密度によって決まる。

　液体を気体に置き換えれば，気圧の高さによる変化も同様に説明できる。つまり基準となる高さの圧力を P_0 [Pa] とすれば，それより z [m] 高い地点の圧力は式 (1.2.2) で表すことができる。これは，大気圧の場合も，室圧の場合も同じである。

(2) 単一開口の場合の圧力分布

　図 1.2.2 に示す室内空気が一様温度で，外気温より高い室を考える。このとき室内空気の密度は外気密度より低くなる（$\rho_0 > \rho_i$，以下では図中

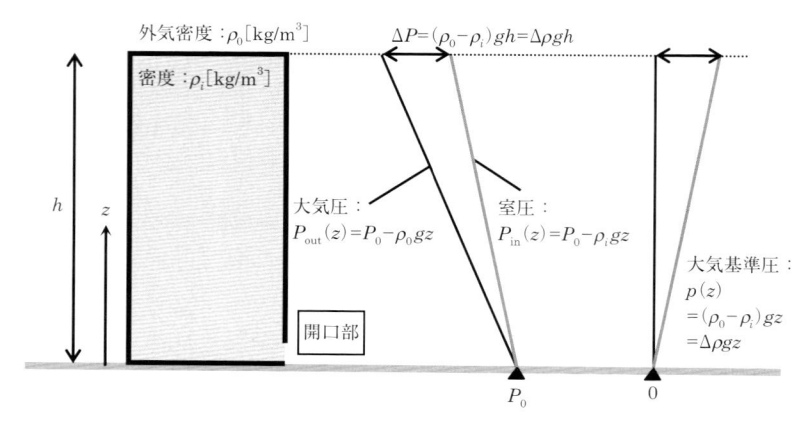

図 1.2.2　単一開口の室の圧力分布

の記号を用いる）。

この室の床面高さに小さい開口部を開けると、圧力の高い側から低い側に向かって空気の流れが生じるが、やがて内外の圧力差はなくなり、空気の流れも止まる。このとき、室床面の圧力は外気圧と等しく P_0 [Pa] となる。

ただし、内外の圧力が等しいのは床面のみ（傾きの異なる直線は1点のみで交わる）で、室上部に行けばいくほど、室圧の低下が小さいので、相対的に室圧のほうが高くなる。

大気基準圧とは室圧を同じ高さの大気圧からの圧力差で表したものであるが、室の大気基準圧は床面で 0 [Pa]、天井面で最大となり、$\Delta \rho g h$ [Pa] となる。

(3) 複数開口の場合の圧力分布

さらに室天井高さに開口部を設けた場合の圧力分布を図 1.2.3 に示す。上部は正圧であったから室空気が外に向かって流出する。このため、室圧は低下し、下部の開口からは外気が流入する。室内は暖房状態にあるため、この空気の出入りによって、室温が変化しなかったとすると、室空気の密度は変わらない。このため、室圧は図中の点線から左に平行移動し、室内床面の圧力 P_i [Pa] は外気圧 P_0 [Pa] より低くなる。圧力の変化は下部から流入する換気量と上部から流出する換気量がバランスしたところで安定する。ただし、床面では外から中へ ΔP_1 [Pa] の、天井面では中から外へ ΔP_2 [Pa] の圧力差、すなわち換気の駆動力がついているので、室温が変化しない限りこの換気は持続する。この換気駆動力はもともとの温度差による密度差に基づく圧力である図 1.2.2 の $\Delta P = \Delta \rho g h$ を流入流出開口部に、それぞれ分け与えたものと考えることができる。なお、シャルルの法則を用いれば、室温を絶対温度で表して T_i [K]、内外温度差を ΔT [K] とおいて、温度差換気駆動力を次のように表すことができる。

$$\Delta P = \Delta \rho g h = \frac{\rho_0 g \Delta T h}{T_i} \quad (1.2.3)$$

式 (1.2.3) より温度差による換気駆動力を大きくするには、なるべく内外温度差 ΔT [K] を大きく、開口高さの差 h [m] を大きくすることが有効である。

1.2.2 風力換気

(1) 基準風速

建物に風が吹き付けると、大気圧に風圧力が加算されて作用する。風圧力 P_w [Pa] は、基準風速 U [m/s] と風圧係数 C を用いて式 (1.2.4) で表される。

$$P_w = C \cdot \frac{1}{2} \rho_0 U^2 \quad (1.2.4)$$

つまり、風圧力は基準風速の二乗に比例して増加する。基準風速は建物軒高さにおいて建物に接近してくる気流速度を用いることになっている。

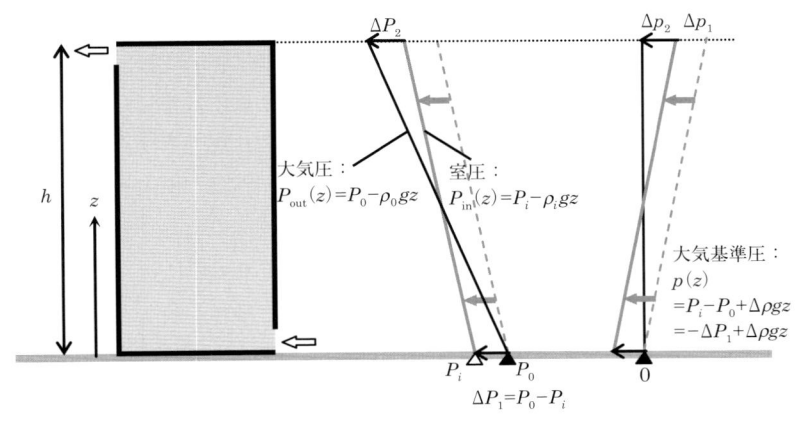

図 1.2.3 二開口の室の圧力分布

1 自然換気とは

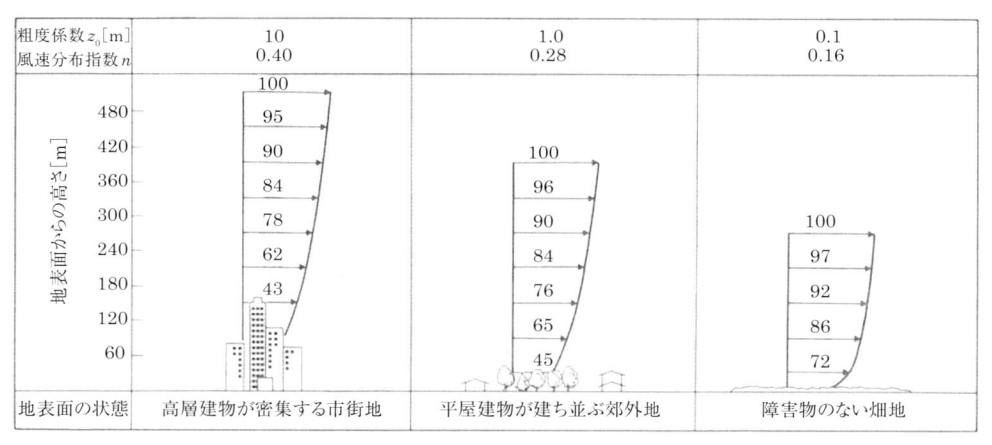

粗度係数 z_0 [m]	10	1.0	0.1
風速分布指数 n	0.40	0.28	0.16

(地表面からの高さ[m] 別の鉛直風速分布)

高層建物が密集する市街地: 60m→43, 120m→62, 180m→78, 240m→84, 300m→90, 360m→95, 420m→100（480m位置）、上方100

平屋建物が建ち並ぶ郊外地: 45, 65, 76, 84, 90, 96, 100

障害物のない畑地: 72, 86, 92, 97, 100

| 地表面の状態 | 高層建物が密集する市街地 | 平屋建物が建ち並ぶ郊外地 | 障害物のない畑地 |

図 1.2.4　地表面の状態と鉛直風速分布の関係 [1]

基準風速は周囲建物の影響を受けない高所の観測データから推定する必要があり，これには全国の気象官署のデータが用いられる（アメダスの測定高さは地上 10m 程度のものが多く，接近流速度の評価に適していない）。高さ方向の風速分布は図 1.2.4 に示すように，地表面の状況によって変化する。風速分布をべき乗分布で近似するとし，高さ H [m] での風速を U_H [m/s] とおけば，任意高さ z [m] の風速は式（1.2.5）で表される。

$$U(z) = U_H \left(\frac{z}{H}\right)^n \quad (1.2.5)$$

したがって，H [m] に気象官署における風速計の設置地表面高さを，U_H に観測データを，z [m] に対象建物の軒高さを取って換算すればよい。

(2) 風圧係数

周囲に建物がない場合における風圧係数分布の例を図 1.2.5 に示す。建物の風上面では，建物高さの 7～8 割の高さで風圧力は最大となり，0.6～0.8 程度の値を取る。ここから下方に向かっていったん風圧係数は小さくなるが，地表面付近で再び大きくなることがある。屋根面の前縁部では，気流が剥離することによって −1.2 程度の非常に大きな負圧が形成され，これが下流に向かって小さくなる。建物の風下側は屋根面よりも小さい負圧となり，全般的に一様な分布となる傾向がある。

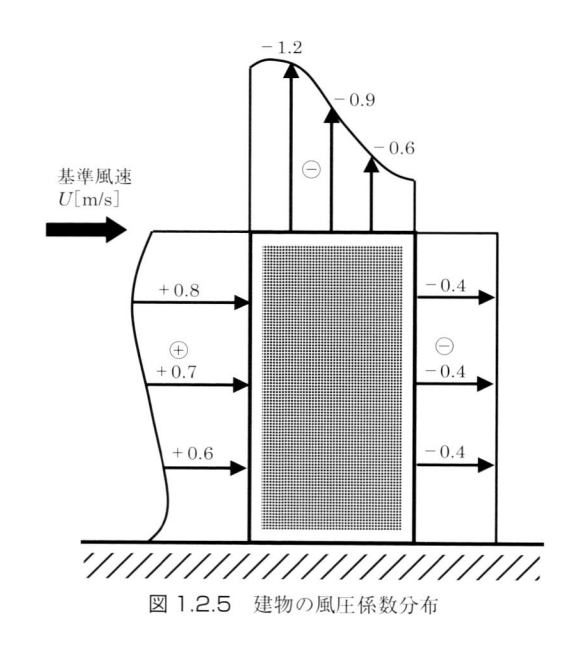

図 1.2.5　建物の風圧係数分布

（風上面：+0.8, +0.7, +0.6／屋根：−1.2, −0.9, −0.6／風下面：−0.4, −0.4, −0.4／基準風速 U [m/s]）

周囲に同程度の高さの建物がある場合，風圧係数の絶対値は全般的に小さく変化するが，特に風上面の上流側に別の建物があると，風上面における風圧係数の低下は著しい。一方，屋根面の負圧は，比較的周辺状況の影響を受けにくい。このように，屋根面の圧力は，風向や周囲状況による影響が比較的少なく，安定した負圧が確保される。

風圧の異なる場所に開口部があり，内外の空気温度が同じ場合，高さ方向の圧力変化はキャンセルされるので，風上開口部から風下開口部に向かって，式（1.2.6）に示す風力換気駆動力が作用する。

$$\Delta P = (C_1 - C_2)\frac{1}{2}\rho_0 U^2 \quad (1.2.6)$$

なお，C_1 は開口部に作用する風圧係数の大きいほう，C_2 は小さいほうの値である。式（1.2.6）より風力換気駆動力を確保するためには，風圧係数の差がなるべく大きい地点に開口部を設けることが望ましい。また，風向によって風圧係数の大小関係が逆転する場合，気流の流動方向も逆転するので，気象条件，風向別風圧係数分布から，開口部位置を決定する必要がある。

1.2.3 圧力損失

(1) 形状抵抗による圧力損失

図 1.2.6 に示す開口面積 A [m^2] となる狭い流路を通過する気流の圧力変化を考える。気流のエネルギー状態は全圧によって表され，全圧は静圧と気流の運動エネルギーを表す動圧（速度圧ともいう）の和である。静圧は温度差換気の部分で述べた圧力のことであり，動圧は気流の速度を U，密度を ρ とおいて，$\rho U^2/2$ [Pa] で表される。断面 1，2 の断面積は断面 A に比べて大きいので，断面 1，2 での気流速度は遅く，動圧は無視できるほど小さいので，静圧と全圧は近似的に等しくなる。

さて，気流は断面 A に接近するにつれて加速されるが，このときの動圧上昇とほぼ同じ分だけ静圧は低下し，この加速のプロセスでは全圧はほとんど変化しない。気流の加速は（流れは急に進路を変更できないので），断面 A を通過後もしばらく続き，縮流断面まで継続する。縮流断面での流れの速度 $U_{\max}$ [m/s] は，風量 Q [m^3/s] を，有効開口面積 αA [m^2]（実効面積，相当開口面積ともいう）で割った値となる。

全圧が概ね一定となるのはここまでで，流れの断面が急拡大する図のようなケースでは，この後流れが減速する過程で，低下した動圧は失われ，ほとんど静圧の上昇に転換されないことが知られている。したがって，気流が断面 1 から 2 に到達する間に，圧力は P_1 から P_2 に低下したこととなるが，その差である圧力損失 Δp [Pa] は次のように表すことができる。

$$\Delta p = \frac{1}{2}\rho\left(\frac{Q}{\alpha A}\right)^2 = \zeta\frac{1}{2}\rho\left(\frac{Q}{A}\right)^2 = \zeta\frac{1}{2}\rho U^2$$
$$(1.2.7)$$

式（1.2.7）の α は流量係数，ζ は形状抵抗係数と呼ばれ，さまざまな流路の変形に対する実験データが整理されている。また，開口部通過風量と圧力差の関係は，式（1.2.7）を変形した式（1.2.8）で与えられる。

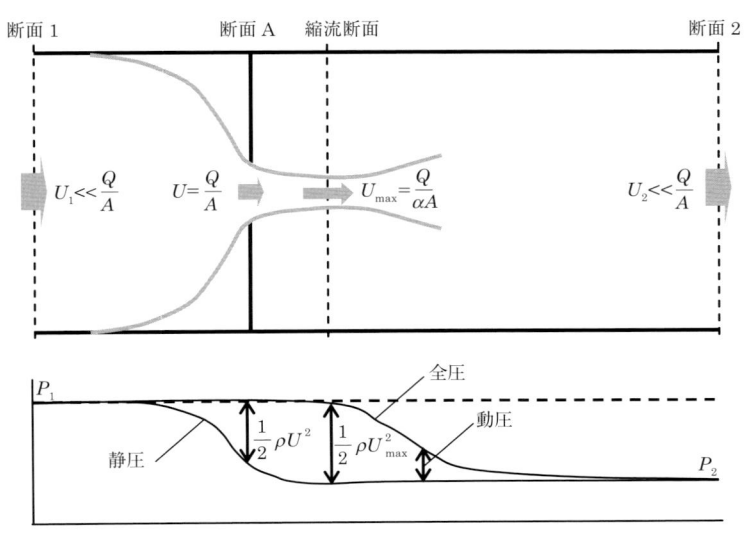

図 1.2.6 狭い流路を流れる気流の圧力変化

表 1.2.1 開口部の形状と流量係数 $\alpha^{2)}$

名称	形状	流量係数 α
通常の窓		0.6〜0.7
ベルマウス		約 1.0
ルーバー	β 90°	0.70
	70°	0.58
	50°	0.42
	30°	0.23

$$Q = \alpha A \sqrt{\frac{2}{\rho}\Delta p} \quad (1.2.8)$$

このように，流れが加速するプロセスでは，静圧から動圧へエネルギーを効率的に転換することができるが，減速するプロセスでは，緩やかに断面拡大するなどの特別な配慮がない限り，動圧を静圧に転換することは一般に困難であり，動圧は圧力損失となる場合が多い。

さまざまな開口部の流量係数を表 1.2.1 に示す。通常の窓では流量係数は 0.65 程度であるが，ベルマウスでは開口部の入り口に沿って気流が自然に加速することが可能なため，縮流が生じることなく流量係数は概ね 1 となる。

(2) 直管部の圧力損失

図 1.2.7 に示すように一定の断面を流れの方向に長距離を進む流路を取り扱う場合がある。

中央に吹抜けのあるボイド空間などが典型的で

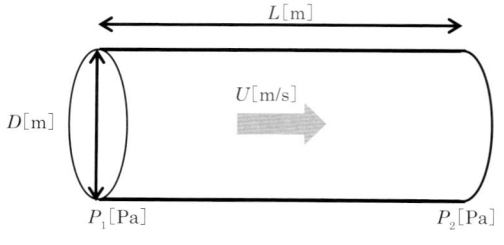

図 1.2.7 直管における圧力損失

あるが，このような流れの過程で生じる圧力損失は，直管部の圧力損失で近似できる。

図 1.2.7 に示す直径 D [m] の円管では，流れ方向の圧力損失：$\Delta p = P_1 - P_2$ は，管の摩擦損失係数を λ として式（1.2.9）で表すことができる。

$$\Delta p = \lambda \cdot \frac{L}{D} \cdot \frac{1}{2}\rho U^2 \quad (1.2.9)$$

すなわち，直管部の圧力損失は管長と動圧に比例し，管直径に反比例する。摩擦損失係数 λ は，管の粗度 ε と D の比の関数で表されるが，ε/D が 0.05 となる場合でも 0.1 を超えることはない。

形状抵抗による圧力損失も，直管部の圧力損失も流れの速度 U に関する動圧に比例するので，U が小さい部分で生じる圧力損失は通常無視して差し支えない。自然換気の換気経路では，空間を区画する部分で流路が狭められ，その部分での形状抵抗損失が圧力損失の主要部分となる場合が多い。

流路系を複数の節点が結合したネットワーク・モデルで近似し，換気回路網計算を行う場合，直管部は，節点と節点の結合部分に配置し，式（1.2.9）と式（1.2.7）の比較により，その部分の形状抵抗係数を $\zeta = \lambda L/D$ とすれば，直管部の圧力損失を考慮に入れた計算が可能となる。

1.2.4 自然換気の計算例

図 1.2.8 に示す建物について自然換気計算を試みる。高さ h [m] の建物の地表面付近に開口部 1，天井面に開口部 2 があり，それぞれの開口部に作用する風圧係数 C，有効開口面積 (αA) を添え字で区別する。基準風速を U [m/s] とすれば，開口部 1，2 に作用する外部圧 $P_{out,1}$，$P_{out,2}$ は，地表面の大気圧を P_0 として以下のように表される。

$$P_{out,1} = P_0 + C_1 \cdot \frac{1}{2}\rho_0 U^2 \quad (1.2.10)$$

$$P_{out,2} = P_0 - \rho_0 gh + C_2 \cdot \frac{1}{2}\rho_0 U^2 \quad (1.2.11)$$

これらは，開口部の境界条件として固定値となっている。

1.2 自然換気の原理

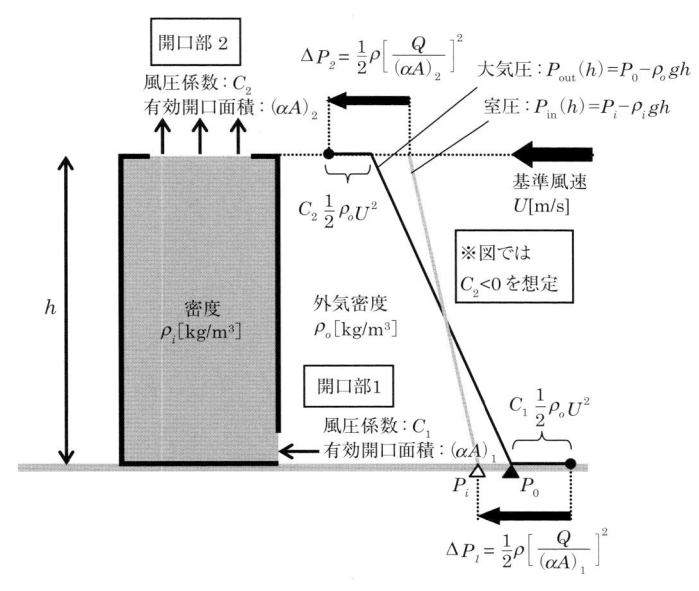

図 1.2.8 自然換気の計算例

次に，建物底部の未知の室圧を P_i とおけば，開口部 1，2 に作用する室内側圧力 $P_{in,1}$，$P_{in,2}$ は室内密度を ρ として次のように表される。

$$P_{in,1} = P_i \quad (1.2.12)$$

$$P_{in,2} = P_i - \rho_i gh \quad (1.2.13)$$

開口部 1，2 以外の流路系での圧力損失は無視できるとすれば，$P_{out,1} - P_{in,1}$ が開口部 1 を気流が通過する際の圧力損失 Δp_1 であり，$P_{in,2} - P_{out,2}$ が開口部 2 を気流が通過する際の圧力損失 Δp_2 となり，次のように表される。

なお，Q [m³/s] は換気量であり，開口部 1，2 を通過する換気量は等しいとしている。

$$\frac{1}{2}\rho\left[\frac{Q}{(\alpha A)_1}\right]^2 = P_0 + C_1 \cdot \frac{1}{2}\rho_0 U^2 - P_i \quad (1.2.14)$$

$$\frac{1}{2}\rho\left[\frac{Q}{(\alpha A)_2}\right]^2 = P_i + \Delta\rho gh - P_0 - C_2 \cdot \frac{1}{2}\rho_0 U^2 \quad (1.2.15)$$

また，式 (1.2.14)，(1.2.15) の左辺の圧力損失の計算に用いている密度は，一般に室内外で区別しないで評価する。

式 (1.2.14)，(1.2.15) を足すと，次のようになる。

$$\frac{1}{2}\rho\left[\frac{Q}{(\alpha A)_1}\right]^2 + \frac{1}{2}\rho\left[\frac{Q}{(\alpha A)_2}\right]^2 \quad (1.2.16)$$
$$= \Delta\rho gh + (C_1 - C_2) \cdot \frac{1}{2}\rho_0 U^2$$

式 (1.2.16) では開口部での圧力損失の合計が温度差換気駆動力と風力換気駆動力の合計とバランスしていることを示している。なお，式 (1.2.16) は，有効開口面積の直列合成の公式 $\left(\left[\frac{1}{(\alpha A)}\right]^2 = \left[\frac{1}{(\alpha A)_1}\right]^2 + \left[\frac{1}{(\alpha A)_2}\right]^2\right)$ を用いて，

$$Q = (\alpha A)\sqrt{\frac{2}{\rho}\cdot\left[\Delta\rho gh + (C_1 - C_2)\cdot\frac{1}{2}\rho_0 U^2\right]} \quad (1.2.17)$$

と表すことができる。

《参考引用文献》

1) 日本建築学会編：建築設計資料集成 1 環境，丸善，1978
2) 日本建築学会編：設計計画パンフレット 18 換気設計，彰国社

1.3 自然換気利用建物の形態

　自然換気を有効利用するためには換気駆動力として，式（1.2.3）に示した温度差換気駆動力ないし式（1.2.6）に示した風力換気駆動力もしくは，それらの両方を用いることが必要である。これらの換気駆動力を利用しやすい建物形態としては，図 1.3.1 に示す三種類のものが多くの実績を持っている。以下では各建物形態の意図と留意点について簡単に述べる。

1.3.1 通風型

　図 1.2.5 に示したように建物に作用する外部風と正対する面では正圧が，その他の大部分の面では負圧となることを利用し，風上面に流入開口部を，その他の面に流出開口部を設けるものである。この方式は，建設地域が湾岸地域など，通風を利用したい期間の卓越風向が明確に定まっている場合などに適用しやすい。温度差換気に期待しないので，流入流出開口高さに差を設ける必要がなく，自然換気駆動力確保のための特別な換気経路が不要となる場合も多い。外部風が強い場合は，居住域風速が過大となる可能性があり，自然換気量の調整機構や居住域への気流流入方法などに配慮が必要となる。特に，風向が想定と逆転した場合な

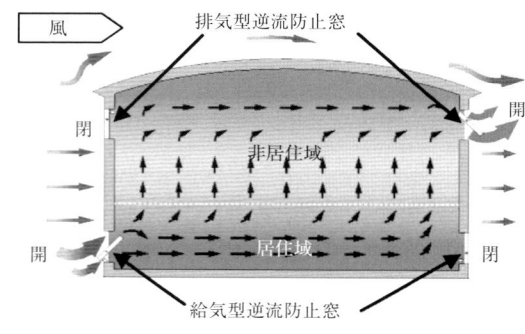

図 1.3.2　バランス式逆流防止窓[2]

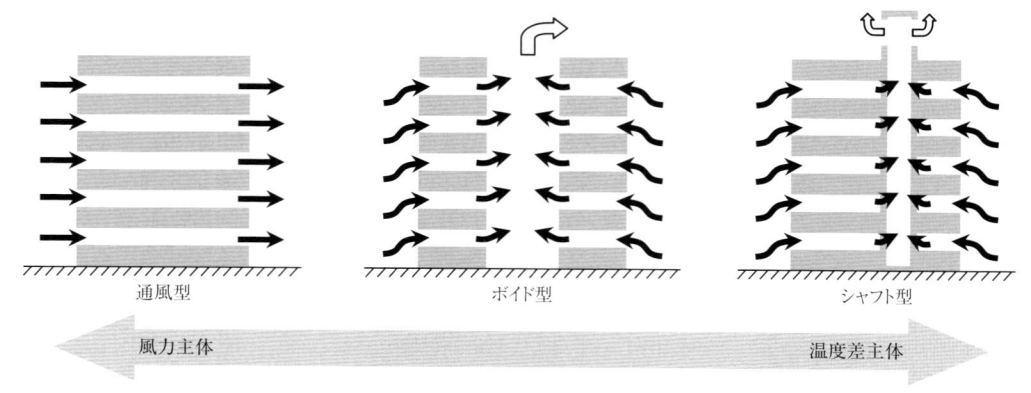

図 1.3.1　自然換気利用建物の形態[1]

どでは，計画どおりの換気経路が確保できなくなる。このような条件に対処するため図 1.3.2 に示すような開口部の逆流防止機構を設けることが行われている。図は給気型・排気型逆流防止窓を利用して，常に下方から上方への換気経路を確保する大空間換気の例を示している。

1.3.2 ボイド型

通風型では風向が変化した場合に換気経路の確保が困難となるのに対し，図 1.2.5 に示す建物屋根面に作用する風向によらない負圧を換気駆動力として利用することによって，安定した換気駆動力を確保する方法である。高層で中空ボイドのある建物に適用される。ボイド断面積が小さく，排熱や日射などによるボイド内空気の外気温度に対する上昇が期待される場合，温度差換気駆動力も風力換気駆動力に合わせて作用する。

この形態は新潟県庁舎で最初に取り入れられたものであることから「新潟県庁舎タイプ」と呼ばれる場合もある。
① ボイド内と外気で空気の密度差はない
② ボイド内の上昇気流速度は小さく圧力損失は無視できる
③ ボイド頂部での圧力損失は頂部に作用する風圧に比べて小さい

上記を仮定すると，ボイド内の圧力分布は図 1.3.3 となる。この場合，ボイド内圧力は，ほぼボイド頂部の負圧が一様に分布するので，建物の高さ方向で換気駆動力が一定となり，外部側からボイド側への通気抵抗をそろえれば，建物の高さによらず一定の自然換気量が確保される。

1.3.3 シャフト型

図 1.3.4 に示すように，建物の階段室や専用の縦シャフト部分に作用する温度差による内外圧力差を換気駆動力として利用するものである。シャフト頂部に風力による誘因効果のある部材を取り付け，風力換気を併用する場合もある。

シャフト頂部の有効開口面積を大きく設定すると，図の①に示すように，シャフト頂部付近に中性帯（内外圧力差が0となる部分）がくる。シャフト内大気基準圧は，ここからの距離に比例して大きくなるので，建物下部に作用する換気駆動力は，上部に比べて大きくなる。したがって，自然換気開口部の通気抵抗を建物高さによって調整しないと，建物の上部で換気不足，下部で換気過大となる傾向がある。

この問題を緩和し，さらに大きな換気駆動力を確保するためには，図の②に示すようにシャフトを延長して，中性帯の位置をより高く設定することが考えられる。これと同様の効果は，図の③に示すようにソーラーチムニーを併用することに

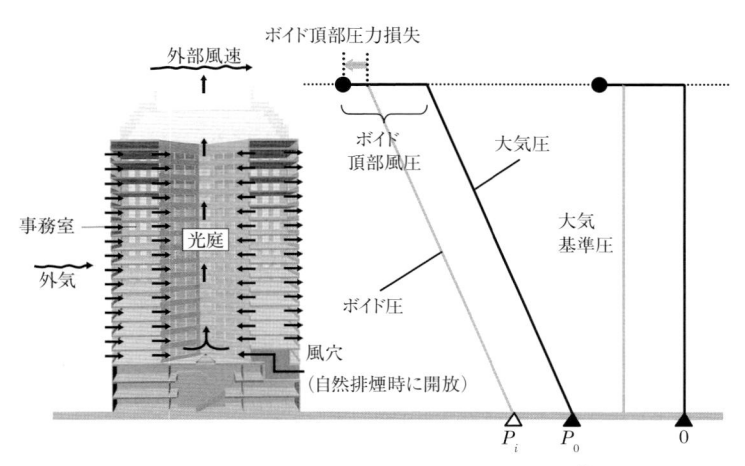

図 1.3.3 ボイド内の圧力分布（新潟県庁舎）[3]

1 自然換気とは

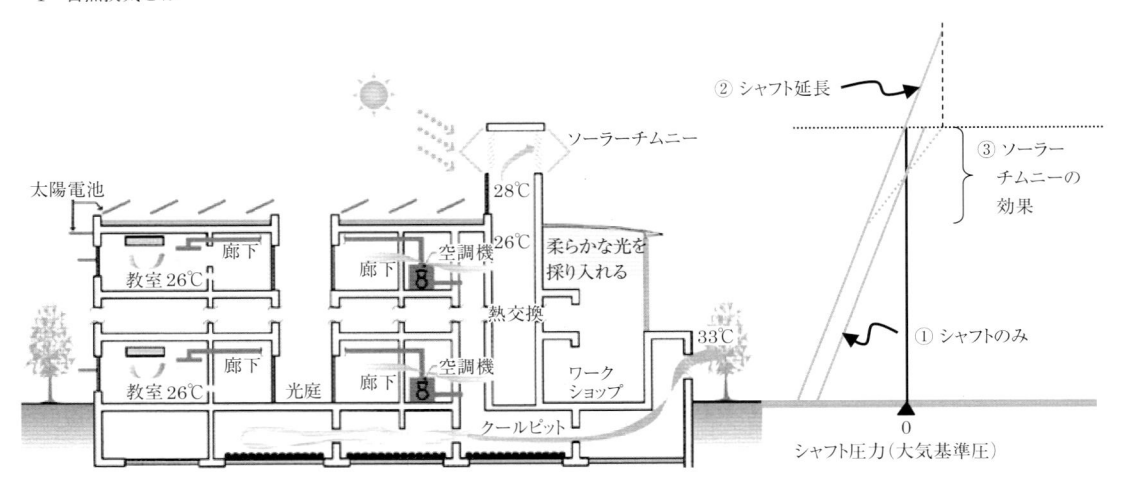

図 1.3.4 シャフト内圧力分布（北九州市立大学国際環境工学部棟）[4]

よって得ることができる。図1.2.3に示すように大気基準圧の圧力勾配は内外の密度の差によって決まる。ソーラーチムニー内の温度を日射によって上昇させれば，その部分で圧力勾配を急勾配とすることができ，シャフトを延長するのと同様の効果がある。

シャフト型は風力型に比べて気象条件の影響が少なく，安定した換気駆動力が確保可能であることから，最近の自然換気利用建物では採用実績が多い。図は北九州市立大学の例を示すが，このケースではソーラーチムニーとクールピットを組み合わせることにより，熱源と搬送両面での空調エネルギーの削減を狙った計画となっている。

《参考引用文献》

1) 市川憲良，柿沼整三，倉渕 隆：建築環境設備ハンドブック，オーム社，2009
2) 三協立山株式会社 資料
3) 省エネルギー建築ガイド編集委員会編：INVISIBLE FLOW 省エネルギー建築ガイド，財団法人 建築環境・省エネルギー機構，2001
4) 村上周三ほか，日本サステナブル・ビルディング・コンソーシアム編：実例に学ぶCASBEE―環境性能の高いサステナブル建築はこうつくる，日経BP社，2005

2

計画フローと
チェックリスト

2.1 自然換気計画の要点

2.1.1 はじめに

　建物における換気駆動力として機械力を用いず，専ら自然の力に頼る方法を総称して自然換気と呼ぶ。自然換気には，風力を駆動力とする風力換気と内外温度差を駆動力とする温度差換気（または重力換気）がある。風力換気は，屋外風の影響で建物の風上側の自然換気口に発生するプラスの圧力（正圧）と風下の自然換気口に発生するマイナスの圧力（負圧）により生じる圧力差を駆動力とする自然換気である。一方，温度差換気は暖かい空気が冷たい空気よりも軽く浮力により上昇する原理を利用した自然換気である。通常は建物内の温度よりも外気温度が低い場合に，建物下部の開口部から外気を導入し，建物上部の開口部から室内空気を排出する方法を取る。

　このように自然換気は原理的には大きく風力換気と温度差換気に分けられるが，実際には両者が混在したものが多い。自然換気の中でも，積極的に換気量・気流速度を大きくした場合を通風と呼ぶことがある。また，機械換気（または空調）と自然換気を混在させた方法としてハイブリッド換気がある（自然換気併用冷房と呼ぶこともある）。さらに，外気温度が低くなる夜間に自然換気を行うことで建物の躯体や家具などを冷却しておき，それらの持つ熱容量を利用して昼間の冷房負荷を低減する方法は，夜間換気またはナイトパージと呼ばれている。

　ファンの機械力により一定の換気量を確保する機械換気と比較して，自然換気の場合は外気温度や屋外風向・風速などの外界気象条件に応じて換気量が変動する。例えば，風力換気による自然換気量は屋外風速に比例し，温度差換気による自然換気量は内外温度差と複数の自然換気口の高さの差の双方の平方根に比例する。したがって，温度差換気は一般に建物高さ（または天井高さ）が大きい建物や吹抜けを持つ建物において効果的であると考えられる。また，自然換気の場合は，換気口面積を大きく取ることで，機械換気よりもはるかに多くの換気量を確保することが可能となる場合がある。ただし，換気量が多過ぎると居住者にとって「コールドドラフト」と呼ばれる不快で冷たい気流が発生する危険性があるため，換気量と温熱環境のバランスを取ることが重要である。自然換気による冷却熱量については，自然換気量と内外温度差に比例するため，外界気象条件に応じて変動し，制御が難しい点にも注意する必要がある。

　一般的に自然換気を行う場合には，気象条件や立地・建物条件により換気量が大きく異なる可能性があることなどから，計画時に十分な検討を行う必要がある。特に自然換気を導入する場合には，省エネルギーと温熱環境がトレードオフの関係になることが多いため，これらを両立させることが重要となることが多い。自然換気を有効に活用するためには，自然換気の持つこれらの特徴をよく理解したうえで計画する必要がある。

　このように自然換気には計画上注意すべき点が多いにも関わらず，これまで自然換気の計画法について体系的にまとめられた資料はほとんどなかったと言える。以下では，自然換気の計画フローを示し，各フェーズにおいて実施すべきことや注意すべきことの要点をまとめるとともに，自然換気計画時におけるチェックリストを示す。なお，本節では各フェーズにおいて実施すべきことの概要のみを示し，詳細については後述の各章において記述することとする。

2.1.2 自然換気の計画フロー

自然換気を計画するに当っては，設計の各フェーズで実施すべきことがある。自然換気の計画フロー例を図2.1.1に示す。以下ではそれぞれのフェーズにおいて実施すべきこと，注意すべきことの概要を説明する。

―基本検討―

a. 自然換気の可能性検討
1) 計画建物の建築計画との整合性
2) 気候特性
3) 敷地周辺環境などの建物立地条件
4) 発注者側の条件

b. 省エネ目標・開口面積検討
1) 単位床面積当たりの開口面積と自然換気効果の関係の確認
2) 換気回路網計算による開口面積・換気量に関する検討
3) 計画初期段階における目標開口面積の決定・開口面積の確保

c. 平面・立面・断面への反映
1) 平面・立面・断面の自然換気計画
2) 自然換気口の仕様の選択・決定（ドラフト発生に対する配慮）
3) ファサード計画との整合性についての検討

―建物性能の確保―

d. 開口などに関する種々の検討
1) 煙突効果対策検討
2) 騒音対策検討
3) 開口部の気密性能・耐風圧性能・水密性能・制御性能など
4) 自然換気開口開放時の外壁などの耐風圧性能
5) 自然換気ルートの防露・防湿計画

e. 空調システムと自然換気の統合

―詳細検討―

f. シミュレーションなどによる詳細検討
1) 非定常シミュレーションによる検討
2) CFDによる室内温熱環境の検討
3) 実験による検討

g. 制御方法・運用時のモニタリング方法に関する検討
1) 制御ロジックの構築
2) 開口部の運用方法に関する検討
3) BEMSの構成に関する検討

―性能検証―

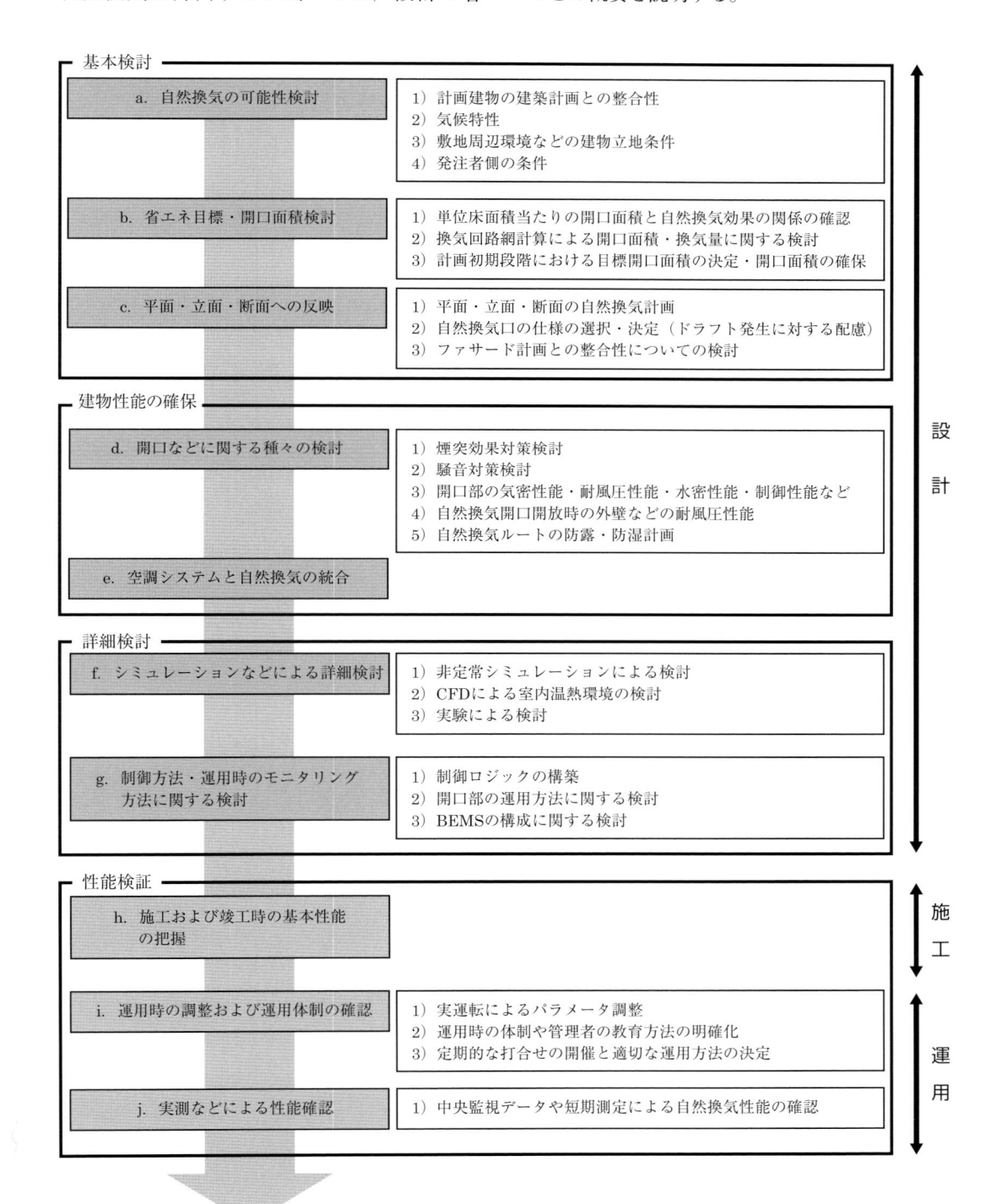

h. 施工および竣工時の基本性能の把握

i. 運用時の調整および運用体制の確認
1) 実運転によるパラメータ調整
2) 運用時の体制や管理者の教育方法の明確化
3) 定期的な打合せの開催と適切な運用方法の決定

j. 実測などによる性能確認
1) 中央監視データや短期測定による自然換気性能の確認

設計／施工／運用

図2.1.1 自然換気の計画フロー例

2 　計画フローとチェックリスト

【基本検討】

a. 自然換気の可能性検討

（本書の 4.1 と 4.2 に対応）

　計画のごく初期の段階においては，まず自然換気の可能性を検討する必要がある。この段階で考慮すべき主な項目は以下のようなものである。

1）計画建物の建築計画との整合性

　建物の用途・目的，建築計画の内容や想定される運用方法などを確認し，自然換気の適用が妥当かどうか見極める。また，自然換気を導入する場合には，どのような方法が適当か大まかに検討しておく（例えば温度差換気型なのか通風換気型なのか，手動制御か自動制御かなど）。

2）気候特性（外気温湿度，自然換気可能時間）

　建物計画地の気候の地域特性を考慮する。例えば，外気温度・外気湿度に基づく年間の自然換気可能時間の確認などを行う。

3）敷地周辺環境などの建物立地条件（騒音，屋外空気質，塩害・花粉の影響などを含む）

　敷地周辺の環境，騒音の大きさ（鉄道・交通騒音など），屋外空気質（NO_X，粉塵など），周辺建物の影響（風環境，汚染質発生，臭気発生など）などの検討を行う。また，海に近い場合には塩害の影響を調査する。スギやヒノキなどの花粉が飛散する時期については，その影響を防ぐのは難しいことが多いが，飛散時期・影響度合い・対策法についても考慮することが望ましい。また，具体的には自然換気口での対策となるか，虫や鳥の侵入に対する考慮も必要となる。

4）発注者側の条件（要望・関心・コストなど）

　現実的には，発注者の関心の高さや要望による優先順位とコスト的観点からの検討も必要である。

　これらを踏まえたうえで自然換気の可能性に対する結論を出し，自然換気コンセプト・自然換気ルート（外気導入方法）を決定する。

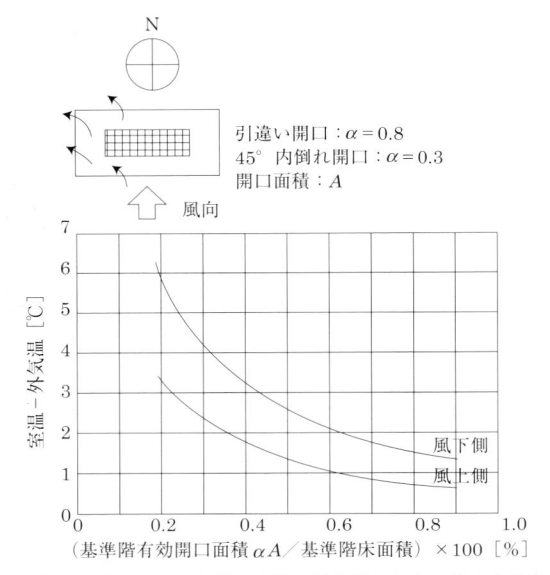

引違い開口：$\alpha = 0.8$
45°内倒れ開口：$\alpha = 0.3$
開口面積：A

（基準階有効開口面積 αA／基準階床面積）×100 ［％］

＊縦軸は空調なしの条件で室温が外気温からどの程度上昇するか換気回路網計算で試算した結果である。有効開口面積が床面積の 0.5 ～ 1.0％程度あると自然換気が効果的であることがわかる。

図 2.1.2 　有効開口面積と自然換気効果の関係[1]

b. 省エネ目標・開口面積検討（4.3 に対応）

　自然換気の可能性検討の結果，自然換気を導入する場合，次のステップで自然換気による省エネルギー目標を設定し，開口面積について検討する必要がある。具体的には以下のような検討を実施する。

1）単位床面積当たりの開口面積と自然換気効果の関係の確認（4.3 に対応）

　図 2.1.2 に単位床面積当たりの自然換気開口面積割合（有効開口面積）と自然換気効果の関係を示す。開口面積が大きいほど自然換気の効果が大きいことが確認される。冷房負荷を低減させるために自然換気を用いる場合の開口面積の目安としては，有効開口面積ベースで床面積の 0.5 ～ 1.0％程度以上あることが望ましいと考えられる。

2）換気回路網計算による開口面積・換気量に関する検討（4.3 と 5.2 に対応）

　この時点で換気回路網計算を実施し，開口位置や開口面積を仮定したときの大まかな自然換気量を推定することが望ましい。換気回路網計算のモ

2.1 自然換気計画の要点

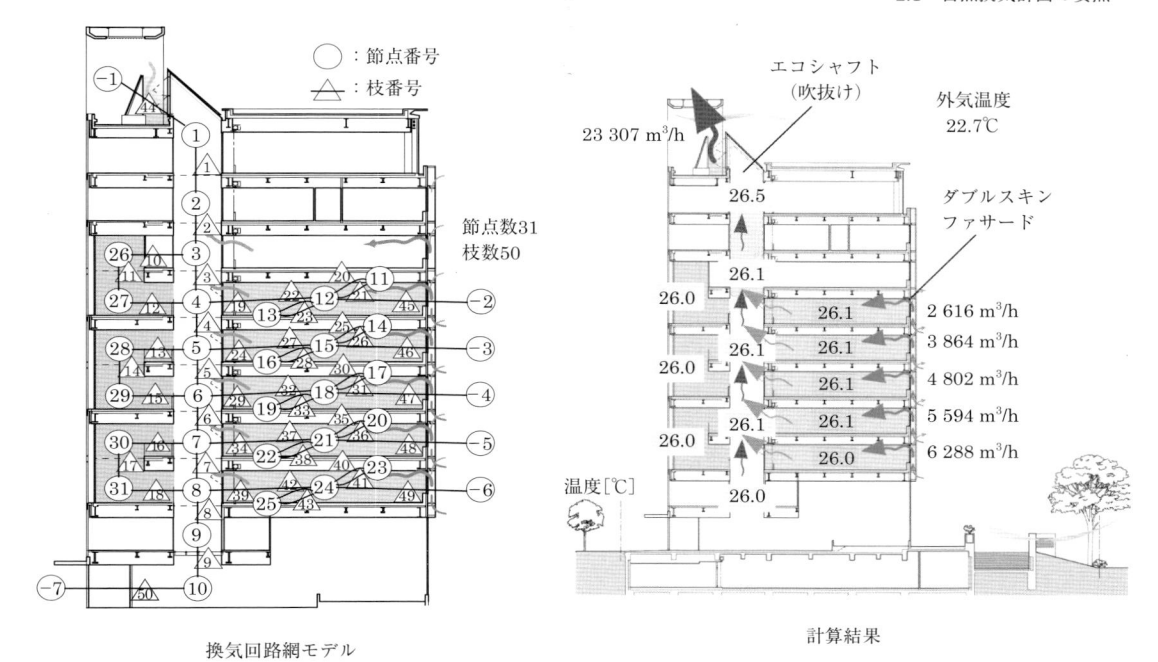

図 2.1.3 換気回路網計算のモデルと計算結果例[2]

デルと計算結果の例を図2.1.3に示す。換気回路網計算を行うにあたっては開口部の風圧係数や流量係数を適切に設定することが必要である。風圧係数や流量係数の設定方法については5.3にて詳細に記述する。

3) 計画初期段階における目標開口面積の決定・開口面積の確保（4.3に対応）

以上の検討結果を踏まえて，計画の初期段階において建築計画の中で目標とする自然換気開口の面積を決定し確保しておくことが非常に重要である。一般的に計画の初期段階で開口面積を確保しておかなければ，その後のフェーズで自然換気開口面積を確保することはより難しくなると言える。

c. 平面・立面・断面への反映

「a. 自然換気の可能性検討」と「b. 省エネ目標・開口面積検討」の結果に基づき，平面・立面・断面に自然換気計画を盛り込む。この過程では，建築設計者と構造および設備分野のエンジニアが協力し合い，適切な開口位置，開口形状，開口面積，自然換気ルート，室内への自然換気導入方法を十分に検討することが重要である。

1) 平面・立面・断面の自然換気計画

自然換気開口の位置・形状・面積を検討し，平面・立面・断面の各図面に落とし込む。

2) 自然換気口の仕様の選択・決定（4.4に対応）

この段階で自然換気口の仕様を選択・決定する。具体的には，自然換気口の形状，換気口の開放の仕方，開口内部の障害物の形状決定などである。自然換気口には市販品を用いる場合と特注する場合がある。吹抜けを利用した自然換気の場合には，ボイドに面する自然換気開口部の仕様についても検討する必要がある。特に重要なのは，自然換気開口近傍の居住域でドラフト（不快で冷たい気流）の発生しにくい開口部の形状と設置位置について配慮することである。一般的に，壁から横向きや天井から下向きに外気が入る開口形状はドラフトが発生しやすく，床から上向きや天井に沿って外気が入る開口形状のほうがドラフトが発生しにくい[3]。

17

3) ファサード計画との整合性についての検討

サッシに自然換気開口を組み入れたり，ダブルスキンファサードを用いた自然換気を採用する場合には，この時点でファサード計画との整合性について検討する必要がある。

【建物性能の確保】
d. 開口などに関する種々の検討（4.4に対応）

「c. 平面・立面・断面への反映」において自然換気ルートを考慮し平面・立面・断面へ自然換気計画を反映した後，開口などに関する各種の検討が必要である。本ステップで問題が生じた場合には，c. に戻って再検討する必要がある。

1) 煙突効果対策検討

中層や高層の建物において自然換気を用いる場合は，煙突効果による悪影響を防ぐ必要がある。煙突効果は，建物の内外温度差に起因して発生する内外圧力差が原因となり発生する現象であり，階段室やエレベーターのドア部分の風切り音，扉前後の圧力差による開閉時の障害や，エントランス扉からの大量の外気侵入などさまざまな問題を生じる危険性がある[4]。自然換気を用いる場合は，意図的に外壁に開口部を設置するため，煙突効果の悪影響を助長する危険性があり，以下のような対策を講じる必要がある。
・換気口閉鎖時の十分な気密性の確保
・煙突効果の悪影響が生じる場合には換気口を開放しない制御・運用
・エントランス・地下入り口の扉の気密性確保（回転扉，扉枚数の増加など）
・空調時の給排気バランスの確保（意図的に加圧する方法もある）

2) 騒音対策検討

自然換気の換気口を通して外気と同時に外部の騒音が室内に侵入する可能性があるため，特に都心部や交通量が多い地域で自然換気を行う場合には注意を要する。計画地における暗騒音を把握し，室内の騒音レベルを予測したうえで，問題があれば換気口形状・換気ルートの変更，各種防音措置や吸音材設置などの対策を講じる。

3) 開口部の気密性能・耐風圧性能・水密性能・制御性能など

建物の基本性能を満足するためには，自然換気の開口部を閉じた場合の気密性能，耐風圧性能，水密性能が，自然換気のない通常の建物と同等の性能を持つ必要がある。これらの性能を満足しない場合は，建物自体に大きな損失を及ぼすことになるため，必要な性能を持つ開口部に変更する必要がある。特に，超高層ビルの場合には，建物の気密性が悪いと，煙突効果の悪影響のために大きな問題になる可能性があるので注意が必要である。これらの各種性能については，開口部のメーカーの試験結果などを確認する。

4) 自然換気開口開放時の外壁などの耐風圧性能

自然換気口を開放することにより，通常は外壁で負担する風圧を負担できなくなるため，そのほかの面の外壁や内壁に非常に大きな風圧がかかることがありうる。特に，現在の性能評価にて要求されている外壁の耐風圧性能は，自然換気口がないことを前提としているため，自然換気を用いることによりその前提条件が崩れた場合は，外壁や内壁の破損などにつながる可能性もある。このような危険性に対して，自然換気口を自動制御する場合には，一定以上の屋外風速で開口部を閉鎖する制御ロジックを組むことで回避できるが，人為的過失の可能性もあり，フェイルセーフのための仕組みを構築する必要がある。また，手動開閉の場合には特に注意が必要であり，窓の閉め忘れを確認して台風などの緊急時に閉鎖できる運用方法を構築することが不可欠である。

5) 自然換気ルートの防露・防湿計画

外気温度が比較的低い時期に自然換気を導入する際には，自然換気ルートで結露が発生する危険性があるので，防露・防湿上の観点からも検討が必要である。特に注意が必要なのは，換気口のダ

ンパー自体，換気ルートに建物内の加湿空気が接する箇所などであり，十分な防露・防湿計画および断熱計画を行う必要がある。

e. **空調システムと自然換気の統合**（自然換気運用と空調運転との関連づけの決定）（4.5 に対応）

　自然換気と空調システムの統合について検討する。具体的には，自然換気を行う場合は空調をオフにするのか，あるいは自然換気併用冷房を行うのか，後者の場合は自然換気制御と空調システムの制御をどのように関連づけるのかなどについて決定する。また，空調時の給気量と排気量のバランスが悪いと自然換気にも悪影響を与える場合があるので，給排バランスにも注意を払う。

【詳細検討】
f. **シミュレーションなどによる詳細検討**

　この段階で非定常シミュレーションや CFD（Computational Fluid Dynamics，数値流体力学）などを用いて，室内環境や空調負荷に関する詳細な検討をすることが望ましい。また，開口部のモックアップ実験により室内環境を確認する方法もある。ただし，これらの方法は費用と時間がかかるためオプションとしての位置づけである。

1) 非定常シミュレーションによる検討（室内環境と空調負荷）（5.4 に対応）

　非定常熱計算を行って，自然換気システムの年間を通した運転状況（換気量，空調負荷，室内熱環境など）を把握するとともに，年間を通した省エネルギー効果を把握する。シミュレーションの結果，自然換気制御や開口面積などに修正点が見つかったときには，「b. 省エネ目標・開口面積検討」または「c. 平面・立面・断面への反映」に戻って修正を施す必要がある。

2) CFD による室内温熱環境の検討（5.5 に対応）

　自然換気口廻りの詳細な温熱環境（気流分布や温度分布）やその結果が居住者に与える影響（温冷感や快適感）を検討する方法の一つとして CFD がある。自然換気では条件が時々刻々変化するため，CFD の実施にあたっては境界条件の設定に注意を払う必要がある。検討の結果，問題点が明らかになった場合には，「b. 省エネ目標・開口面積検討」または「c. 平面・立面・断面への反映」に戻って修正を施す必要がある。

3) 実験による検討（ドラフトの検討など）
（6.2 に対応）

　換気口廻りのドラフト問題を検討するための手法として，実験により気流分布・温度分布などを把握する方法がある。この方法は，現状では CFD よりも信頼性の高い方法と考えられるが，検討に費用と時間がかかる点に課題がある。実験室における気流分布や温度分布の把握および体感試験がある。

g. **制御方法・運用時のモニタリング方法に関する検討**（4.6 に対応）

1) 制御ロジックの構築（自動制御の場合）

　次のステップとして，換気開口部制御方法のロジックを決定する。一般的には，火災時対応＞メンテナンス・清掃時＞通常運転時の優先順位で制御ロジックを構築する。通常運転時については，外気温湿度・屋外風速・降雨などの外界気象条件に応じて自然換気口が適切に開閉制御されるロジックを組む必要がある。また，運用時の調整が必要なことを前提として制御方法を構築することが望ましい（パラメータの変更により，運用時に簡単に調整できるようにしておくなど）。

2) 開口部の運用方法に関する検討（手動制御の場合）

　自然換気口を手動で開閉する場合には，基本的には自然換気の運用を使用者に委ねることになるが，自然換気口の不適切な開閉により，室内環境と安全の双方の観点から問題が生じないようにするための運用管理方法の検討が必要である。考えられる問題としては例えば，空調負荷が増加する

時期（盛夏期・厳冬期など）の換気口開放，高層ビルにおける冬期煙突効果問題の助長，台風などによる強風時の換気口の閉め忘れなどがある。具体的な対策としては，屋外風速・圧力などの測定データや気象庁の注意報の運用管理への活用，現状が自然換気に適した条件であるか居住者に知らせるインジケータ，扉開放状態のモニタリング，自然換気に適していない条件で強制的に閉鎖する機構，守衛やビル管理者が巡回時に閉鎖する運用などが考えられる。

3）BEMSの構成に関する検討（6.2 に対応）

自然換気システムは，運用時の調整が非常に重要であり，エネルギーや室内環境に関するさまざまなデータをわかりやすく表示するBEMS（Building Energy Management System）の活用が有効である。BEMSの構成としては，必要な情報をリアルタイムで確認し運転制御に反映できる点が重要であり，外界気象条件，各種制御機器のステイタス情報，エネルギー消費量，室内環境，各種パラメータ設定値などが確認できることが望ましい。

設計者はここまでの内容を踏まえて設計図書をまとめる。

【性能検証】
h. 施工および竣工時の基本性能の把握
（6.2 に対応）
前項目までの検討事項を踏まえ施工を行ったうえで，竣工時に基本性能を確認する。施工時の確認事項の例として，主なものを以下に示す。
・自然換気口の動作試験
・制御ロジックの確認
・空調時の給気量・排気量のバランス
・その他，建物性能確認上重要な項目

i. 運用時の調整および運用体制の確認
1）実運転によるパラメータ調整
　（自動制御の場合）

自然換気制御に関係するパラメータ（外界気象条件の上下限値，開度設定の初期値・温度レンジ・風速レンジなど）は，実際の運用時の状況により，適宜調整する必要がある。パラメータの設定方法は，運用時に変更することを前提に，管理者が理解しやすく変更しやすい構造とする。管理者は，中央監視データやBEMSから得られる情報や居住者の意見を考慮しながらパラメータを調整する必要がある。設計者は，パラメータの初期値が必ずしも建物の条件に対して最適とは限らないことを前提として，やや安全サイドの（問題が生じにくい）初期値を設定しておくことが望ましい。管理者は運用後に問題が生じないことを確認したうえで，パラメータを徐々に緩和し，自然換気を積極的に導入する方向に修正を加える必要がある。

2）運用時の体制や管理者の教育方法の明確化
　（運用マニュアルの展開を含む）

設計者は自然換気の調整に関する特徴を管理者に伝える必要があり，運用時の体制，管理者の教育方法や運用マニュアルの展開について設計時点で考えておく必要がある。

3）設計者・ビル管理者・施工者・居住者などによる定期的な打合せの開催と適切な運用方法の決定

竣工後しばらくの間，設計者，ビル管理者，居住者などの関係者が定期的な打合せを開き，実際の運転データ，運用状況，居住者の意見などを確認しながら，適切な運用方法を決定していく方法が効果的である。

j. 実測などによる性能確認（6.2 に対応）
1）中央監視データや短期測定による自然換気性能の確認

運用時のパラメータ調整がほぼ完了した時点で，実測により自然換気の効果とともに室内に形成される室内環境が良好であることを確認することが望ましい。測定には，中央監視データを最大限活

用するが，常設センサーでの測定が難しい項目については，短期測定により把握する必要がある。測定項目としては，以下が考えられる。

外界気象条件，自然換気制御状態，室内環境（温度・湿度・CO_2濃度・上下温度分布・粉塵濃度・換気口周辺の温度分布・風速分布），エネルギー消費量，空調負荷，自然換気量など。

《参考引用文献》

1) 日本建築学会編：建築設計資料集成1　環境，丸善，1978
2) 加藤正宏，平岡雅哉，武政祐一，菰田英晴：ダブルスキンファサードを利用した自然換気併用冷房に関する研究（第四報），春期短期計測詰果および年間シミュレーションによる空調負荷削減の評価，空気調和・衛生工学会学術講演会論文集，p.1266, 2004
3) 武政祐一，早川　眞，加藤正宏，村瀬孝道：大型吹出口近傍の温熱環境に関する実験的研究，日本建築学会技術報告集第22号，pp.301-306, 2005
4) 早川　眞，戸河里敏：高層事務所の煙突効果の研究（その1）煙突効果現象の解明と各種障害への対応，日本建築学会計画系論文報告集，第387号，pp.42-52, 1988

2.2 計画チェックリスト

前節の内容を踏まえて作成した自然換気の計画チェックリストを表 2.2.1 にまとめる。チェックリストは計画フローのフェーズごとに分けて示す。

表 2.2.1 自然換気の計画チェックリスト

チェック項目	本書の対応箇所
【基本検討】	
a. 自然換気の可能性検討	4.1, 4.2
☐ 自然換気を導入することは計画建物の用途・目的，建築計画の内容，運用方法などと整合しているか。	4.1, 4.2
☐ 自然換気を導入する場合には，どのような方法が適当か大まかに検討したか（例えば温度差換気型なのか通風換気型なのか，手動制御か自動制御かなど）。	4.2
☐ 建物計画地の気候の地域特性は自然換気に適しているか（外気温度・外気湿度による自然換気可能時間は十分あるかなど）。	
☐ 敷地周辺環境などの建物立地条件を確認したか。以下の項目に問題はないか。 　☐ 外部騒音の大きさ（鉄道・交通騒音など） 　☐ 屋外空気質（NO_X，粉塵など） 　☐ 塩害の影響 　☐ 花粉の影響（スギやヒノキなどの花粉が飛散する時期・影響度合い・対策法など） 　☐ 周辺建物の影響（風環境，汚染質発生，臭気発生など）	
☐ 発注者側の条件（要望・関心・コストなど）を考慮して自然換気の導入は現実的か。	
☐ 自然換気コンセプトは明確になっているか。	
b. 省エネ目標・開口面積検討	4.3
☐ 自然換気による省エネルギー目標を設定しているか。	
☐ 自然換気の開口面積と自然換気効果の関係を意識したか。	
☐ 目標とする自然換気開口面積を設定したか（単位床面積当たりの自然換気有効開口面積の割合）。	
☐ （推奨）自然換気の有効開口面積は床面積の 0.5～1.0％ 程度以上となっているか（望ましい数字なので絶対に満たす必要はないが目安となる数字である）。	
☐ （推奨）換気回路網計算による開口面積・換気量に関する検討を行ったか。	4.3, 5.2
☐ 開口部の風圧係数や流量係数を適切に設定したか。	5.3
☐ 計算結果による自然換気量は満足できるものであるか。	
☐ 計画の初期段階において目標自然換気開口面積を確保したか。	4.3
c. 平面・立面・断面への反映	
☐ 自然換気の平面・立面・断面計画において，建築設計者と構造・設備エンジニアが十分に協力したか。	
☐ 適切な開口位置，開口形状，開口面積，自然換気ルート，室内への自然換気導入方法を十分に検討したか。	
☐ 検討結果は平面・立面・断面の各図面に落とし込まれているか。	
☐ 自然換気開口近傍の居住域でドラフト（不快で冷たい気流）の発生しにくい開口部の形状と設置位置について配慮したか（一般的に壁から横向きや天井から下向きに外気が入る開口形状はドラフトが発生しやすく，床から上向きや天井に沿って外気が入る開口形状のほうがドラフトが発生しにくい）。	

チェック項目	本書の対応箇所
☐ 自然換気口の仕様を選択・決定したか。	4.4
☐ ファサード計画との整合性についての検討ができているか。	
【建物性能の確保】	
d. 開口などに関する種々の検討	4.4
☐ 中層や高層の建物において自然換気を用いる場合は，煙突効果による悪影響を防ぐ対策が考えられているか。	
☐ 換気口閉鎖時の十分な気密性が確保できているか。	
☐ 煙突効果の悪影響が生じる場合に換気口を開放しない制御・運用となっているか。	
☐ エントランス・地下入り口の扉の気密性が確保できているか（回転扉，扉枚数の増加など）。	
☐ 空調時の給排気バランスが確保できているか（意図的に加圧する方法もある）。	
☐ 都心部や交通量が多い地域で自然換気を行う場合には，騒音対策が考えられているか。	
☐ 自然換気開口部を閉じた場合の気密性能・耐風圧性能・水密性能が十分に確保されているか。これらの性能は自然換気のない通常の建物と同等の性能を持つ必要がある。	
☐ これらの各種性能について開口部のメーカーの試験結果など確認したか。	
☐ 自然換気開口開放時の外壁などの耐風圧性能を確認したか（特に高層ビルの場合は絶対に不可欠）。	
☐ 自然換気口を自動制御する場合には，一定以上の屋外風速で開口部を閉鎖する制御ロジックを組むなどして問題を回避しているか。	
☐ 手動開閉の場合には，窓の閉め忘れを感知して台風などの緊急時に閉鎖できる運用方法を構築しているか。	
☐ 換気ルートの結露防止対策を考えているか。	
e. 空調システムと自然換気の統合（自然換気運用と空調運転との関連付けの決定）	4.5
☐ 自然換気併用冷房（ハイブリッド換気）を用いる場合は，自然換気と空調システムの統合方法について検討しているか。	
【詳細検討】	
f. シミュレーションなどによる詳細検討	
☐ （オプション）非定常シミュレーションにより室内温熱環境と空調負荷の検討を行っているか。	5.4
☐ （オプション）自然換気口廻りの詳細な温熱環境（気流分布や温度分布）やその結果が居住者に与える影響（温冷感や快適感）をCFD（Computational Fluid Dynamics，数値流体力学）により検討しているか。	5.5
☐ （オプション）換気口廻りのドラフト問題を検討するための手法として，実験により気流分布・温度分布などを把握しているか。	6.2
g. 制御方法・運用時のモニタリング方法に関する検討	4.6
☐ 自然換気口を自動制御する場合は，妥当な制御ロジックを構築しているか。	
☐ 通常の自然換気運用時のみならず，火災時対応やメンテナンス・清掃時の制御ロジックが優先順位も含めて検討されているか。	
☐ 外気温湿度，屋外風速，降雨などの外界気象条件に応じて自然換気口が適切に開閉制御されるロジックが組まれているか。	
☐ 自然換気制御は運用時の調整が必要なことを前提として制御方法を構築しているか（パラメータの変更により，運用時に簡単に調整できるようにしておくなど）。	
☐ 自然換気口を手動制御する場合は，自然換気口の不適切な開閉により，室内環境と安全の双方の観点から問題が生じないようにするための運用の工夫がなされているか。	
☐ 空調負荷が増加する時期（盛夏期・厳冬期など）の換気口開放に対する対策が考えられているか。	
☐ 高層ビルにおける冬期煙突効果問題を助長することのない運用が可能となっているか。	

チェック項目	本書の対応箇所
☐ 台風などによる強風時の換気口の閉め忘れ対策が考えられているか。 ＊ 上記に対する具体的な対策としては，屋外風速・圧力などの測定データや気象庁の注意報の運用管理への活用，自然換気に適した条件であるか居住者に知らせるインジケータ，開放状態のモニタリング，自然換気に適していない条件で強制的に閉鎖する機構，守衛が巡回時に閉鎖する運用などが考えられる。	
☐ （推奨）エネルギー消費量や室内環境をわかりやすく表示するBEMS（Building Energy Management System）の活用が考えられているか。	6.2
☐ BEMSを用いる場合には構成について十分に検討されているか。 ＊ 外界気象条件，各種制御ステイタス情報，エネルギー消費量，室内環境，各種パラメータ設定値などが確認できることが望ましい。	6.2
【性能検証】	
h. 施工および竣工時の基本性能の把握	6.2
☐ 竣工時に基本性能を確認する方法が検討されているか。以下の項目を確認することが望ましい。 　☐ 自然換気口の動作試験 　☐ 制御ロジックの確認 　☐ 空調時の給気量・排気量のバランス 　☐ その他建物性能確認上重要な項目	
i. 運用時の調整および運用体制の確認	
☐ 自動制御の場合，各種制御パラメータ（外界気象条件の上下限値など）が運用時に調整しやすい構造となっているか。	
☐ 設計者は自然換気の調整に関する特徴を管理者に伝える必要がある。運用時の体制や管理者の教育方法を設計時点で考えているか。	
☐ 運用マニュアルを作成するかどうかについて考慮しているか。	
☐ 竣工後に適切な運用を行うためのフィードバック会議（設計者・ビル管理者・施工者・居住者などによる定期的な打合せ）などの立ち上げを考慮しているか。	
j. 実測などによる性能確認	
☐ （推奨）運用時に自然換気の性能を確認する方法や予算措置が考えられているか。	6.2
☐ 性能確認のために中央監視データを最大限活用するように測定項目などに配慮がなされているか。 ＊ 測定項目としては，以下が考えられる（必要に応じて短期計測を実施することを検討）。 　外界気象条件，自然換気制御状態，室内環境（温度・湿度・CO_2濃度・上下温度分布・粉塵濃度・換気口周辺の温度分布・風速分布），エネルギー消費量，空調負荷，自然換気量など。	

3

計画事例

3.1 検討内容

ここでは2章の計画フローにおける計画事例として,「栃木県庁舎」プロジェクト（事例18）の紹介を通して説明する。

3.1.1 基本検討 … 自然換気の導入

(1) 旧庁舎から学んだこと
… 庁舎の特徴「いつも」自然換気,設備に頼らない建物

栃木県庁の設計コンセプトとして「自然エネルギーの最大限に有効活用した庁舎とすること」を掲げている。その中で県庁舎の執務空間の快適性と省エネルギーを両立するテーマとして自然換気と自然採光を位置づけ,特に「自然換気」の徹底を意図して計画を行った。

栃木県庁舎をはじめとして,元来,庁舎建築は以下の理由から,自然換気が必然のビルディングタイプと言える。すなわち：

・ 奥行きが浅く,間口が広い事務室で,中庭を持つ「ロの字型」の建物形状で空気の流れやすい空間であること。
・ 執務室の階高が高く,直天井で空間の気積が大きいこと。そのため背の高い自然換気,自然採光の窓を持つこと。
・ 庁舎は中間期,空調を行わないため,暑いときは窓を開け,換気をするという行為が執務環境の一部であること。

新庁舎の計画にあたって,これまで長い間慣れ親しんだ庁舎から新しい場所に移った際に大きなストレスが生じることのないように,従前の庁舎が持つ良い点は継承していくことを念頭に置いた。その点が自然換気の徹底である。われわれの生活の中でも季節の良いときは窓を開けてさわやかな風を取り入れる。暑過ぎるとき,寒過ぎるときは空調機に頼るだろう。こうした自然の感覚を執務空間に取り入れることが重要であると考えた。機械による定常的で均一な空調設備計画があたりまえの事務室空間のシステムを言わば生活感覚に根差したシステムに組み換えることを徹底したのである。自然換気に適した従前の「ロの字型」の平面と外部の光庭とする構成を採用したのもその理由からである。

(2) 自然換気に最適化した断面構成
… 光庭,内部吹抜け空間の適切な配置。中性帯の改善。屋上構造物による誘因効果の向上

県内にあるさまざまな施設,機能の統合の要望から従前の低層では収まらず,必然的に積層化した高層建物となる。この際,ロの字型の平面が積層したことでできる中央の光庭空間の煙突効果と風圧力を利用した自然換気システムとなるが,高層化したことによるさまざまな課題が発生する。

① 高層部分特有の中性帯上部気流の逆転現象が発生する
② 中層部分に必要諸室の有効利用から中央を埋める平面配置を採用したため,「ロの字」を維

図 3.1.1 旧庁舎と現庁舎（ロの字型平面,背の高い窓の継承）（左上,左下：栃木県HP写真を加工）

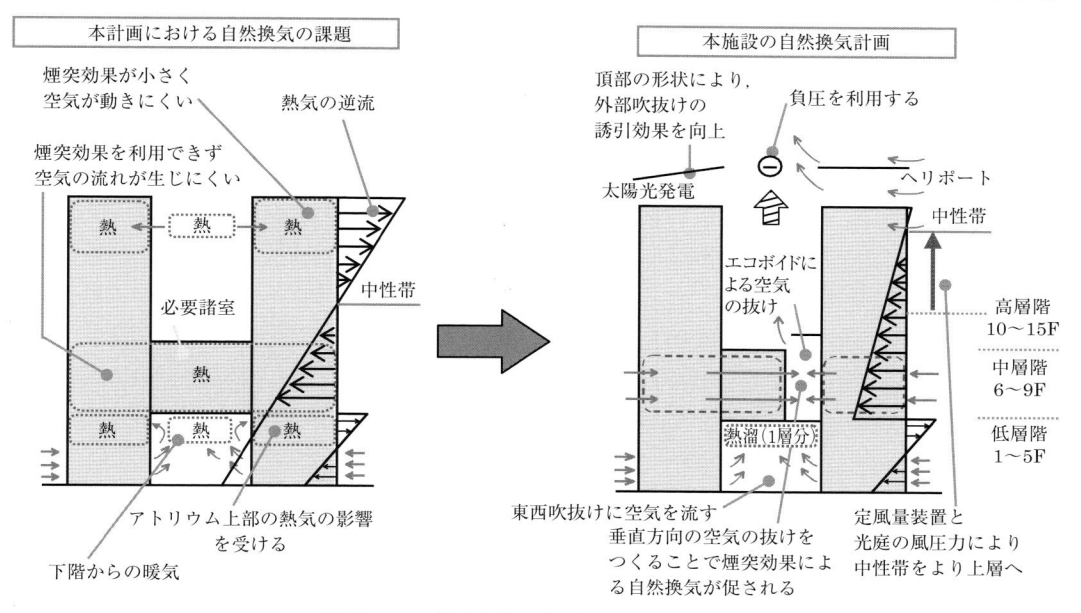

図3.1.2　高層建物の自然換気の課題と検討

持できない階が生じる
③ 低層部分は，エントランスロビー空間（アトリウム）もあり，流入量が大きい出入口からの隙間風のため，建物全体を一体的な換気計画とすると中性帯が下がる。

　これらの課題の対策として発生部分ごとに建物を大きく3つのブロックに分けて，それぞれに内外の吹抜け空間を適切に配し，自然換気の最適化を行うこととした。

　高層部分である10階以上の階は外部の光庭を利用する計画としている。6〜9階の中層部分は諸室として埋まっている中央部分に内部吹抜け空間（エコボイド）を設置し，その上部に開口部を設け，外部光庭に抜けるルートを確保した。これにより，中央部分の自然換気を促すとともに上層部分の光庭の煙突効果へ寄与も果たし，前述の①および②の課題への対策となっている。1〜5階の低層部分は，③の理由から，中層部分，高層部分から分離し，アトリウム上部や北側の低層部吹抜けなどから換気ができる構成としている。平面上は足元廻りの建物の一部をセットバックし，アトリウムが直接外気に面するように調整している。これは，自然換気だけでなく自然採光上も有効となるように意図した。

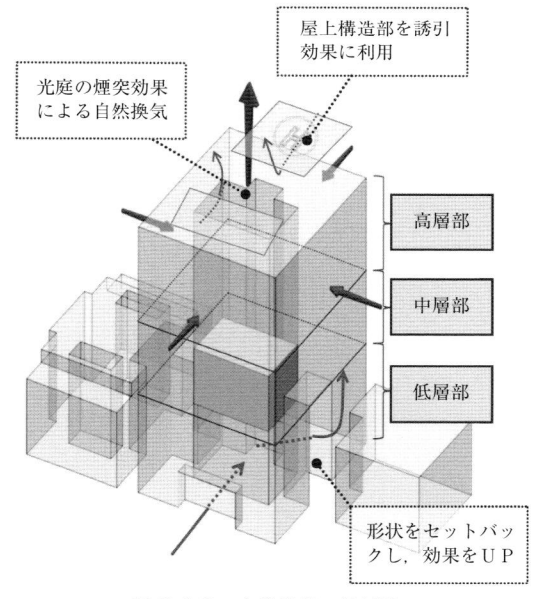

図3.1.3　自然換気の最適化
（3ブロックによる断面構成）

　屋上部分には太陽光発電パネル，ヘリポートなどの構造物があるが，その下部に内側の光庭に向かって風が適度に吹き抜けるように計画した。これは，風が吹き抜けることにより，負圧が発生し，より光庭の煙突効果が向上することを検証により確認していたことによるものである。

　これまでの説明をまとめたのが図3.1.4である。

階層	空間利用	空間のダイアグラムと自然換気の最適化			
		平面形状	自然換気ルート	断面形状	自然換気ルート
高層階	執務室	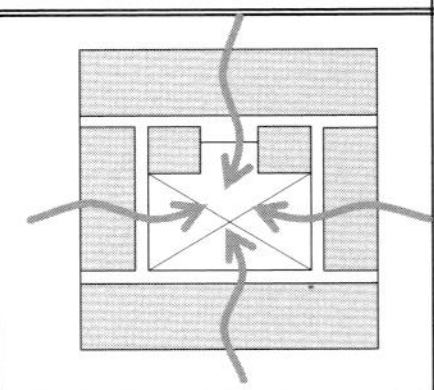	執務室→廊下→光庭	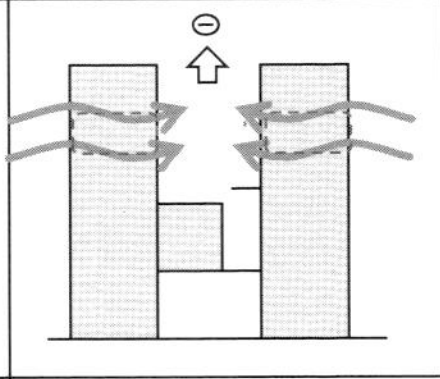	光庭→屋上部へ
中層階	執務室＋会議室＋必要諸室	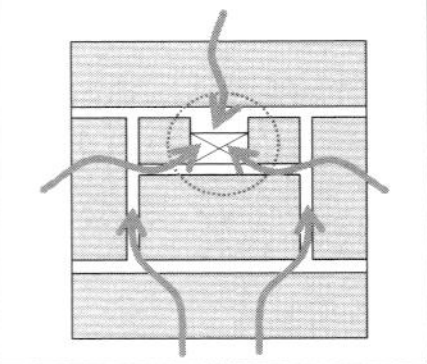	執務室→廊下→内部吹抜け（エコボイド）	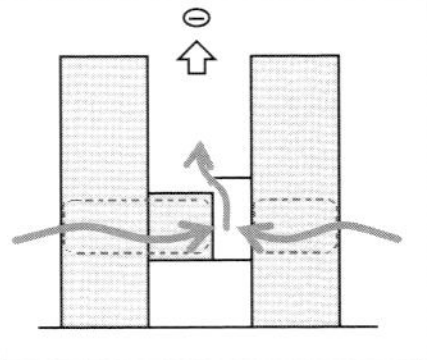	内部吹抜け（エコボイド）吹抜け上部換気口→光庭へ
低層階	大空間＋県民利用開放ゾーン	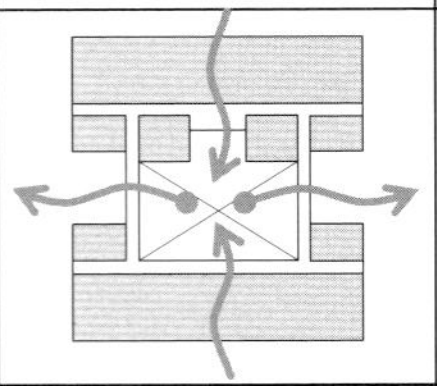	（上層階とは分離）風除室→エントランスホール→アトリウム	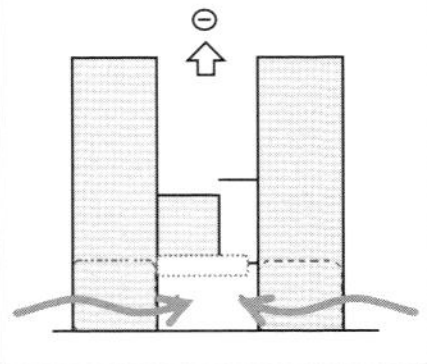	（上層階とは分離）アトリウム上部換気口→外部へ
地下1階	地下駐車場	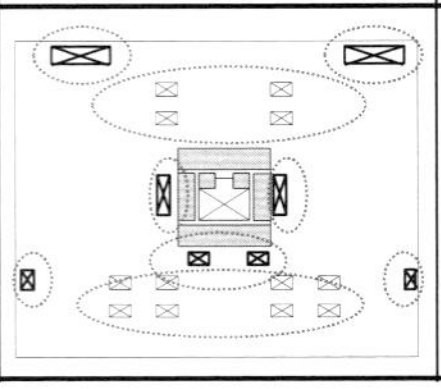	外壁（吹き下ろし）→換気口（エコシャフト）→車室・車路→換気口	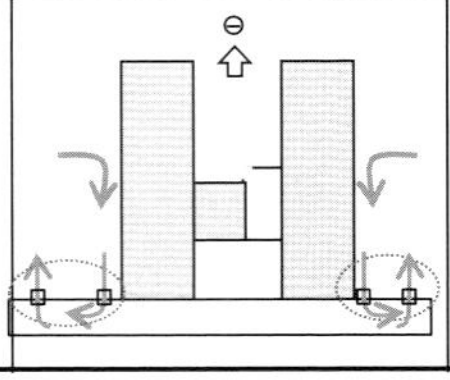	地下まで開けられた換気口（エコシャフト）→地上部へ

図 3.1.4　空間のダイアグラムと自然換気

設計では，上部の庁舎だけでなく，地下1階に広大な駐車場があり，同様に自然換気および自然採光が可能となるように開口部を設置する設計を行った。これは，建物周囲の開口が外壁からのダウンフローを効率的に取り入れ，それを外周部に開けた開口から出す計画である。法定上必要な換気量は機械換気によるが，日常に必要な換気および排煙はこの開口部や出入口で確保されており，この点でも省エネルギーに寄与している。

3.1.2　建物性能の確保
・・・　建築デザインとエンジニアリングの協働（基本設計段階から実施詳細設計まで）

「自然換気」の徹底のため，設計段階から設備セクションと綿密な検討を重ねた。

具体的には熱・換気回路網の計算を用いてさまざまなシミュレーションを行い，その結果をフィードバックし，自然採光の効果も配慮しながら，平面，断面形状（吹抜けの位置など）を決定し，外装検討（換気の開口位置，大きさなど）へ反映した。

(1)　風洞実験による風圧係数の測定と反映

設計時点では，計画建物による周辺環境への風環境影響の検証のため，風洞実験を行っている。その際に全体環境把握のためだけでなく，模型のスケールを変えて，東西南北各方角の外装面や中央の光庭の風圧係数の計測も同時に実施している。ここでは，外装カーテンウォールの性能検討への反映だけでなく，換気計算における熱・換気回路網計算を用いたモデル化への精度向上を図っている。（図 3.1.5）

(2)　目標換気回数の設定のための検討

まず，目標自然換気回数の決定のため換気回数

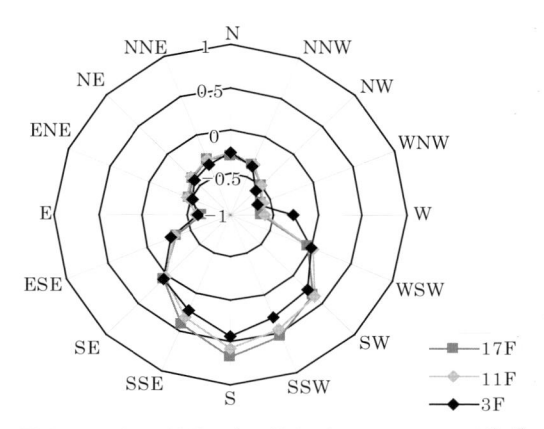

図 3.1.5 風圧係数分布の算出（風洞実験による）[1]〜[2]

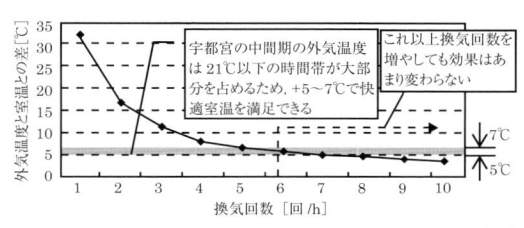

図 3.1.6 外気温度と室温との差と目標換気回数[1]〜[2]

が室内温度に与える影響を検討した。（図 3.1.6）宇都宮市の中間期では，外気温度が 21℃以下の時間帯がほとんどで外気温度差 +5〜7℃の範囲で維持できれば，室内温度は 28℃以下となり，一定の快適性を確保できると考えた。図でわかるとおり，換気回数と外気温度差の関係から過度の換気回数は必要なく，5 回/h をその目標回数と設定した。

(3) 熱換気回路網計算による検証

建物を断面として 3 つのブロックに分けることによる効果や風洞実験による風圧係数の採用などでシミュレーションを行った結果（図 3.1.7），基準階で執務室が多い 10〜15 階で 6.4〜9.0 回/h の換気回数が得られていることを確認できた。6〜9 階でやや下回る結果も出ているが，概ね目標換気回数は得られていると判断できた。

(4) CFD 解析による風分布検討

上記の計算検討のほか，CFD 解析による風圧分布，風速分布の算出も行っている（図 3.1.8）。ここでは，屋上構造物の形状が影響する誘引効果

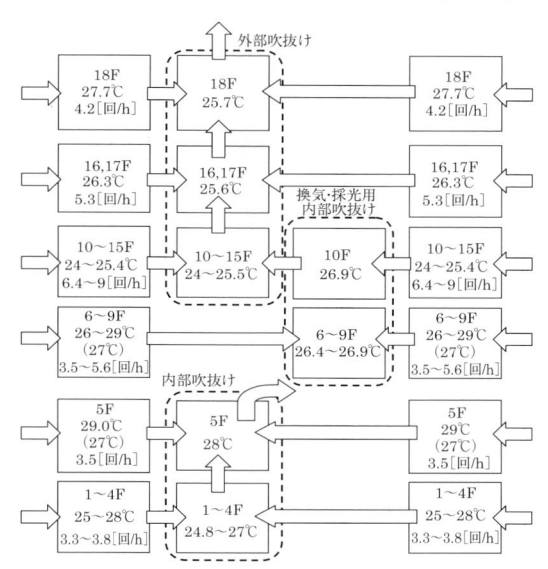

外部風速：無風，外気温度：20.8℃，内部発熱：30W/m²
* 定風量スリットによる給気量の制御効果については反映していない。

図 3.1.7 熱換気回路網による自然換気計算[1]〜[2]

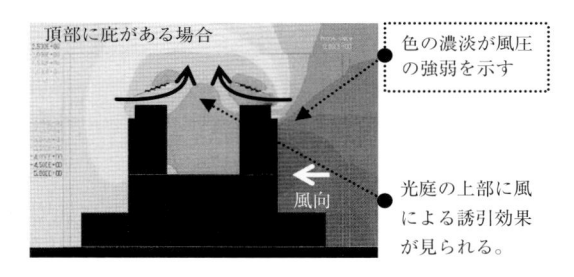

図 3.1.8 CFD 解析による検証[1]〜[2]

により，中央の光庭の煙突効果の向上が図られるかを検討した。この検討により，塔屋階の形状が光庭に対してセットバックしていると効果が高いこと，ウイング状の庇などの構造物が中庭側にあると（さらに傾斜していると）効果が高い結果となった。これらの結果は実際の設計では，屋上に設置される太陽光発電パネルの配置やヘリポートの下部の風の抜き方などに反映している。

3.1.3 自然換気の性能検証
・・・ 運用段階の自然換気効果の実証

(1) 現地での実測による検証

竣工後に自然換気の効果検証として，執務室（12 階南側）および光庭の室温，気温，表面温度，圧力差などに関して 7〜8 月（夏季）および 10

~11月（秋季）の実測を行った。ここでは，換気量の算出を次の3つを計測することで行った。
① 熱量（日射，貫流熱および内部発熱）と流入空気の温度差
② （室内外の換気口での）差圧と換気口開口面積
③ 風速（開口部の計測値）と開口面積

上記3つのうち①熱量の変動は大きかったが，②差圧と③風速から算出した換気量は5～13回/hに相当し，目標換気回数が得られていることを確認した（図3.1.9～11）。

(2) 室温データ分析による検証

執務室（3，6，12階）の室温と外気温のBEMSデータから自然換気の効果を検証した。室温（天井面）の長期計測データから月別平均気温データを算出した（図3.1.12）。

中間期（4，5，10，11月）で空調を全く行っていない期間（5月，10月）では室内外温度差が5～7℃程度と設計段階での予測と概ね一致していることがわかる。昼間（8～18時）の室内外の散布図（図3.1.13）を見ても外気温に対してほとんどの時間帯で室内温度が28℃以下と概ね快適であったと判断できる。

以上から当初の目標どおりの換気回数が得られていることを実測により確認できた。

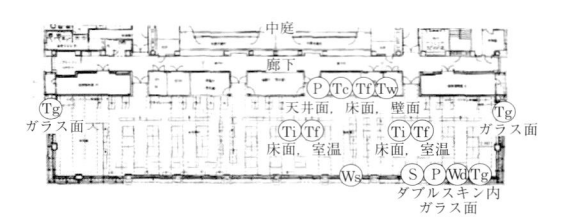

図3.1.9　南側執務室の測定ポイント[1]～[2]

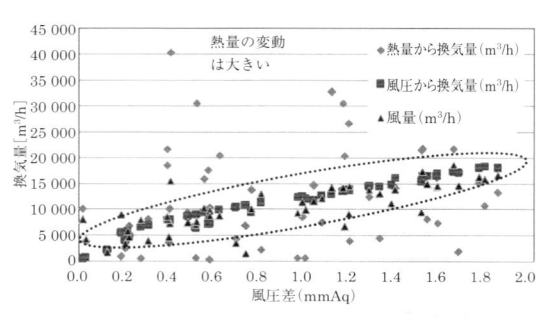

図3.1.10　3種の実測による換気量[1]～[2]

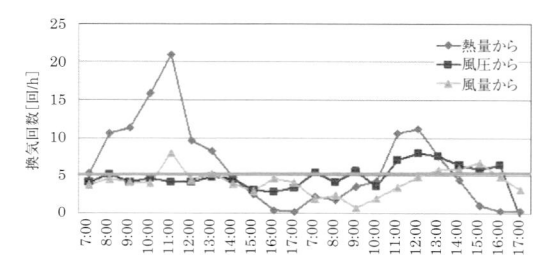

図3.1.11　3種の実測による時刻別換気回数の推移[1]～[2]

図3.1.12　平均気温[1]～[2]

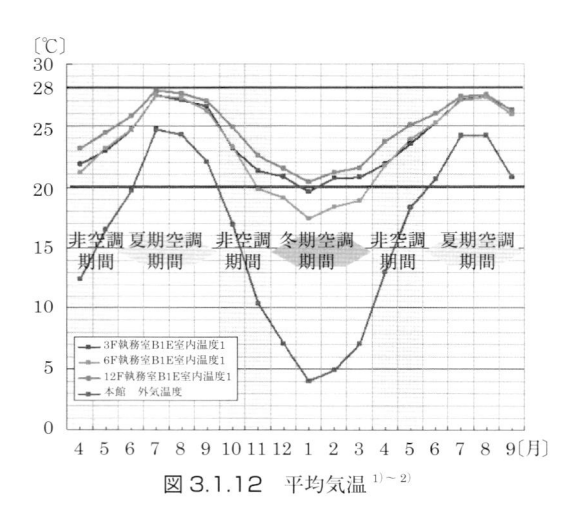

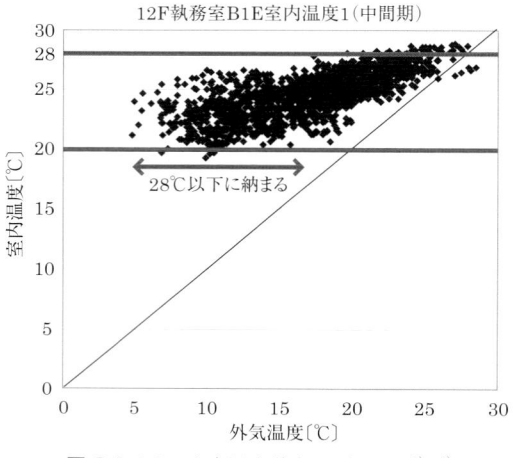

図3.1.13　室内温度散布図（12階）[1]～[2]

《参考引用文献》

1) 山本佳嗣, 岡 建雄, 横尾昇剛, 海藤俊介, 竹部友久, 星野聡基：環境配慮型庁舎における環境性能評価（第2報）自然換気に関する計画概要と予測及び導入効果に関する基礎的実測, 空気調和・衛生工学会大会学術講演論文集, pp.593-596, 2008

2) 章傑文, 岡 建雄, 横尾昇剛, 竹部友久, 星野聡基, 海藤俊介：環境配慮型庁舎における環境性能評価（第5報）運用開始後の自然換気効果の検証, 空気調和・衛生工学会大会学術講演論文集, pp.2163-2166, 2009

3.2 検討フロー

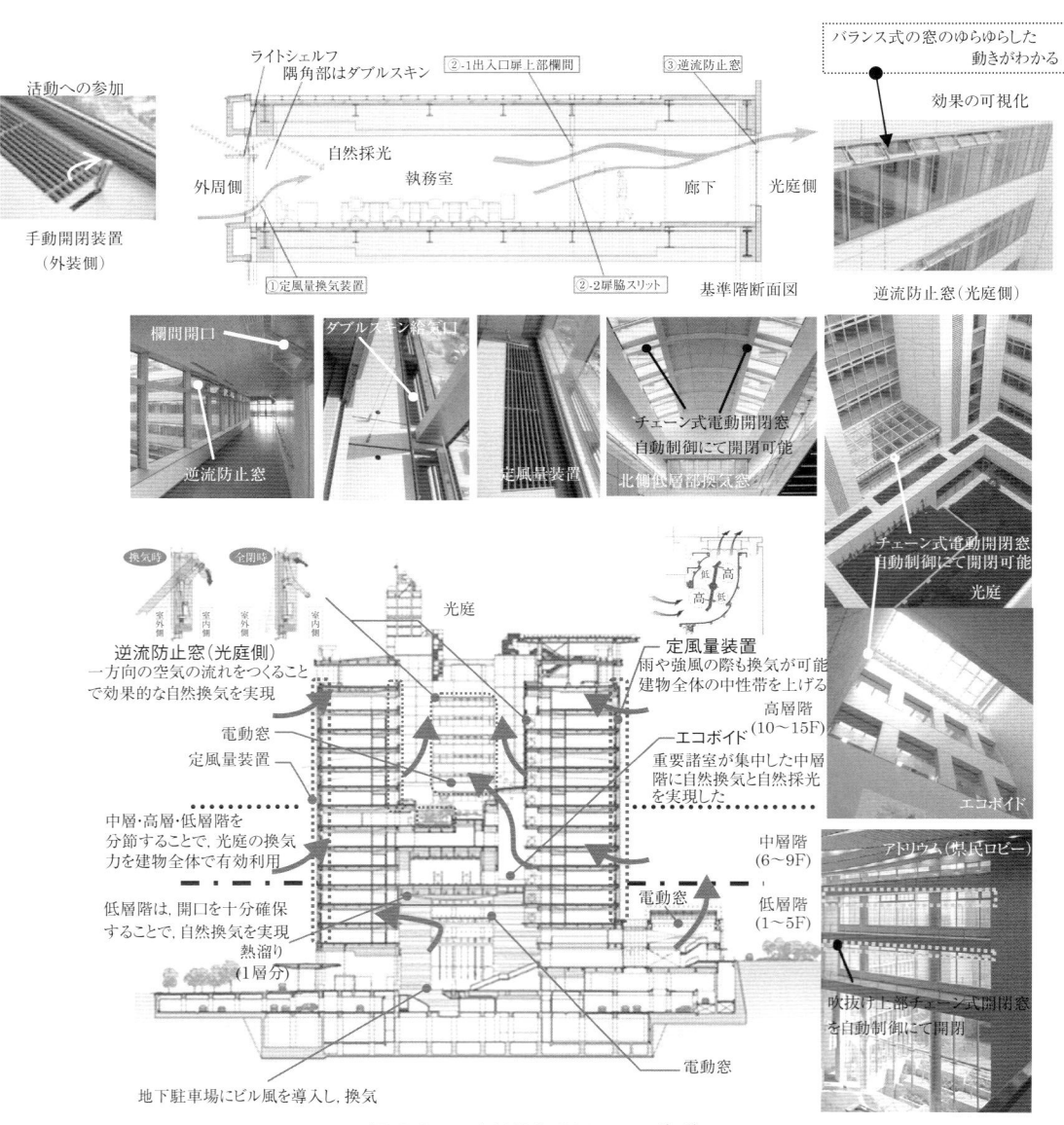

3.2.1 自然換気装置の概要

自然換気装置の概要を図3.2.1に示す。給気は，執務室の窓台に設けた手動開閉の定風量装置付きの自然換気口から風を取り入れ，雨や強風のときにも，各階バランスよく自然換気が可能な計画とした。さらに扉の欄間部分に開口を開けることにより，執務室から廊下へ，廊下から吹抜けに風が流れるようになっている。光庭に面した廊下の自然換気口は逆流防止窓となっており，スケジュール，降雨，風速，外気エンタルピーの条件によっ

図3.2.1 自然換気装置の概要 [1]〜[2]

て，中央監視から自動開閉を行っている。

　自然換気装置はメンテナンスを考慮して，徹底してシンプルな機構を採用している。その一環から操作は機械作動ではなく，執務している職員による手動となっている。これは，官庁施設だからこそ可能であることだが，中間期の自然換気装置を職員自ら操作することのガイダンスを行い，日々，省エネや環境配慮に携わっていただいている。こうした積み重ねがこの施設での自然換気の効果的な運用につながっていると考えられる。一般の建物の場合は，こうした運用が望めないため，機械作動によるスケジュール管理が必要である。

3.2.2　検討フロー

　これまでの検討の過程をフローとして図 3.2.2 に表現する。検討フローとしては，まずコンセプトを決定し，条件を整理したうえで自然換気に適

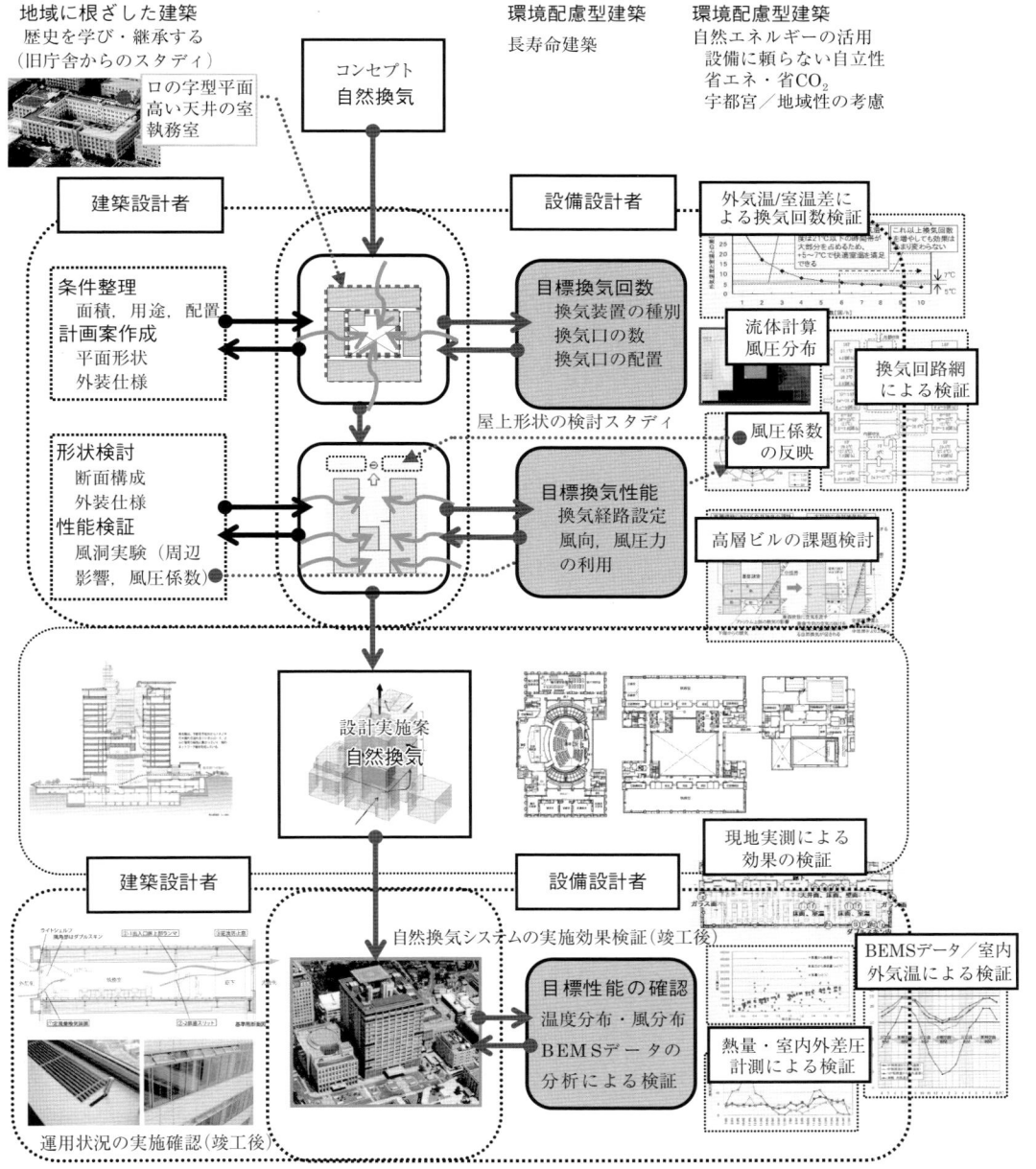

図 3.2.2　検討フロー

した建築計画を行う。それと同時に設備設計者はコンセプトに沿った自然換気性能を確保するための条件を整理し，シミュレーションなどを行って建築計画・設備計画に反映させる。建物完成後はシステムの実施効果検証を行う。

　自然換気の徹底には，初期段階（基本設計）での平面計画から断面構成の検討，実施段階での外装仕様に至るまでの検討，さらに運用段階での性能検証の盛込みなど，建築意匠とエンジニアリングセクションとの綿密な協働作業が必要である。その結果がこの建物として実現し，実証されている。

《参考引用文献》

1) 山本佳嗣，岡　建雄，横尾昇剛，海藤俊介，竹部友久，星野聡基：環境配慮型庁舎における環境性能評価（第2報）自然換気に関する計画概要と予測及び導入効果に関する基礎的実測，空気調和・衛生工学会大会学術講演論文集，pp.593-596, 2008
2) 章傑文，岡　建雄，横尾昇剛，竹部友久，星野聡基，海藤俊介：環境配慮型庁舎における環境性能評価（第5報）運用開始後の自然換気効果の検証，空気調和・衛生工学会大会学術講演論文集，pp.2163-2166, 2009

4

設計手法

4.1 設計手法の概説と自然換気の目標値

3章では自然換気を導入した場合の建築計画を事例とともに紹介した。4章では自然換気システムの導入が決定した後、システムの基本設計・実施設計を行うにあたって配慮すべき項目について述べる。検討の流れとしては「4.1 設計手法の概説と自然換気の目標値」を参考として目標性能を決定し、「4.2 自然換気経路の確保」「4.3 開口面積の設定」にて換気経路の設定や必要な開口面積の検討を行う。その後「4.4 自然換気口」によって給気口と排気口の方式を検討し、実施設計では納まりや駆動方式、メンテナンスを含めたディテールを決定する。「4.5 自然換気と機械空調」では、自然換気によって空調消費エネルギーを削減するための方法を紹介する。「4.6 制御方法」では換気口の制御を手動にした場合と自動にした場合の注意点や自動制御の制御ロジックを紹介している。換気口の制御方法は竣工後の運用方法を踏まえて基本設計の段階で決定しておくべきである。

4.1.1 設計コンセプトの決定

建物に自然換気システムを導入しようとする場合、最初に決定すべきはコンセプト（＝目的）である。コンセプトは設計を進めるうえで、性能の目標やシステムの構成に大きな影響を与える。図4.1.1、図4.1.2は大空間であるアトリウムに導入された自然換気事例である。中間期には空調を停止して自然換気のみで室内環境を制御することを目標とし、時には開放的な換気窓を開け放つことで、魅力的な半屋外空間を創出することをコンセプトとしている。このような空間の場合、機械空調のようなシビアな温度制御や気流速度の抑制は必要とされない、逆にこの事例では積極的に自然風のゆらぎを感じさせる設計となっている。

また、大空間であるため通常の事務室とは目標とする換気回数も違ってくる。以下にコンセプト例を示す。

〈コンセプト例〉
- 自然換気による心地よいリフレッシュスペースの実現
- 中間期の空調不使用による大幅な省エネ
- 自然換気による大空間の環境制御
- 災害時の業務継続のための手段
- 残業時の補助空調
- 風通しが良く健康的な建物の実現
- サーバーなどの高発熱の部屋に対する省エネ空調
- 利用者の環境選択性確保
- 直接外部へ開く窓による確実な換気

図4.1.1 開放的なアトリウム空間
（提供：NARU建築写真事務所　中塚雅晴）

図4.1.2 窓を開放した状態
（提供：NARU建築写真事務所　中塚雅晴）

設計者はまずこれらのコンセプトを実現するための具体的な目標性能を決定することから始める。

4.1.2　目標値の考え方

換気量の目標値の設定はコンセプトにより大きく異なるため，物件ごとに具体的な目標値を設定することが必要である。ここでは，「中間期の空調エネルギーの削減」「空気質の確保」「BCP対応」などを目的として事務室に導入する場合の考え方について整理する。

設計のプロセスとしては，目標換気量を設定したうえで，極力，変動幅が少ないシステムを検討する。目標の設定としては，自然換気によって「温熱環境の確保」「空気質の確保」のどちらを主目的とするかによって違ってくる。後述のように，一般オフィスで温熱環境を維持する場合は4回/h程度以上の換気が目安となる。また，機械換気の基準で必要換気量を求めた場合は1人当たり30～33m³/h（換気回数2.5回/h程度）が必要となる。目標換気回数をこれ以下とする場合は，自然換気での不足分を機械換気で補助する省エネ型のハイブリッド換気システムを構築することが重要である。

4.1.3　自然換気による温熱環境制御

自然換気によって室内温熱環境を制御する場合，目標とする換気量は内部発熱や外皮の熱性能によって大きく変わってくるため一般的な指標を示すのは難しい。一般オフィスで中間期の代表日（4月3日）に自然換気を行った場合の検討例を図4.1.3に示す。また検討条件を表4.1.1に示す。51W/m²の内部負荷で一般オフィスモデルの場合，空気質を確保するために必要な換気量（換気回数2.5回/h程度）を確保した場合でも，日中を通して自然換気のみで室温制御を行うことは難しいことがわかる。室温制御のためには4回/h以上を目標として，かつ自然換気量変動幅を少なくするようなシステムとする必要がある。また，自然

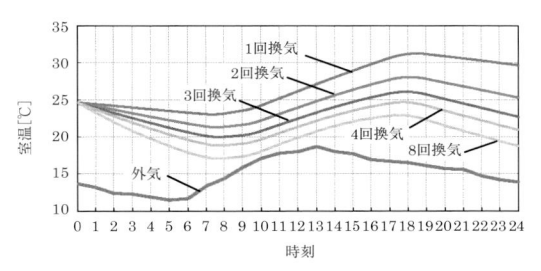

図4.1.3　自然換気回数による室温の違い

表4.1.1　検討条件

1. 内部発熱 51W/m² （照明 10W/m² + 機器発熱 16W/m² + 人体 25W/m²） 発熱量を1分ごとに三角波の形で与えている。 2. 内部発熱は8～18時まで与えている。 3. 外気による冷却効果は（外気温度－室温）×風量とし，夜間も自然換気による排熱を行う。 4. 躯体の熱容量＋室内空気の熱容量＋家具の熱容量を見込む。 5. 換気量は定風量導入できるものと仮定している。 6. 事務室インテリアを想定しているため，外皮負荷，外気との熱貫流は検討に加えていない。

換気時に空調機を停止する場合は，換気回数を決定する前に外皮負荷，内部負荷を極力少なくするような建築計画・設備計画を行うことが重要である。

換気回数は3回/hとし，高発熱設定の内部発熱81W/m²（照明20W/m² + 機器発熱36W/m² + 人体発熱25W/m²）とした検討結果を図4.1.4に示す。自然換気による室内温度の制御性は内部発熱に大きく左右されることがわかる。

実際の自然換気では，外気温度・日射負荷・内部負荷・躯体蓄熱量・自然換気量が時系列で変化するため，ある1日のシミュレーション結果によって換気回数を決定するのは危険である。物件ごとにモデルを作成したうえで年間シミュレーションを行い，自然換気可能時間，空調必要時間，

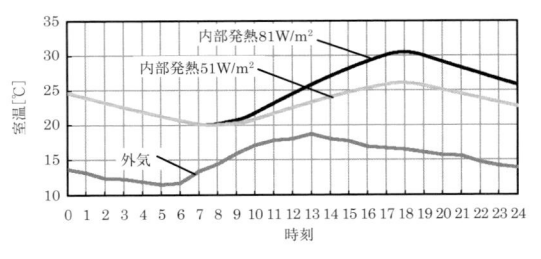

図4.1.4　内部発熱の違いによる室温の違い
（換気回数3回/h）

4.1.4 空気質の確保

換気量は、室内の汚染物質の空間平均濃度がガイドライン値よりも低くなるように値が定められる。したがって換気量の算定にあっては、室内で発生する汚染物質の発生量とその濃度のガイドライン値を知っておくことが必要になる。これらのガイドラインは機械換気の場合を想定したものであるが、自然換気でもガイドラインの値を基準に考えるべきである。また、床面積の1/20以上の開口を設けた場合を除いて、法的には自然換気時にも最低換気量を確保できる機械換気との併用が義務づけられている。以下に主なガイドラインについて述べる。

(1) 建築基準法による室内基準

建築基準法では、換気を自然換気のみで行う場合、その第28条1項で、住宅、学校、病院、診療所、寄宿舎、下宿その他これらに類する建築物の居室には、換気のための窓その他の開口部を設け、その換気に有効な部分の面積は、その居室の床面積に対して、20分の1以上としなければならないとしている。建築基準法施行令で定める技術基準による機械換気設備を設けた場合には、この基準は適用されない。建築基準法施行令では、第20条の2で機械換気設備の技術基準として具体的な換気量に関して、有効換気量としての基準を設けており、機械換気設備の有効換気量は、次式(4.1.1)の計算値以上とすることを求めている。火気を使用する室についての有効換気量も別途定められているが、機械換気が必須であるため省略する。

$$V = 20A_f/N \tag{4.1.1}$$

V：有効換気量 [m^3/h]
A_f：居室の床面積 [m^2]
N：実状に応じた1人当たりの占有面積（特殊建築物の居室にあっては、3を超えるときは3と、そのほかの居室にあっては、10を超えるときは10とする）[m^2]

また、シックハウスの原因物質とされているホルムアルデヒドに関しては、建築基準法施行令の第二十条の八で換気設備の技術基準を設けており、居室には大臣認定を受ける必要のある居室の空気のホルムアルデヒドを浄化して供給するシステムか、一般の機械換気設備を設けることとしている。後者の機械換気システムは有効換気量 [m^3/h] が、次式 (4.1.2) の必要有効換気量以上であることが求められている。

$$V_r = nAh \tag{4.1.2}$$

V_r：必要換気量 [m^3/h]
n：住宅などの居室にあっては0.5、そのほかの居室にあっては0.3
A：居室の床面積 [m^2]
h：居室の天井高さ [m]

シックハウスに関する換気の基準は、室の気積によって計算されるため、大空間においては式 (4.1.1) での計算値を上回る可能性がある。ただし、吹抜けなどの高天井に関しては緩和規定があり、居住域での換気回数に置き換えることができる。

(2) 建築物における衛生的環境の確保に関する法律による室内基準

建築物における衛生的環境の確保に関する法律（以下、建築物衛生法）の適用を受ける建物は、特定用途（興行場、百貨店、集会場、図書館、博物館、店舗、事務所など）に供される部分の延べ床面積3 000m^{2}以上の建築物、および学校の用途に供される建築物で延べ床面積8 000m^{2}以上のものである。建物内の室内環境基準は、建築基準法で規定する基準に準じており、空気調和設備を設けている場合は、表4.1.2に示す基準に適合することを求められている。

表 4.1.2　建築物衛生法による室内基準[1]

1. 浮遊粉塵の量	空気 1m³ につき 0.15mg 以下
2. 一酸化炭素の含有率	10ppm 以下
3. 二酸化炭素の含有率	1 000ppm 以下
4. 温度	1. 17 度以上 28 度以下 2. 居室における温度を外気の温度より低くする場合は,その差を著しくしないこと。
5. 相対湿度	40% 以上 70% 以下
6. 気流	0.5m/s 以下
7. ホルムアルデヒドの量	空気 1m³ につき 0.1mg 以下

表 4.1.3　人間からの二酸化炭素発生量[1]

エネルギー代謝率（RMR）	作業程度	二酸化炭素発生量 [m³/(h・人)]
0	安静時	0.0132
0〜1	極軽作業	0.0132〜0.0242
1〜2	軽作業	0.0242〜0.0352
2〜4	中等作業	0.0352〜0.0572
4〜7	重作業	0.0572〜0.0902

(3) 空気調和・衛生工学会による換気量基準

公益社団法人空気調和・衛生工学会は，換気設備の技術基準として『空気調和・衛生工学会規格 SHASE-S 102-2011 換気規準・同解説』を刊行している。同規準では換気量の算出法に関して，室内の汚染質の不均一な分布を考慮して定常完全混合とそのほかの混合状態の場合を区別している。

基本必要換気量は定常完全混合として式 (4.1.3) により算出する。

$$Q_p = M / (C_i - C_o) \tag{4.1.3}$$

Q_p：基本必要換気量 [m³/h]
M：室内における汚染質発生量 [m³/h]
C_o：取り入れ外気の汚染質濃度 [m³/m³]
C_i：室内の汚染質設計基準濃度 [m³/m³]

室内に複数の汚染物質がある場合は，それぞれの発生源ごとに汚染質の種類および発生量を十分調査し，汚染質ごとに式 (4.1.3) を用いて換気量を算出し，これらの換気量のうち最大値を基本換気量とする。表 4.1.3 にある人間からの二酸化炭素発生量および総合的指標である二酸化炭素の基準（1 000ppm）に基づいて算出した換気量を基本必要換気量とする。

(4) CO_2 濃度指標での 1 人当たりの必要外気量

必要外気量は以下の式によって求められる。人からの二酸化炭素発生量を 1 人当たり 0.020m³/h（事務作業程度），外気の二酸化炭素濃度を 400ppm とすると，基準値である 1 000ppm を満たすためには，1 人当たり約 33m³/h の外気が必要となる。なお，外気の二酸化炭素濃度を 350ppm と設定した場合は約 30m³/(h・人) となる。

（計算例）
必要外気量 [m³/(h・人)]
= 0.020m³/(h・人)/(0.001m³/m³ − 0.0004m³/m³)
≒ 33m³/(h・人)

さらに 1 人当たりの占有面積について，表 4.1.4 を参考にして決定すると，事務所では 5m²/人となる。

事務所ビルの天井高さを 2.7m と仮定した場合の必要換気回数は

必要換気回数 [回/h]
= (33m³/(h・人) ÷ 5m²/人)/2.7m³ ≒ 2.5 回/h

表 4.1.4　在席人員 1 人当たりの占有面積 [m²/人][2]

用途		一般的な面積	設計値
事務所	事務室	5〜8	5
	会議室	2〜5	2
デパート・商店（売り場）	一般	1〜4	2.5
	混雑	0.5〜2	0.7
	閑散	4〜8	5
レストラン		1〜2	1.7
劇場	観客席	0.4〜0.7	0.5
学校	教室	1.3〜1.6	1.4
美術館	展示室	2〜4	2.5
図書館	一般	1.8〜3	2
	児童	1.3〜1.6	1.4
喫茶店		1.5〜4	2
美容院・理髪店		2〜4	2.5

4.1.5 BCP（事業継続計画）対応としての自然換気

非常時の換気量に関しては，法的に明記されておらず，一般事務室においては換気設備を非常用発電系統にする義務はない。BCP対応を自然換気で行う場合，換気回数は非常時の室内環境設定によって導かれる。

例えば，CO_2濃度指標を労働安全衛生法基準である5 000ppmとすると，式（4.1.3）によって必要換気量は4.4m³/(h・人) となる。室内温度制御を自然換気で行う場合は，東京では外気温度が35℃以上になるため，自然換気のみで年間を通して室内を快適域に制御することはできない。なお，非常時に自然換気を想定している場合，自動制御であれば手動制御に切替可能な仕様とする必要がある。

《参考引用文献》

1) 紀谷文樹，酒井寛二，瀧澤　博，田中清治，松縄　堅，水野　稔，山田賢治，加藤信介ほか：建築設備ハンドブック，朝倉書店，pp.230-247，2010
2) 空気調和・衛生工学便覧（第14版）1　基礎篇，空気調和・衛生工学会，p.414，2010

4.2 自然換気経路の確保

　自然換気において，想定したとおりの換気性能を得るためには，換気方式に合った適切な換気経路を建物内に確保することが重要である。一方で，自然換気の導入は建築の断面・平面構成に大きく影響することが多いため，採否や換気方式を早期に見極め，計画初期段階から換気経路を建築計画に反映させていく必要がある。

4.2.1 自然換気の導入検討

　計画する建物において自然換気が有用であるか否かは，建物計画地の気候，建物形状・用途，想定される運用方法などの諸要素によって異なってくる。そのため，計画初期において自然換気の採否を検討するうえでは，これらの要素を検証していくことになる。
　これに加え，発注者側からの要望，自然換気への発注者の理解などもまた，採否に関わる重要なファクターと言える。自然換気は建築計画への影響が大きく，採用にあたっては当然コストもかかる。自然換気システムが適切に運用されるかどうかは，発注者の理解を十分に得ることが最も重要であり，そのためには，計画概要，運用方法，採用効果などについて発注者との合意が必要不可欠となる。

(1) 建物形状と自然換気

　建物の基本形状は，建物を計画する地域や設計手法などによって決まる。容積率，建ぺい率，高さ制限を基に決定される。建物断面で見ると，1～3層程度の低層建物もあれば，建物高さが100mを超える超高層建物もあり，建物形状によって，自然換気方式に向き不向きがある。建物の断面形状を平屋，2～3階建て，4階建て以上の3つに大きく分け，これらの建物形状別に自然換気の効果を整理すると，表4.2.1のようになる。

表4.2.1　断面形状と換気方式

		平屋		2～3階建て		4階建て以上	
		効果	備考	効果	備考	効果	備考
自然換気方式	通風型	△	換気能力は風向，風速などの外部条件の影響を受け，安定した換気性能を得るのは難しい。	△	同左	○	外部風が強いため，低層建物と比較して，換気効果は高いものの，安定した換気性能を得るのは難しい。強風対策などを考慮する必要がある。
	ボイド型	△	光庭などとの組み合わせが考えられるが，外部風が強くなく，ボイド上部での誘引効果を得にくいため，換気効果は高くない。	△	同左	◎	外部風が強いため，ボイド上部で安定した誘引効果が得られ，換気効果が高い。
	シャフト型	×	基本的に採用不可。	○	アトリウムなどの吹き抜け空間を利用した方式が考えられる。ただし，シャフト高低差が小さく，上下温度差がつきにくいため，換気効果はあまり高くない。	○	シャフト高低差が大きいため，換気効果は高い。中性帯の位置を考慮し，自然換気適用フロア精査する必要がある。

2～3階建ての建物では，外部風を駆動力とする通風型やボイド型，シャフト型のいずれの方式も採用可能である。ただし，地上に近いほど外部風速が小さくなるため，建物が低くなるほど換気性能は小さくなる。2層以上の建物であれば，吹き抜け空間や階段室を利用したシャフト型換気も可能であるが，換気性能を確保するためには，十分なシャフト高低差が必要である。

4階建て以上の建物ではいずれの換気方式も採用可能であるが，強い外部風の影響や上下階での換気性能のアンバランス，上階における換気シャフトからの空気の逆流などには注意が必要である。

(2) 建物用途と自然換気

自然換気を行う場合，その対象室は，外気の空気質（温度，湿度，粉塵量など）や屋外条件（騒音，臭気など）の影響を受ける。また，換気経路確保のために接続した空間は，相互に影響を受けることになる。建物用途，あるいは室用途によっては，このことがマイナスに働く場合があるため，注意しなければならない。そのほか自然換気が適切に運用できる用途であるかも重要である。表4.2.2に，自然換気の採否を検討するうえで留意すべき事項を建物用途ごとにまとめた。

病院や精密機器工場のように，室内空気質の条件が厳しい用途については，自然換気採用には特に注意が必要となる。また，映画館，店舗，宿泊施設などのように，空間同士をつなげることで問題を引き起こすおそれのある用途についても，注意すべきである。これらは，用途だけでなく，自然換気対象室を決定する際にも同様である。

換気システムの運用という面では，工場や事務所（自社ビル）などのように，換気システムのユーザーが発注者，もしくは発注者に近い場合は，計画意図に沿った運用を期待できる。しかし，宿泊施設やテナント事務所など，ユーザーが発注者とは全く別の場合には，システムの意図を伝えるのが難しく，発注者を含め，適切な運用を図るため

表4.2.2 建物用途と換気方式

	留意すべき事項				備考
	運用	空気質	セキュリティー プライバシー	その他	
学校 (小・中・高)	○	○	−	−	
学校 (大学)	○	△	△	−	一部，研究室などでは，空気質，セキュリティーなどに留意する必要がある。
病院	×	×	△	−	ほぼ全域での空気質確保，病室のプライバシー確保，および研究室などのセキュリティー確保など，全面的な自然換気採用は難しい。
工場	○	△	△	−	精密機器工場など，工場種別によっては，空気質，セキュリティーなどの条件に注意が必要。
宿泊施設	×	○	△	−	プライバシー確保のため，自然換気の採用が難しい。
店舗 (物販)	×	○	−	−	テナント店舗形態の場合，換気システムの運用が難しい。
店舗 (飲食)	×	○	−	× (におい流出)	物販店舗同様，運用が難しいほか，換気経路へのにおいの流出などにも課題がある。
事務所 (自社)	○	○	○	−	
事務所 (テナント)	△	○	△	−	換気利用者がテナントであるため，運用面，セキュリティー面で注意が必要。
集会場・映画館	○	○	−	× (音漏れ)	音の流出入を考慮する必要があり，自然換気採用は難しい。

○：問題なし　△：配慮が必要　×：難しい　−：評価対象外

の方法をよく検討しなければならない。

4.2.2 自然換気方式別の換気経路の確保

自然換気の採否，換気方式，換気対象室，換気量の目標値などをおおまかに決定した後，システムに沿った換気経路を確保していく。

自然換気において，建物内で確保すべき換気経路は，水平方向（階ごとの経路）と垂直方向（階をまたいだ経路）の2つに大別される。通風型換気のみを採用する場合には水平方向の，それ以外の換気方式では水平＋垂直方向の換気経路を設定し，自然換気対象室をこの経路上に配置する。

水平方向の経路確保にあたっては，室をまたぐ部分（例えば，居室～廊下間）は欄間（図4.2.1），パスダクトなどでつなぐことになるが，換気性能を損なうことのない開口面積を確保することが重要となる。

垂直方向の経路は，ボイド，換気シャフト，階段室などになるが，目標とする換気性能を確保できる断面積が必要となるため，平面的にも断面的にも建築計画に大きく影響を与える。

(1) 通風型自然換気の換気経路

通風型のみでの自然換気では，異なる方位の外壁面に設けた換気口が必要であり，その換気口間に水平方向の換気経路を設ける。換気口は最低でも異なる2方位に必要であるが，2方位のみの場合，風向によっては全く換気能力を得られない。そのため，通風型のみでの自然換気は，3方位以上の換気口設置が望ましく，事務室のような大部屋空間でないと安定した性能を確保することは難しい。シャフト型やボイド型と組み合わせる事例が多い。

(2) ボイド型自然換気の換気経路

ボイド型自然換気では，垂直方向の経路となるボイドと，外壁面の換気口から導入される外気をボイドまで導く水平方向の経路を設ける（図4.2.2）。通風型と異なり，ボイド上部での外部風による誘引力を主な駆動力とすることや，外壁側換気口での風圧力も期待できるため，外壁面が1方位しかない室においても有効である。

(3) シャフト型自然換気の換気経路

ボイド型と同様，屋内に設ける垂直方向のシャフトと，外壁面の換気口からシャフトまでの水平方向の換気経路を設ける。シャフトは，換気専用シャフトを設ける事例のほか，アトリウムのような多層吹抜け空間，階段室などを利用する事例も多い。

シャフト型換気の場合，シャフト上部は換気性能が小さく，場合によってはシャフトからの風の逆流もあるため，経路の確保とともに，中性帯位置の確認・調整が必要である。ソーラーチムニーなどの機構を取り入れ，換気性能の向上を図っている事例もある。

図4.2.1 自然換気用欄間[1]

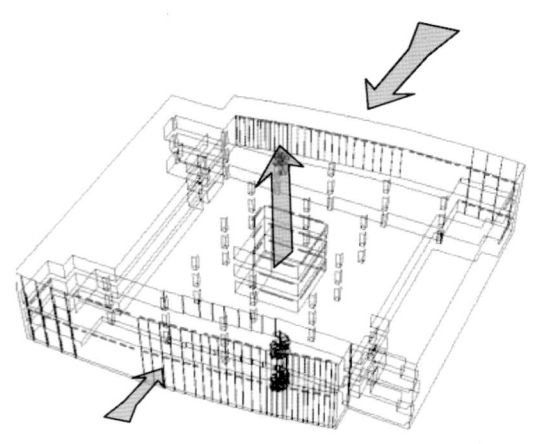

図4.2.2 ボイド型換気方式による通風経路[2]

4.2.3 自然換気経路設定における留意事項

自然換気の換気経路は期待した換気性能を満足するように設定するが、その一方で、経路を確保するために隣接する空間同士をつなげること、外気を室内に直接導入することなどから、留意すべき事項が多い。4.2.1項で述べたプライバシーやセキュリティーなども、それに当たるが、ほかにも次のような事項が挙げられる。

(1) 法令順守（区画形成）

換気経路確保にあたって隣接空間同士をつなげるが、ほとんどの場合において、欄間やパスダクトなどの防火区画・防煙区画や、吹抜け空間の竪穴区画などの区画形成が必要であり、当該部分に防火シャッターや防火ダンパー、防火防煙ダンパーなどを設けなければならない。火災時の防煙区画形成は忘れがちであり、欄間が防煙区画を形成する位置（高さ）に設けられている場合は要注意である。

(2) 将来プラン変更

将来的なプラン変更などの可能性は考慮に入れるべき事項であり、当初確保できていた換気経路が、間仕切り変更によって塞がることも想定される。特に、事務室などの大部屋は注意が必要であり、計画段階から発注者と協議を持つべきである。

(3) 換気口廻りドラフト対策

窓上部に外壁換気口を設ける場合には、換気口からのドラフトに配慮が必要である。外気の経路が室天井面となるように換気口形状を工夫している事例（図4.2.3）や、天井チャンバー方式を前提として換気経路を天井内にとっている事例などがある。

《参考引用文献》

1) 長谷川巌、関口芳弘、関　悠平、水出喜太郎：スーパーコンピュータ「京」における運転実績（その3）、空気調和・衛生工学会学術講演会講演論文集、2012
2) 田中宏治、桑原亮一、芝原崇慶、大宮由紀夫、黒木友裕、岩田雅之ほか：高層オフィスビルのパッシブな環境制御機能に関する研究（第1～3報）、空気調和・衛生工学会学術講演会講演論文集、2010
3) 北野剛人、小林正則、国松洋三、堀川　晋、牛尾智秋、西端康介、渡部憲蔵、山下植也、山内章弘、谷口　修、山田　寿、相良和伸、山中俊夫、下田吉之、甲谷寿史、秋元孝之：関電ビルディング―環境共生のモデルビルの実残、空気調和・衛生工学、第81巻第9号、pp.31-36、2007

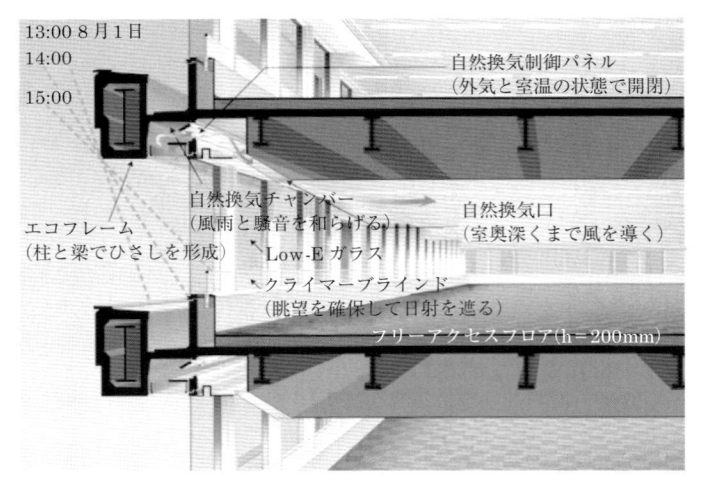

図4.2.3　形状を工夫した自然換気口（事例2）[3]

4.3　開口面積の設定

　自然換気利用建物の形態を図 4.3.1 に示す（図 1.3.1 再掲）。通風型，ボイド型，シャフト型に大別されることは，1.3 節で述べた。また，換気計画を行う際に考えるべき換気経路については，前節 4.2 で述べた。自然換気が行われる建物においては，いずれの形態においても，新鮮外気が給気用に設けられた開口部①を経由して室内空間に流入し，排気用に設けられた開口部③を経由して外気に放出される。通風型においては，排気用開口部③は，給気用開口部①と兼用され，建物に対する風向によって両者は入れ替わることになる。ボイド型，シャフト型においては，給気用に設けられた開口部①を経由して室内空間に流入した新鮮外気が，排気用開口部③を経由して排出される前に，室内からボイド内やシャフト内へ放出される開口②を経由することになる。

　自然換気の設計を行ううえで，その効果を事前に評価する必要があり，そのためには各開口部を通過する風量を定量的に評価することが重要となる。自然換気の風量は，建物形態によっても異なるが，室内外の圧力差と，各換気経路の開口面積により決まる。室内外の圧力差は，外部風向・風速，外気温度，室内での発熱量による影響を強く受ける。開口部の形態などにより，空気の流れやすさが異なるため，単なる開口面積 A ではなく，流れやすさを考慮した有効開口面積 αA を，開口部の面積とする必要がある。

　実務上は，換気の目的に応じて必要な導入換気量を設定したうえで，その量が確保できる開口面積（開口の流量係数 α を考慮した有効開口面積 αA）を決定し，建築計画に反映することになる。建築計画への反映が必要なため，必要な開口面積は設計初期段階で設定する必要がある。

　基本計画の初期段階で，開口面積を設定する方法として，下記が考えられる。

1) 解析事例などに基づく簡易設定
2) 換気回路網計算による換気量評価結果に基づく設定
3) 換気基本式と仮定条件による簡易設定

　本節では，開口面積の簡易設定方法，および換気回路網計算における開口面積設定方法を紹介する。回路網計算の詳細手法については，第 5 章で紹介する。

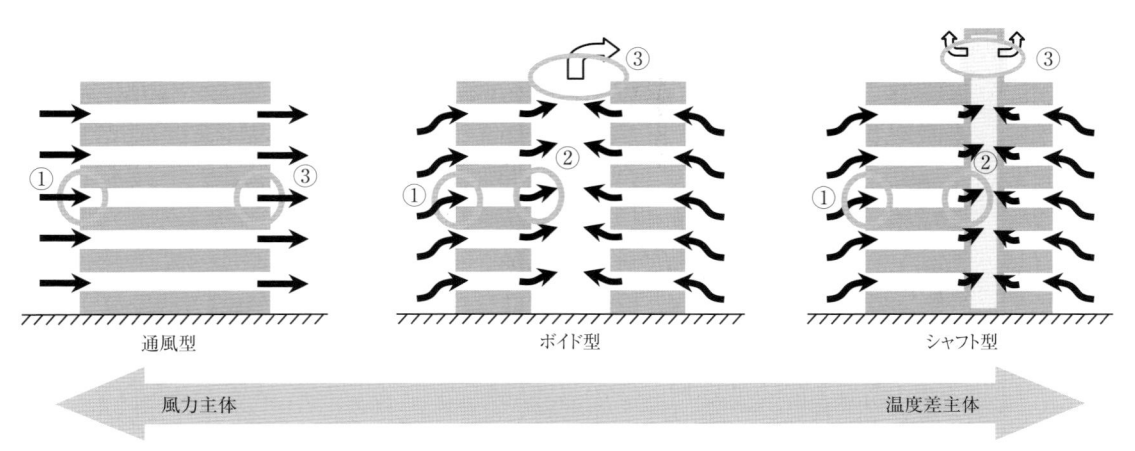

図 4.3.1　実建物の自然換気経路の一例（図 1.3.1 再掲）

4.3.1 給気口・排気口モデル化の基本的な考え方

図 4.3.1 に示す自然換気利用建物の形態のうち，ボイド型，シャフト型においては，外壁に面した高さの異なる給気口①から外気が流入し，居室を通過した後，パスダクトなど②を通じてボイド・シャフトと呼ばれる吹抜け空間に排気される。ボイド・シャフトで合流した空気はその後，ボイド・シャフト最上部③で外気に放出される。通風型においては，外壁に面した高さの異なる給気口①から外気が流入し，居室を通過した後，外壁に面した風下側の排気口③から外気に放出される。

上記の各種開口はその形態が多様であるため，空気の流れやすさ（流量係数 α）が異なる。

開口面積の設定においては，開口ごとに流量係数を設定する必要がある。その際，各階給気口（①），各階排気口（通風型③），ボイド・シャフトからの排気部（ボイド・シャフト型③），ボイド・シャフトへの接続開口（ボイド・シャフト型②）ごとに，圧力損失係数を設定する。

（1）各階給気口・排気口のモデル化

各階給気口，各階排気口は，複数設置されることが多い。複数の給気口・排気口の設置方式は建種によっても異なり多様であるが，大きく下記のように大別される。

a）窓開口として設置される場合
b）換気装置などが設置される場合
c）換気口に消音装置などダクト接続される場合

各方式において，表 4.3.1 に示すように開口のモデル化を行うことが考えられる。

a）引違い窓などにおいては，開放可能な面積を開口面積 A と考え，流量係数 α を一般的な開口の流量係数として設定する。

はね出し窓など，開口面積，流量係数の設定が難しい場合には，表 4.3.2 に示すように既存の資料など[1]を参照して流量係数 α を設定する。

b）換気装置などにおいては，開口面積 A の捉え方によって，流量係数 α が異なってくる。また，換気装置は装置内の機構が複雑であり，流量係数の設定が難しいため，メーカーなどから提供される有効開口面積 αA を用いることが望ましい。メーカーなどの資料によって有効開口面積 αA が

表 4.3.1 各階給気口・排気口のモデル化

a) 窓開口 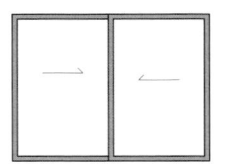	開口面積 A：開放可能な面積 流量係数 α： 引違い窓 0.65 ～ 0.7 はね出し窓の事例は表 4.3.2，回転窓などについては参考文献を参照のこと
b) 換気装置など  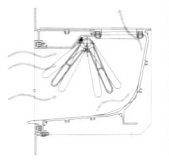	開口面積 A 流量係数 α： メーカー提供データに基づいて設定 ただし，開口面積の扱い方がメーカーによって異なる可能性があるので注意を要する
c) 消音装置などの接続 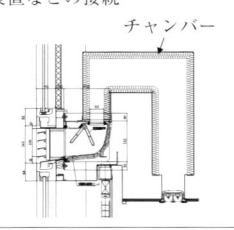	開口面積 A：換気口面積 流量係数 α： $$\alpha A = \frac{1}{\sqrt{\Sigma\left(\dfrac{\zeta}{A_n^2}\right) + \Sigma\left(\dfrac{\lambda L}{D A_n^2}\right)}}$$ ただし，ζ：開口・ダクト形状抵抗，λ：摩擦抵抗 D：ダクト等価直径，L：ダクトの長さ A：ダクト断面積

表 4.3.2 窓開口の流量係数 α[1]

b：窓の幅，l：窓の長さ

名称	形状	角度 β	$b/l=1/1$	$b/l=1/2$	$b/l=1/\infty$
一重はね出し窓		15	0.25	0.22	0.18
		45	0.52	0.50	0.44
		90	0.62	0.62	0.62
		15	0.30	0.24	0.18
		45	0.56	0.50	0.46
		90	0.67	0.63	0.63

設定できない場合は，実験などを実施し，その結果から「圧力差－換気風量」の関係を求め，それに基づいて有効開口面積 αA を設定する。

定風量換気装置については，外部風速（室内外圧力差）によって有効開口面積 αA が異なるため，「圧力差－換気風量」の関係を把握する必要がある。

c) 換気口にダクトが接続される場合には，換気口面積を開口面積 A と考えたうえで，開口部の形状抵抗，ダクトの形状抵抗（曲がり，直管など）を合成して，流量係数 α を求める。形状抵抗係数 ζ（表 4.3.3 参照）と，ダクト等価直径 D，長さ L，摩擦損失係数 λ から得られる摩擦損失抵抗を用いて，式（4.3.1）よりダクトの流量係数 α を求める（A_n はダクト部位別断面積）。

$$\alpha A = \frac{1}{\sqrt{\Sigma\left(\frac{\zeta}{A_n^2}\right) + \Sigma\left(\frac{\lambda L}{D A_n^2}\right)}} \quad (4.3.1)$$

開口部とダクトの接続状況が複雑な場合は，流量係数 α の設定が難しいため，b) で述べたように，実験によって「圧力差－換気風量」の関係を求め，それに基づいて有効開口面積を設定する。

各階の開口部は，方位や平面上の開口位置によって風圧係数が異なるため，個々に開口としてモデル化することが望ましいが，同一の室に接続され，開口の床からの高さや風圧係数が同一と考えられる場合は，開口の並列結合と考え，有効開口面積を合計し，$\Sigma \alpha A$ を有する一つの開口と考えることも可能である。

(2) ボイドへの排気部のモデル化

各階の部屋からボイドへの接続状況によって，モデル化が異なるが，上述した各階の開口と同様の考え方で設定することができる。

パスダクトのように天井裏など大きな空間を経由する場合，天井裏で圧力がいったん開放されるため，天井裏を別ゾーンとして解析することが考えられる。ただし，解析ゾーン数が多数になるため，解析負荷・解析結果処理の煩雑さなどが大きくなる。解析負荷を軽減する必要がある際には，天井裏とつながる開口を一つの開口と考えるモデル化が可能である。室内から天井裏につながる開口の有効開口面積 $\alpha_1 A_1$ と，天井裏からボイド内につながる開口の有効開口面積 $\alpha_2 A_2$ を用いて，開口の直列結合の考え方を適用し，式（4.3.2）により有効開口面積 αA を求めることができる。

$$\alpha A = \frac{1}{\sqrt{\left(\frac{1}{\alpha_1 A_1}\right)^2 + \left(\frac{1}{\alpha_2 A_2}\right)^2}} \quad (4.3.2)$$

(3) ボイド上部出口のモデル化

ボイド上部出口については，給気側の総面積と比べて大きな面積を確保することが，上層階での

逆流を防止するために必要である。ボイド出口面積が十分な大きさを確保されている場合は，ボイド面積を開口面積 A と考え，流量係数 α を 1.0 と考えて，有効開口面積 αA としてよい。

4.3.2 開口面積の簡易設定

通風型の場合，風上側開口から新鮮外気が室内に流入し，風下側開口を経由して室内から排気される。この場合，主な換気経路は各階ごとに完結するため，代表的な階について検討を行えばよい。風向に応じて開口部に設定される風圧係数の分布を把握し，平均的な風圧差から，風上・風下側開口間の圧力差 Δp を推定できる。必要換気量 Q を設定すると，式（4.3.3）から必要有効開口面積 αA を推定できる。

$$Q = \alpha A \sqrt{\frac{2}{\rho} \Delta p} \qquad (4.3.3)$$

ここで，ρ：空気の密度

風向が変化することで，給気・排気側開口の位

表 4.3.3 ダクト部位ごとの形状抵抗係数 ζ [1]

U：風速 [m/s]，ρ：空気密度 [kg/m³]

名称	形状	計算式	形状抵抗係数 ζ	文献
入り口1		$\Delta p = \zeta \dfrac{\rho U^2}{2}$	2.0 ～ 2.4	
入り口2		$\Delta p = \zeta \dfrac{\rho U^2}{2}$	1.02 ～ 1.06	Fan Eng. 5th Ed.
急拡大	風速 U_1 → 風速 U_2	$\Delta p = \dfrac{\rho}{2}(U_1-U_2)^2 = \zeta_1 \dfrac{\rho U_1^2}{2}$	A_1 / A_2 0.1 0.2 0.4 0.6 0.8 ζ_1 0.81 0.64 0.36 0.16 0.04	Fan Eng. 5th Ed.1949 Rietchel
急縮小	風速 U_1 → 風速 U_2	$\Delta p = \zeta_2 \dfrac{\rho U_2^2}{2}$	A_1 / A_2 0.1 0.2 0.4 0.6 ζ_2 0.48 0.46 0.37 0.26	Fan Eng. 5th Ed.1949
漸拡大	風速 U_1 → 風速 U_2，β	$\Delta p = \zeta \dfrac{\rho}{2}(U_1-U_2)^2$	β 5° 10° 20° 30° 40° ζ 0.17 0.28 0.45 0.59 0.73	ASHRAE GUIDE
曲管 円管	d, R	$\Delta p = \zeta \dfrac{\rho U^2}{2}$	R / d 0.5 0.75 1.0 1.5 2.0 ζ 0.90 0.45 0.33 0.24 0.19	ASHRAE GUIDE 1959
エルボ 角管	H, W	同　上	H / W 1/4 1/2 1 4 ζ 1.25 1.47 1.50 1.38	同　上
	ガイドベーン付	同　上	ζ 0.35（1枚ベーン） 0.10（成型ベーン）	同　上

置が変わるが，給気口・排気口が等面積になると仮定すると，式（4.3.2）に示す給気・排気側開口の直列結合の考え方を適用することができる。個々の開口の有効開口面積を $\alpha_0 A_0$ とすると，給気・排気側の開口を合成した有効開口面積 αA は式（4.3.4）で求められる。

$$\alpha A = \frac{\alpha_0 A_0}{\sqrt{2}} \quad (4.3.4)$$

式（4.3.3），式（4.3.4）から各開口の有効開口面積 $\alpha_0 A_0$ を求め，4.3.1で設定した各開口の流量係数 α_0 から各開口の必要開口面積 A_0 を求める。

ボイドやシャフトを経由して自然換気を行う建物では，水平方向の換気が行われる風力換気と，建物内外の温度差によって開口の高さごとに異なる値となる建物内外の圧力差によって生じる温度差換気が同時に起こっている。下層階と上層階では換気風量が異なるし，その流入出方向や量は時々刻々変化するため，簡易に必要開口面積を設定することは難しい。ここでは，実態との相違があることは前提にしたうえで，自然換気導入建物の簡易モデル（図4.3.2）の換気解析結果を整理した図表を用いた必要開口面積を簡易に設定する考え方を紹介する。

図4.3.3には，自然換気適応建物の簡易モデルに対する換気計算結果に基づいた，床面積当たりの開口面積比と，換気回数の関係を示す。

各階の開口の有効開口面積の合計に比べて，ボイド・シャフトの頂部排気口（図4.3.1③）の有効開口面積が小さい場合は，外部風速が小さいときに上層階の開口において逆流が生じ，新鮮外気が流入しなくなるため，ここでは，ボイド・シャフトの頂部排気口の有効開口面積が十分大きな場合の解析結果を示している。また，換気風量は外部風速，外気温度などの影響を受けるため，外部風速，外気温度別にプロットしている。

換気風量を確保したい気象条件を設定する。外部風速については，無風，もしくは出現頻度○○％時の風速などの設定を行うことが考えられる。風速が小さいほど，大きな開口面積が必要となる。外気温度は，自然換気を使用する時期などから，16℃～24℃程度で設定することが考えられる。外気温度が高いほど，大きな開口面積が必要となる。

図4.3.2　ボイド型建物における換気解析事例（検討モデル）

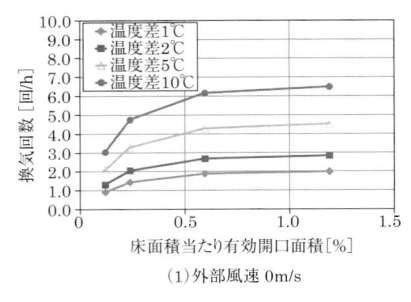

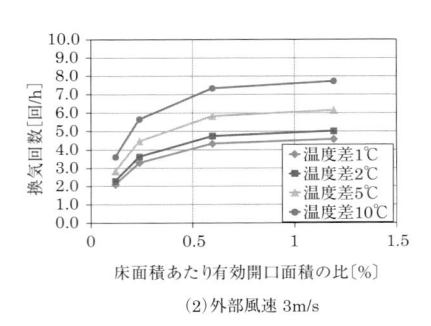

図4.3.3　ボイド型建物における換気解析結果の例
（床面積当たり有効開口面積の比率［％］と換気回数の関係）

ボイド・シャフトの頂部排気口の面積が十分とれず，上層階での逆流が生じる可能性がある場合には，後述5章で紹介する換気回路網計算を行い，必要開口面積の設定を行うことが望ましい。

4.3.3 換気回路網計算による開口面積設定

ボイド型・シャフト型においては，各階の換気量が異なるため，各階の居室およびボイドを異なるゾーンとしたマルチゾーンモデルで換気回路網を形成し，換気量を求めることが多い。

ボイド型の建物形態をマルチゾーンモデルとしてモデル化する場合，各階の居室部分を1ゾーンとし，ボイド部分を1ゾーンとするモデル化を行うことが考えられる。実際には各階の居室を1室として利用する場合は少なく，間仕切り壁で細分化されるため，厳密には細分化された居室を全て別ゾーンと設定して解析することになる。ただし，ゾーン数が膨大になり，解析時間，収束性の点で課題が多くなる可能性が高い。基本計画，基本設計時の解析であれば，自然換気の状況を概略把握できればよいため，各階の居室を1ゾーンとしてモデル化することで実用上十分であることも多い。ただしその際，換気経路の想定をすることは重要であり，居室からボイド・シャフト部への開口（図4.3.1 ②）については，4.3.1でも述べたように，その経路の状況に応じて，開口のモデル化について配慮する必要がある。

4.3.4 開口面積の簡易計算例

ここでは，本節のまとめとして，建築計画が固まっていない基本計画時の簡易検討や換気回路網計算を行うためのモデル作成を目的とした簡易な換気口設定フロー及び計算例を示す。風力換気時と温度差換気時を分けて示しているが，実際には外気風と温度差は同時に作用することがほとんどであるため，より現実的な検討には5章で紹介する詳細な計算法を用いる必要がある。

（1）風力換気を利用した自然換気の開口面積設定フロー

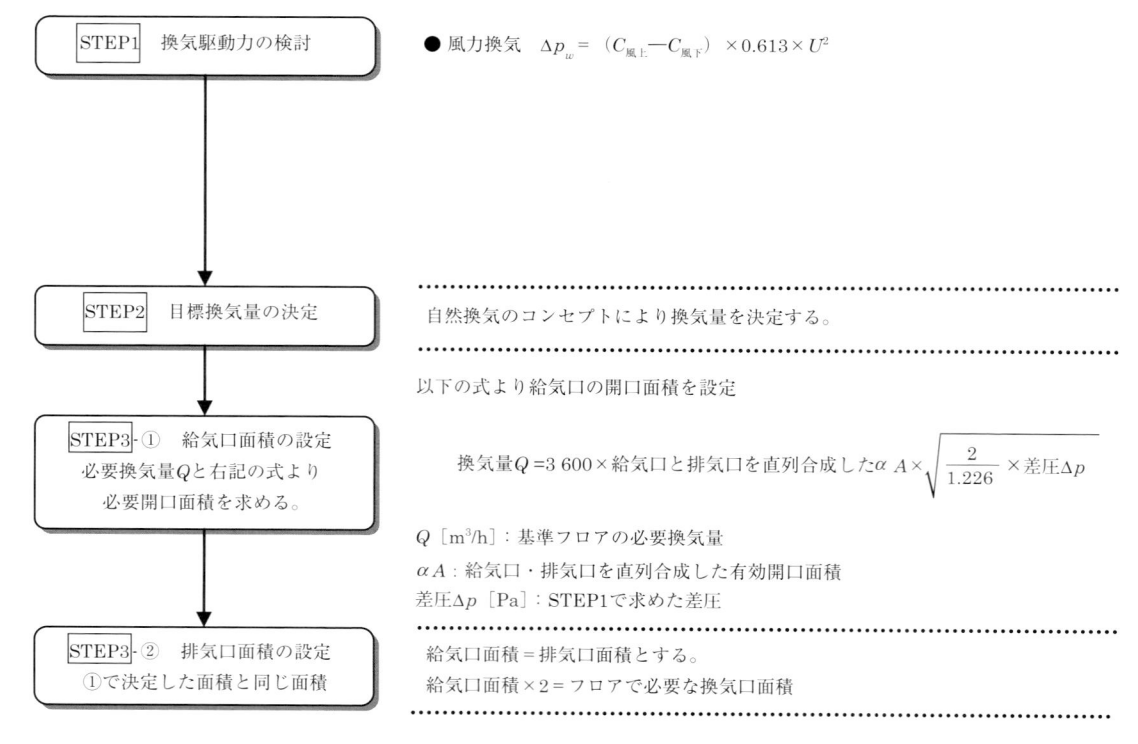

STEP1 換気駆動力の検討

● 風力換気 $\Delta p_w = (C_{風上} - C_{風下}) \times 0.613 \times U^2$

STEP2 目標換気量の決定

自然換気のコンセプトにより換気量を決定する。

STEP3-① 給気口面積の設定
必要換気量Qと右記の式より必要開口面積を求める。

以下の式より給気口の開口面積を設定

換気量 $Q = 3\,600 \times$ 給気口と排気口を直列合成した $\alpha A \times \sqrt{\dfrac{2}{1.226} \times 差圧\Delta p}$

$Q\,[\mathrm{m^3/h}]$：基準フロアの必要換気量
αA：給気口・排気口を直列合成した有効開口面積
差圧 $\Delta p\,[\mathrm{Pa}]$：STEP1で求めた差圧

STEP3-② 排気口面積の設定
①で決定した面積と同じ面積

給気口面積＝排気口面積とする。
給気口面積×2＝フロアで必要な換気口面積

4.3 開口面積の設定

(2) 風力換気時の開口面積計算例

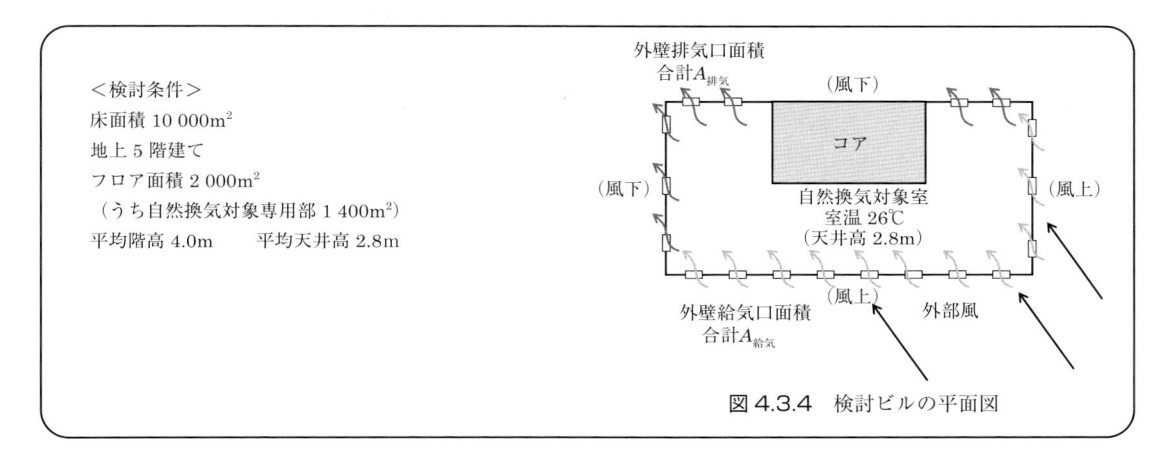

```
<検討条件>
床面積 10 000m²
地上 5 階建て
フロア面積 2 000m²
 (うち自然換気対象専用部 1 400m²)
平均階高 4.0m    平均天井高 2.8m
```

図4.3.4 検討ビルの平面図

STEP1　換気駆動力の計算
① 敷地における中間期の卓越風，平均風速を確認（建物高さが50mを超えるような場合は外気風速を補正　基準風速と比較して50m地点で約1.5倍，100m地点で約1.78倍になる）
→ 東京では北北西／南南東　平均風速3.2m/s，今回は建物高さが低いので外気風補正はしない。
② 建物のレイアウトより外壁に発生する風上側・風下側の風圧係数を推定
→ 風上側0.8，風下側−0.4と想定。
＊風圧係数に関しては「5.3 風圧係数および流量係数」参照
③ 換気駆動力を計算
→ $\Delta p_w = (C_{風上} - C_{風下}) \times 0.613 \times U^2$ より
$(0.8 - (-0.4)) \times 0.613 \times (3.2)^2 = 7.53$ [Pa]

STEP2　目標換気量の設定
自然換気による室温制御を目的とし，目標換気回数5回/hと設定する。

→ フロアの必要換気量は床面積 1 400m² × 天井高 2.8m × 5回/h = 19 600m³/h

STEP3　給排気口の開口面積を設定
以下の式より必要給気口面積を計算

換気量 $Q\left(\dfrac{m^3}{h}\right) = 3600 \times$ 給気口と排気口を直列合成した $\alpha A \times \sqrt{\dfrac{2}{1.226} \times 差圧\ \Delta p}$

αA：式（4.3.4）より $\dfrac{\alpha_0 A_0}{\sqrt{2}}$ とし，α_0 は0.42と想定

換気量 Q：STEP2で求めたフロアの必要換気量
差圧 Δp：STEP1で求めた換気駆動力 = 7.53 [Pa]

よって，必要給気口面積 $A_{給気} = 5.23$m² 分の換気口を風上側に配置する。
必要排気口面積も同等の面積が必要なため $A_{排気} = 5.23$m² 分の換気口を風下側に配置する。

4　設計手法

（3）温度差換気を利用した自然換気の開口面積設定フロー

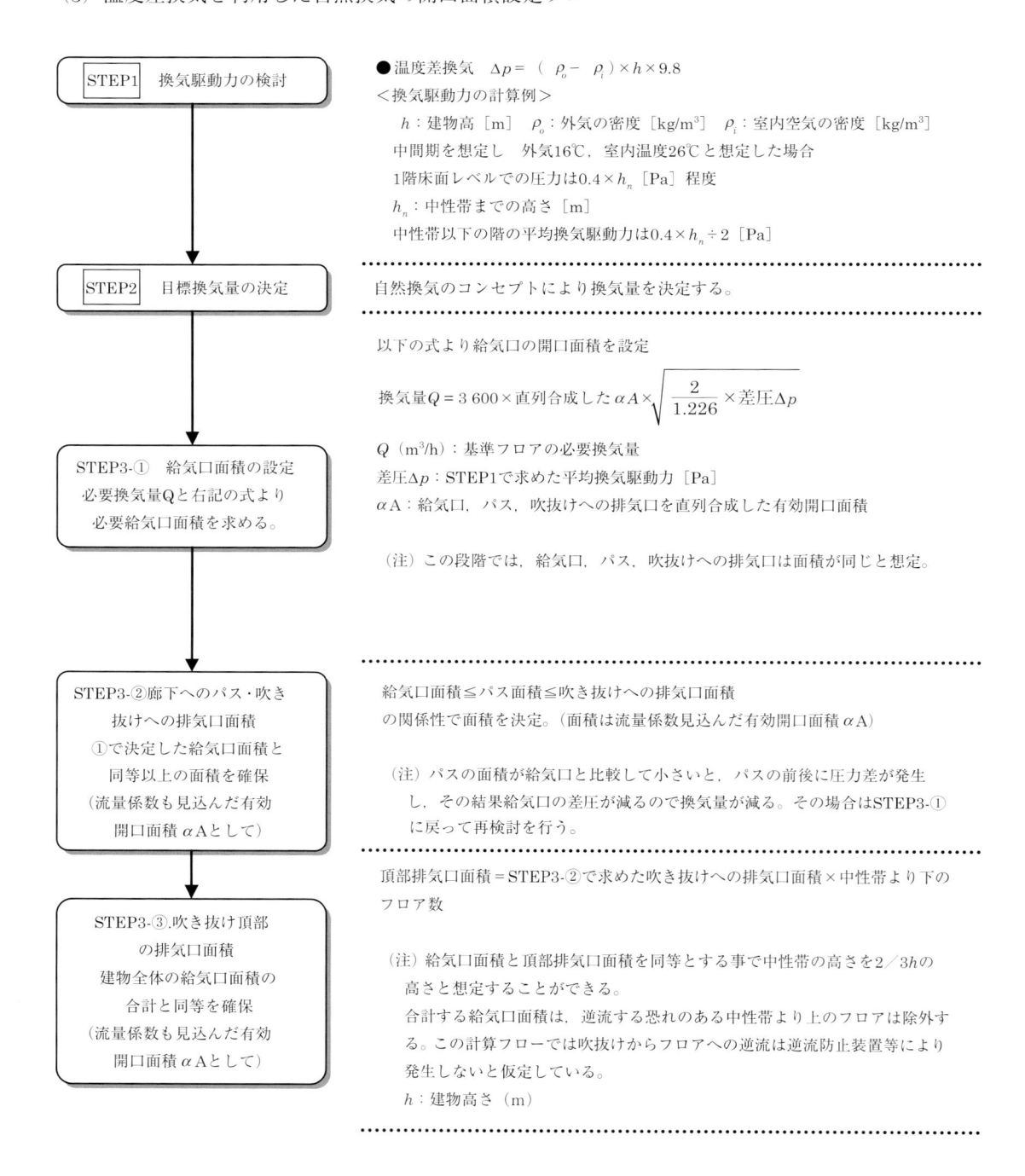

STEP1　換気駆動力の検討

● 温度差換気　$\Delta p = (\rho_o - \rho_i) \times h \times 9.8$

＜換気駆動力の計算例＞

h：建物高［m］　ρ_o：外気の密度［kg/m³］　ρ_i：室内空気の密度［kg/m³］

中間期を想定し　外気16℃，室内温度26℃と想定した場合

1階床面レベルでの圧力は$0.4 \times h_n$［Pa］程度

h_n：中性帯までの高さ［m］

中性帯以下の階の平均換気駆動力は$0.4 \times h_n \div 2$［Pa］

STEP2　目標換気量の決定

自然換気のコンセプトにより換気量を決定する。

STEP3-①　給気口面積の設定
必要換気量Qと右記の式より必要給気口面積を求める。

以下の式より給気口の開口面積を設定

$$換気量 Q = 3\,600 \times 直列合成した \alpha A \times \sqrt{\frac{2}{1.226} \times 差圧 \Delta p}$$

Q（m³/h）：基準フロアの必要換気量

差圧Δp：STEP1で求めた平均換気駆動力［Pa］

αA：給気口，パス，吹抜けへの排気口を直列合成した有効開口面積

（注）この段階では，給気口，パス，吹抜けへの排気口は面積が同じと想定。

STEP3-②　廊下へのパス・吹き抜けへの排気口面積
①で決定した給気口面積と同等以上の面積を確保
（流量係数も見込んだ有効開口面積αAとして）

給気口面積≦パス面積≦吹き抜けへの排気口面積
の関係性で面積を決定。（面積は流量係数見込んだ有効開口面積αA）

（注）パスの面積が給気口と比較して小さいと，パスの前後に圧力差が発生し，その結果給気口の差圧が減るので換気量が減る。その場合はSTEP3-①に戻って再検討を行う。

STEP3-③　吹き抜け頂部の排気口面積
建物全体の給気口面積の合計と同等を確保
（流量係数も見込んだ有効開口面積αAとして）

頂部排気口面積＝STEP3-②で求めた吹き抜けへの排気口面積×中性帯より下のフロア数

（注）給気口面積と頂部排気口面積を同等とする事で中性帯の高さを$2/3h$の高さと想定することができる。
　　合計する給気口面積は，逆流する恐れのある中性帯より上のフロアは除外する。この計算フローでは吹抜けからフロアへの逆流は逆流防止装置等により発生しないと仮定している。
　　h：建物高さ（m）

(4) 温度差換気時の開口面積計算例

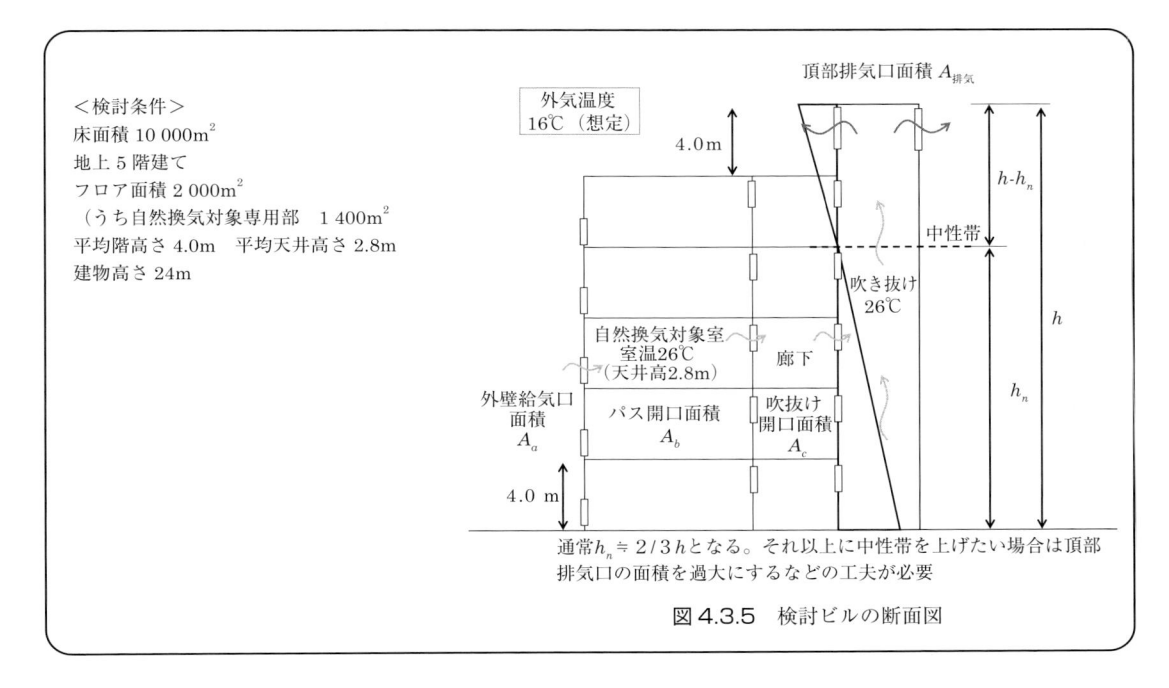

<検討条件>
床面積 10 000m²
地上5階建て
フロア面積 2 000m²
（うち自然換気対象専用部 1 400m²）
平均階高さ 4.0m　平均天井高さ 2.8m
建物高さ 24m

図4.3.5　検討ビルの断面図

通常 $h_n ≒ 2/3h$ となる。それ以上に中性帯を上げたい場合は頂部排気口の面積を過大にするなどの工夫が必要

STEP1　換気駆動力の計算

中間期を想定し外気温16℃，室温26℃建物高さ24mより換気駆動力は

$$0.4 × h_n = 0.4 × 24\,m × 2/3 = 6.4\,[Pa]$$

1階では6.4 Paだが中性帯では0 Paのため，平均は3.2 Paとなる。

STEP2　目標換気量の設定

① 自然換気による室温制御を目的とし，目標換気回数5回/hと設定する。
→ フロアの必要換気量は床面積 1 400m² × 天井高 2.8m × 5回/h = 19 600m³/h

STEP3　給排気口の開口面積を設定

① 以下の式より必要給気口面積を計算

$$換気量\,Q\left(\frac{m^3}{h}\right) = 3\,600 × 直列合成した$$

$$αA × \sqrt{\frac{2}{1.226} × 差圧\,Δp}$$

$αA$：給気口，パス，排気口の3つの開口があり，それぞれの有効開口 $(α_0A_0)$ が同じと想定。さらに式(4.3.2)より，$\dfrac{α_0A_0}{\sqrt{3}}$

流量係数 $α$：0.66と想定

「4.4　自然換気口」を参照

換気量 Q：STEP2で求めたフロアの必要換気量
差圧 $Δp$：STEP1で求めた平均換気駆動力 → 平均3.2 [Pa]

よって，必要な外壁の給気口面積 $A_a = 6.27m^2$，パス，吹き抜けへの排気も同じ面積確保する必要があるため $A_a = A_b = A_c = 6.27m^2$

② 吹き抜け頂部排気口の必要開口面積を計算

頂部排気口面積＝STEP3-②で求めた吹き抜けへの排気口面積×中性帯より下のフロア数で計算する。

中性帯より下のフロアは4フロアなので $A_{排気}$ = 6.27m² × 4フロア = 25.1m² 以上

《参考引用文献》

1) 伊藤克三，中村　洋，櫻井美政，松本　衛，楢崎正也：大学課程 建築環境工学，オーム社，p.205，1978

4.4 自然換気口

本節では設計時の自然換気口の選定時のポイントや注意点について説明する。換気口の検討フローを図 4.4.1 に示す。また，配慮すべきチェック項目を表 4.4.1 に示す。

検討のフローとしては，①自然換気のコンセプト，風の流れ，運用方法，コストなどに配慮して，給排気口のタイプを決定する。②換気口の具体的な仕様を決定する。このとき，換気口で確保する換気口面積や換気口の通風性能値について整理する。③決定した仕様により自然換気シミュレーションを行い，目標とする効果，換気量が確保できているか検証する。確保できていない場合は，配置や換気口面積などを見直す。④運用への配慮やクレーム対応が十分であるかを確認する。

本節では以上の検討フローに従って，各検討段階でのポイントや参考資料について述べ，最後に自然換気口に関連したクレーム事例について紹介する。

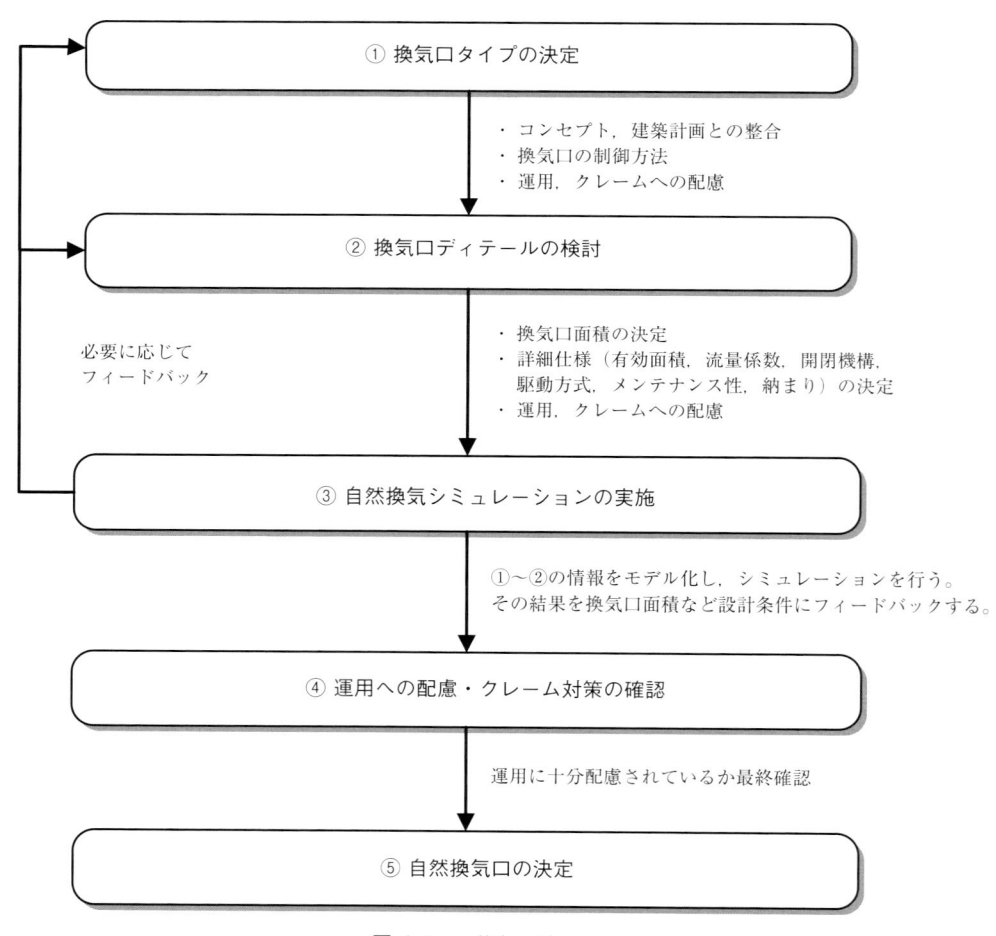

```
┌─────────────────────────────┐
│   ① 換気口タイプの決定        │
└─────────────────────────────┘
              │
              │  ・コンセプト，建築計画との整合
              │  ・換気口の制御方法
              │  ・運用，クレームへの配慮
              ▼
┌─────────────────────────────┐
│   ② 換気口ディテールの検討    │
└─────────────────────────────┘
              │
              │  ・換気口面積の決定
必要に応じて   │  ・詳細仕様（有効面積，流量係数，開閉機構，
フィードバック │    駆動方式，メンテナンス性，納まり）の決定
              │  ・運用，クレームへの配慮
              ▼
┌─────────────────────────────┐
│   ③ 自然換気シミュレーションの実施 │
└─────────────────────────────┘
              │
              │  ①～②の情報をモデル化し，シミュレーションを行う。
              │  その結果を換気口面積など設計条件にフィードバックする。
              ▼
┌─────────────────────────────┐
│   ④ 運用への配慮・クレーム対策の確認 │
└─────────────────────────────┘
              │
              │  運用に十分配慮されているか最終確認
              ▼
┌─────────────────────────────┐
│   ⑤ 自然換気口の決定          │
└─────────────────────────────┘
```

図 4.4.1　換気口検討フロー

4.4 自然換気口

表 4.4.1 換気口の設計に関わるチェック項目

チェック項目	概　要
□ 換気口の制御方法の選択	手動制御にした場合は居住者の満足度は高まるが，閉め忘れ防止や開口面積の制御が居住者の運用次第となる。自動制御の場合は自然換気システムとしての効果は高まるがコストが高くなる傾向にある。よって，換気の目的，運用方法により，制御方法を選定することが必要となる。
□ 手動制御の場合は居住者の気づきを促すための手段を検討	手動制御とし開閉を居住者が行う場合，自然換気が有効な時間帯がわかるような工夫が必要である。
□ 高層ビルや外部風速が速い敷地において換気口に作用する風圧を確認	高層ビルで自然換気を行う場合，高度が上がるほど外気風速が増加する。室内に外気を取り込む場合は，定風量装置の設置などの配慮が必要となる。
□ メーカー資料または実験により，換気口の有効開口面積，圧力損失（流量係数）を確認	建物内の換気駆動力に対して換気口の圧力損失が大きい場合，換気量が著しく低下する。圧力損失は換気口形状と通過風速の2乗に比例するため，採用する換気口での性能を確認すべきである。
□ 換気口付近に排気，冷却塔，排熱，汚染物質発生源，騒音源がないか確認	室内に取り入れる外気の空気質や騒音に配慮し，換気口の配置を十分検討する。
□ 突風・雨・におい・虫への対策を検討	自然換気のクレームとして発生頻度の高い問題である。
□ 防犯上の問題を確認	窓を開けることで問題になるのは1階付近の窓である。防犯上，人が入り込めないような程度しか窓が開かないようにするなどの配慮を行う。
□ 時間帯，季節，天候による自然換気時の室内環境の変化を検討	一般的に，窓の開閉は居住者の高い満足感を生む。しかし，冬や夏の特定の状況ではクレームになる可能性もある。冬においては不快なドラフト，夏においては結露などの現象に気をつけるべきである。
□ 換気口閉鎖時の気密性の確認	気密性が低い場合，夏期，冬期における隙間風や雨水の流入につながる。特に高層ビルの場合は，煙突効果が強く働くので注意が必要である。自動制御で換気口の数が多い場合は，故障による不完全閉鎖の問題もある。
□ 選択した換気口の納まり，ブラインドとの干渉を検討	換気口からの外気流入により，ブラインドの揺れが発生する場合がある。
□ 換気口駆動方法の確認	駆動方法によって，故障頻度・メンテナンス・駆動騒音に差がある。仕様の確認が必要である。

4.4.1 自然換気口の種類と特徴

(1) 換気口の種類

換気口を役割によって分類すると図 4.4.2 に示すように，給気口，室内パス，排気口に分類できる。以下にそれぞれの特徴，注意点を示す。実際には多くの種類の給排口が存在するため，決定のための参考資料として表 4.4.2，表 4.4.3 に給気口と排気口の比較表を示す。

① 給気口：外気を取り入れる開口。手動の場合は利用者が操作しやすい機構とし，閉め忘れ防止や気密性，自動開閉音にも配慮が必要。数が多くなる傾向もあるためコストへの影響が大きい。

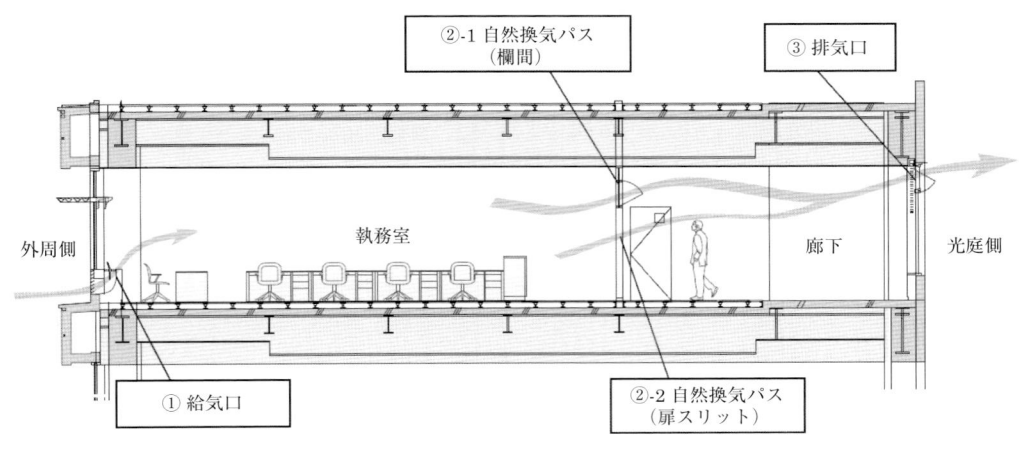

図 4.4.2 換気口の種類

4　設計手法

表 4.4.2　給気口タイプ

タイプ	外観	概要・特徴	雨仕舞い	開閉方法	操作性	耐久性	コスト	自然換気システムとしての制御性
1. 引違い窓		・一般的な窓の仕様であり，簡易な操作で開閉できる。	◎	手動	◎	◎	○	△
2. 内倒し窓		・有効開口が大きい。簡易な操作で開閉できる。	◎	手動／自動	◎	○	○	手動△／自動◎
3. ペリカウンター組込型		・居住者の近くに換気口が設置されるため手動開閉が可能。自動ダンパーや定風量ダンパー付もある。 ・サッシメーカーにて既製品が多数ある。	○	手動／自動	○	○	手動○／自動△	手動○／自動◎
4. サッシ組込み型（縦型）	（提供：(株) LIXIL）	・フルハイトのガラス面や換気口を1面でしか取れない場合に採用されることが多い。 ・縦型のため換気口内での給排気も期待できる。	○	手動	○	○	○	○
5. サッシ組込み型（天井面制気口）		・手動での開閉が困難であり，自動開閉が一般的。 ・軒天から外気を取り入れる場合やインテリアに外気を供給したい場合に用いられることが多い。	○	自動	△	○	△	◎
6. 建築一体型		・階段の蹴上げ部分などをパンチングメタルとするなど，建築と一体化した換気口。 ・意匠との調整が重要であり圧力損失を減らす配慮が必要	―	自動	△	―	△	―
7. 排煙窓兼用型		・自然排煙用窓を自然換気給気口として利用。 ・排煙用のため外倒し窓が多く，給気口としては雨仕舞いに懸念がある。また，頻繁な開閉は想定していないため短期間での故障リスクがある。	△	手動	○	△	◎	△

4.4 自然換気口

表 4.4.3 排気口タイプ

タイプ	外観	概要・特徴	雨仕舞い	開閉方法	操作性	耐久性	コスト	排気性能
1. 突出し窓／横軸回転窓		・排気窓として一般的な方式。 ・壁面に設置されるため外気風による正圧への配慮が必要。 ・逆流防止機構付の製品もある。	◎	自動	◎	◎	○	○
2. ソーラーチムニー＋自動ダンパー		・排気棟頂部をガラスとし，日射によって上部を暖めることによって温度差換気を促進する方式。 ・建設コストが高くなる傾向にある。雨仕舞いや耐久性は設計により性能が異なる。	○ or ◎	自動	◎	○ or ◎	△	◎
3. ルーフベンチレーター		・外気風による排気誘引効果に配慮した方式。工場などで設置されるベンチレーターなど。	○	自動	◎	◎	○	○
4. 天窓兼用		・トップライト兼用型の排気窓。 ・雨仕舞い，メンテナンス，人の落下への配慮が必要である。	△	手動／自動	手動○／自動△	△	◎	○
5. 排煙窓兼用		・自然排煙用窓を自然換気排気口として利用。 ・頻繁な開閉は想定していないため短期間での故障リスクがある。	○	手動／自動	手動○／自動△	△	◎	△

② 室内パス：居室から廊下を経由して吹抜けに抜ける風の流れを想定している場合は，居室から廊下への風の通り道（パス）が必要になる。ダクトによるパスや欄間，スリット，開閉式の窓（図4.4.3）などがある。

③ 排気口：吹抜けへの開口（図4.4.4）または吹抜けから外部への開口（図4.4.5）。手動での操作が難しい位置に配置される傾向にあるため，遠隔操作，電動開閉機構が必要になることが多い。

(2) ソーラーチムニー

ソーラーチムニーとは，排気口として使用しているボイドまたはシャフトの頂部に日射による熱溜りと外気との温度差を確保して換気駆動力を得る手法である。ソーラーチムニーは換気駆動力の増加に加え，中性帯を上げる効果もある。ソーラーチムニー事例（頂部形状）を図4.4.6，図4.4.7に示す。頂部の1面をガラスとし，ガラスを通過した日射がボイド内のコンクリートを暖める仕組みとなっている。コンクリートの蓄熱容量を調整することによって，日射の変動に対しても安定した性能を発揮することができる。また，ガラス面以外の断熱性が低い場合は，外気との熱貫流によりボイド内の温度が上がらないこともあるため，注意が必要である。

図 4.4.3 執務室から廊下へのパスの事例

4 設計手法

図4.4.4 吹抜けへの換気窓の事例

図4.4.5 吹抜けから外部への換気窓の事例

図4.4.6 ソーラーチムニー事例①
（提供：北九州市立大学）

図4.4.7 ソーラーチムニー事例②
（提供：インキュベーション・オン・キャンパス本庄早稲田）

図4.4.8 カウンターのパンチング部より外気導入

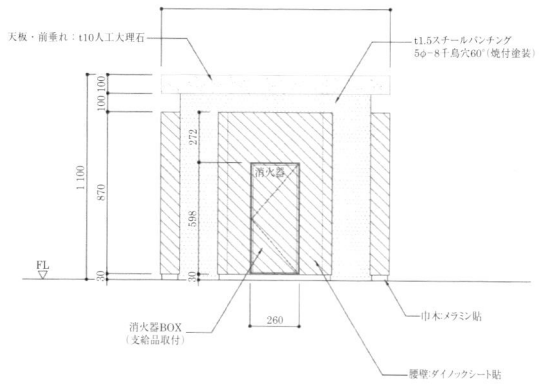

図4.4.9 自然換気口兼用カウンター立面図

(3) 建築と一体化した給気口

自然換気の給気口は外壁に設置された開口だけとは限らない。外壁に遠いインテリアの居住者に外気を直接供給するため、クールピットを経由して床面より外気を供給する事例もある。図4.4.8、図4.4.9の給気口はカウンター下部がクールピットと接続されており、側面のパンチング部分から外気が供給される仕組みとなっている。図4.4.10～12の事例ではパンチングメタルになっている階段の蹴上部が給気口となっている。このような建築一体化の自然換気口は建築空間における設備システムのデザイン手法としても用いられる。

これらの手法以外にも、建物が密集した場所や大空間の最上階などにおいて風圧を利用して屋上

4.4 自然換気口

図4.4.10 階段の蹴上部より外気導入

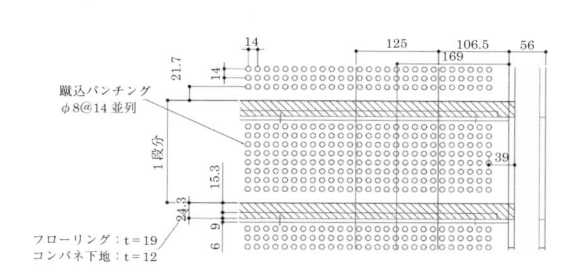

図4.4.11 階段A部分 立面拡大図

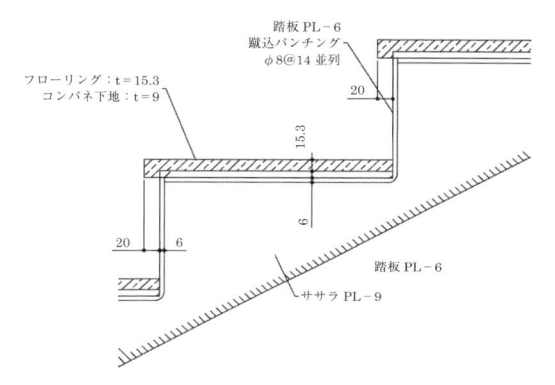

図4.4.12 階段詳細断面図

図4.4.13 屋上に設置された採風窓
（提供：NARU建築写真事務所　中塚雅晴）

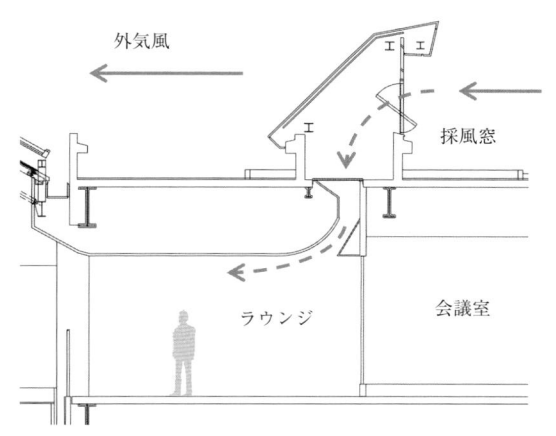

図4.4.14 採風窓設置事例　断面図

から外気を取り入れる方法もある。原理はイスラム地方のバナキュラー建築に見られるウィンドタワーやバードギルに代表される採風窓である。図4.4.13，図4.4.14に採風窓の事例を示す。実際の建物に導入する場合は，外部風の卓越風向と風速を調査し，正圧を受ける向きや形状を検討する必要がある。

4.4.2　詳細仕様の検討

(1) 自然換気口製品について

具体的な自然換気口の仕様に関して，サッシメーカー，自然換気口メーカーにヒアリング調査した結果を表4.4.4，表4.4.5に示す（2012年12月調査）。使用用途，駆動方式によって分類して記載している。詳細の仕様に関してはメーカーによって異なるためメーカーへの確認が必要である。なお，ここでは一般的な手動による引違い窓などは省略する。

先に述べた通風性能に加え，計画している自然換気口面積が換気口メーカーの製作限界内であることなどを確認する。また，電動の駆動方式を採用する場合は，開閉時の騒音と騒音継続時間（開閉時間）も確認し，静穏性を要求される空間に設置する場合は消音措置を検討することが重要とな

59

4　設計手法

表 4.4.4　自然換気口製品の特徴（給気専用）

分　類	A　ペリカウンター組込み 横型スリット換気口	B　ペリカウンター組込み 横型アーム式換気口	C　サッシ組込み 縦型手動換気口
外観イメージ	提供：三協立山（株）／提供：（株）豊和	提供：オイレス ECO（株）／提供：（株）豊和	提供：YKK AP（株）／提供：（株）豊和　提供：（株）LIXIL
換気口有効面積の対応可能範囲例（メーカーにより異なる）	①：方立スパンが1 800まで、換気開口 $W \leq 1\,000$ ②：$500 \leq W \leq 1\,500$ ③：$500 \leq W \leq 1\,500$	カーテンウォール開口に合わせた開閉装置 ④：$500 \leq W \leq 2\,500$, $H \leq 350$ ⑤：$500 \leq W \leq 1\,500$, $100 \leq H \leq 250$	⑥：フルハイト[*2]に対応、ただし、換気開口自体は $H = 2.4$m まで ⑦：$500 \leq H \leq 1\,500$
開口面積[*3]（⑥のみαを見込んだ有効開口面積）	$W = 1\,000$ での最大開口 ①：0.05m^2 ②：0.06m^2 ③：0.078m^2	$W = 1\,000$ での最大開口 ④：0.35m^2 ⑤：0.25m^2	⑥：0.004375m^2（$H = 2\,000$） ⑦：0.025m^2（$H = 1\,500$）
流量係数α／pQ特性	①、②：データなし ③：$\alpha = 0.66$	データなし	⑥：64.2m^3/h（10 Pa 時、$H = 2\,000$） ⑦：165m^3/h（10Pa 時、$H = 1\,500$）
メンテナンス項目と頻度	基本的にはメンテナンスフリー 目安として1回/10年 推奨は1回/5年点検	基本的にはメンテナンスフリー 目安として1回/10年 推奨は1回/5年点検	フィルター部の清掃、サッシ表面の汚れの清掃などを使用条件下で適時実施
換気口の駆動方式	モーターによる電動開閉（スイッチ開閉、センサ自動開閉）モーター1台で単ユニットまたは2ユニットまで	モーターによる電動開閉（スイッチ開閉、センサ自動開閉）モーター1台で単ユニットまたは2ユニットまで	手動開閉
開閉にかかる時間	開放、閉鎖とも30秒以下（メーカーによっては2分半）	開放、閉鎖とも30秒以下	該当なし
想定動作回数（メーカー保証ではない）	1万回（中間期に5回/日）	1万回（中間期に5回/日）	1万回（中間期に5回/日）
開閉音	45～50dB 以下	45～50dB 以下	特になし

* 1　①～⑦の数字は事例を示す。
* 2　フルハイト：外壁において床面から天井面付近までほぼガラスであること。
* 3　流量係数αを考慮しない面積

る。換気口の騒音は実際にクレームとなることが多い項目である。

表4.4.6に自然換気口取扱いメーカー（アンケート調査協力メーカー）リストを示す。具体的な取扱い製品については各社のHPを参照のこと。

(2) 自然換気口の通風性能

実施設計の段階で換気口面積を決定するためには換気口メーカーより詳細納まり図や換気口の通風性能データを取り寄せてモデル化し、シミュレーションにより目標とする自然換気量を得るの

4.4 自然換気口

表 4.4.5　自然換気口製品の特徴（給排気用）

分類	D　自然排煙窓	E　換気窓	F　自然風力換気窓
外観イメージ	自然排煙が主用途であるため解放は瞬時に行われ，閉鎖は手動ハンドル巻取りとなる。4連窓の場合閉鎖は1窓ごとになるため，開放角度の調整ができない。	提供：オイレスECO（株） 換気が主用途であり，4連窓であっても同じ角度で開放し角度調整も可能。自然排煙窓として使用する場合は電動式とする必要がある。	提供：不二サッシ（株） 提供：三協立山（株）
換気口有効面積の対応可能範囲例（メーカーにより異なる）	1窓当たり $W ≦ 2\,000$，$H ≦ 1\,000$程度	1窓当たり $W ≦ 2\,000$，$H ≦ 900$程度	⑧：横軸回転窓形式で，$W1.2m × H1.0m$程度 ⑨：サッシ形状による ⑩：$700 ≦ W ≦ 1\,300$，$750 ≦ H ≦ 1\,100$（単板ガラス用）
開口面積[*2]	2.0m²（1窓）	1.8m²（1窓）	⑧：1.2m²（1窓） ⑨：サッシ形状による
流量係数α／pQ特性	$α = 0.52$程度（45°開放）	$α = 0.52$程度（45°開放）	⑧：$α = 0.42$（45°開放） ⑨：$α = 0.30$　風の状況により開口が変化 ⑩：$02 ～ 0.25$
メンテナンス項目と頻度	駆動装置において1万回程度の開閉動作試験を行っているが，ワイヤー・滑車に関しては2000回～3000回でメンテナンス／交換を推奨	駆動装置において1万回程度の開閉動作試験を行っているが，ケーブル・滑車に関しては2000回～3000回でメンテナンス／交換を推奨	開閉装置，ロック装置，衝撃吸収部品，制御ユニット，回転軸部品の交換（目安として10年に1回，使用環境による）摺動部のクリーニング，グリース（3年ごと，使用環境による）
換気口の駆動方式	ワイヤー＋滑車による駆動 手動操作はハンドルにて行い，電動操作も可能	ケーブル＋ギア巻取り駆動／チェーン駆動 手動操作はハンドルにて行い電動操作も可能 モーター1台で3連程度／チェーン式	換気口2個につき開・ロックモーター1個 開放状態では，風の強さに合せて自然に可動 ⑩は手動も可能
開閉にかかる時間	開放15秒＋閉鎖120秒 （電動時で4連窓の最長時間）	開放20秒＋閉鎖20秒 （電動時で4連窓の最長時間）	約2分（開閉1往復にて） 製品によっては15～30秒
想定動作回数（メーカー保証ではない）	1万回 （中間期に5回/日）	1万回 （中間期に5回/日）	1～2万回 （10年相当）
開閉音	消音措置をしない場合，最大70dB	消音措置をしない場合，55～70dB	データなし

＊1　⑧～⑩の数字は事例を示す。
＊2　流量係数αを考慮しない面積

に十分であるかの検証を行う。前述のように，自然換気量の基本式は以下となる。

$$Q = αA\sqrt{\frac{2}{ρ}Δp} \qquad (1.2.8)再$$

Q：自然換気量［m³/s］　$α$：流量係数［-］
A：開口面積［m³］　$Δp$：内外圧力差［Pa］
$ρ$：空気密度［kg/m³］

表 4.4.6　調査協力メーカーリスト

(a) サッシメーカー

メーカー名	HPアドレス
三協立山（株）	http://alumi.st-grp.co.jp/
不二サッシ（株）	http://www.fujisash.co.jp/
（株）LIXIL	http://www.lixil.co.jp/
YKK AP（株）	http://www.ykkap.co.jp/

(b) 自然換気口メーカー

メーカー名	HPアドレス
オイレスECO（株）	http://www.oiles-eco.co.jp/
（株）豊和	http://www.kk-howa.co.jp/

4 設計手法

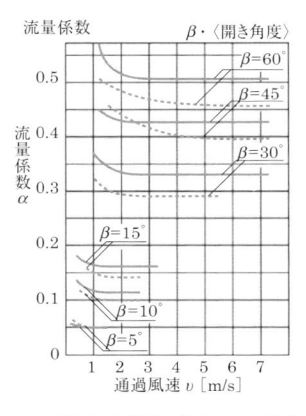

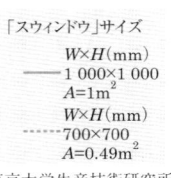

図4.4.15 換気口に関するメーカーデータ
（通過風速と流量係数）
（提供：三協立山（株））

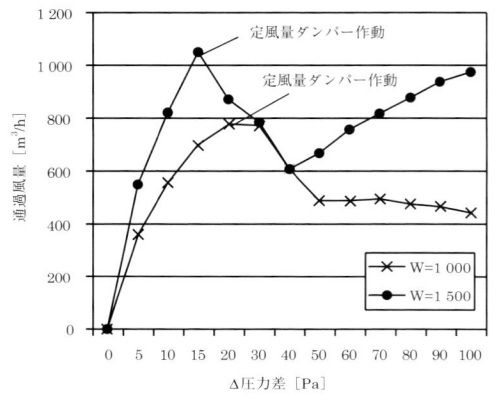

図4.4.16 換気口に関するメーカーデータ
（室内外圧力差と通過風量）
（提供：オイレスECO（株））

流量係数αは換気口の形状によって決定される値であり，圧力差・通過風速によって変化する。Aは換気口の開口面積である。式より自然換気量はαAに比例するが，これらの特性は換気口の隙間面積が同じであっても形状などによって大きく値が異なるため，確認が必要である。

自然換気口の性能データ例を図4.4.15，図4.4.16に示す。図4.4.15は自然換気口内を通過する風速と流量係数αとの関係を示している。図4.4.16は自然換気駆動力において室内外圧力差が発生した場合に換気口を通過する風量を示している。このような性能値をモデルの開口条件として与えてシミュレーションを行うべきである（詳細は5章参照）。自然換気時の室内外圧力差の傾向は風力換気のみで2.5～10Pa程度であり，超高層ビルで煙突効果が強く働く場合は70Pa以上になることもある。

4.4.3　自然換気口に関連するクレーム

(1) 運用上の問題点

自然換気運用時に問題になる項目について図4.4.17に示す。中には設計時で対応を検討しておくべき項目もある。以下，実在する自然換気を導入した建物の設計・運用を調査した文献より，クレームの種類や具体的な事例について紹介する。

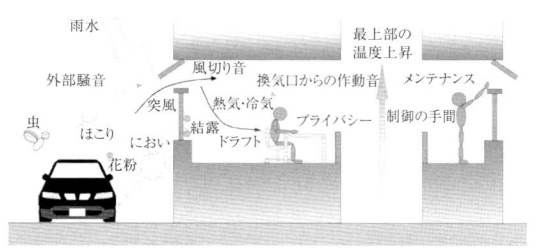

図4.4.17 自然換気における運用上の問題点[1]

(2) 利用者からの苦情の種類

設計者の意識とクレームの発生との関係を示すため，横軸に「設計時の対策の有無」と「実際の苦情発生」の相関，縦軸に「設計時の特に重視した対策」と「実際の苦情発生」との相関をとり，苦情を分類したものを図4.4.18に示す。バブルの大きさが発生件数を示し，「換気口の作動音」「外からの騒音」「居住域最上階の温度上昇」の苦情が多く見られた。「換気口の作動音」や「外からの騒音」については，「対策の必要なし」という認識が高く，設計者の問題意識は低いが，実際には苦情につながりやすい項目であることがわかる。「花粉」「虫の侵入」に関しては，「効果的な対策が困難」という認識が高く，利用者からの苦情も実際に発生している項目である。このように実運用上では換気口に関連するクレームが多いため，設計段階の配慮が必要と考えられる。

4.4 自然換気口

図 4.4.18 設計時の対策と実際の苦情との関係[1]

(3) 自然換気運転時間が減少した経緯

実際に運用されている自然換気建物19物件において自然換気運転時間の調査を行った。その結果、10建物では1年目から継続して利用されているが、5建物では運転停止に至っていることがわかった。以下に停止に至った経緯を紹介する。

事例A　事例Aでは、竣工後1年目は設計意図と同程度に自然換気を利用していたが、自然換気口として用いられるトップライトの作動音がうるさいという苦情が発生した。その影響で竣工2年目からは、利用を完全停止した。換気口の駆動装置が専用部内に設置されていたことから、現状は消音対策が困難な状態にある。一連の経過を図4.4.19に示す。

事例B　事例Bでは、換気口開閉が管理者による手動制御であった。この建物は、組織として省エネに取り組んでおり、竣工1年目は設計者の年間700時間の利用という予想を上回っていた。しかし、2年目以降、換気口の開閉、特に閉鎖時に非常に労力がかかる、開けたままにすれば雨水が吹き込み、利用者からの苦情が発生しかねない

という管理者の見解から、竣工2年目ごろから利用をほぼ停止している。一連の経過を図4.4.20に示す。

事例C　事例Cは地震発生時でも最低限の機能を保持できるよう自然換気用に手動開閉の換気口を採用した。しかし、自然換気時に上階が中性帯よりも上となるため、上階に行くほど外気が入りにくいこと、また大空間が一体となった平面の

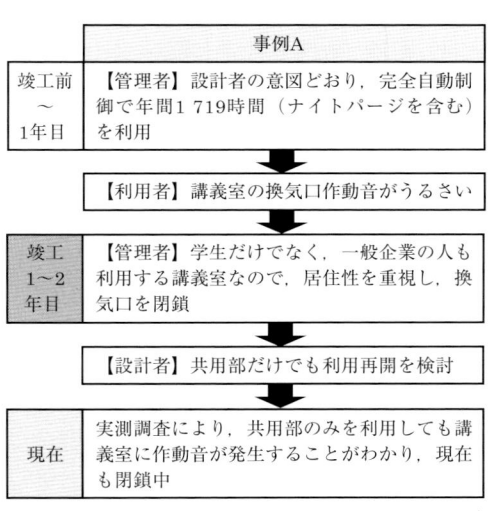

	事例A
竣工前〜1年目	【管理者】設計者の意図どおり、完全自動制御で年間1 719時間（ナイトパージを含む）を利用
竣工1〜2年目	【利用者】講義室の換気口作動音がうるさい
	【管理者】学生だけでなく、一般企業の人も利用する講義室なので、居住性を重視し、換気口を閉鎖
	【設計者】共用部だけでも利用再開を検討
現在	実測調査により、共用部のみを利用しても講義室に作動音が発生することがわかり、現在も閉鎖中

図 4.4.19　事例Aの自然換気システム運用経過[1]

4 設計手法

	事例B
竣工前〜1年目	【管理者】組織として省エネに取り組み，年間約1 000時間利用
竣工1〜2年目	【管理者】換気口の開閉に手間がかかる 雨の吹込みを懸念
現在	【管理者】竣工2〜12年目（現在）まで ほぼ利用停止

図 4.4.20　事例 B の自然換気システム運用経過[1]

	事例C
竣工前〜1年目	【設計者】地震発生時でも換気可能なように 手動開閉の換気口を採用
竣工1〜2年目	【設計者】換気口を開けると気密性が保てない VAVに悪影響
現在	【設計者】通常時は自然換気しないことを提案

図 4.4.21　事例 C の自然換気システム運用経過[1]

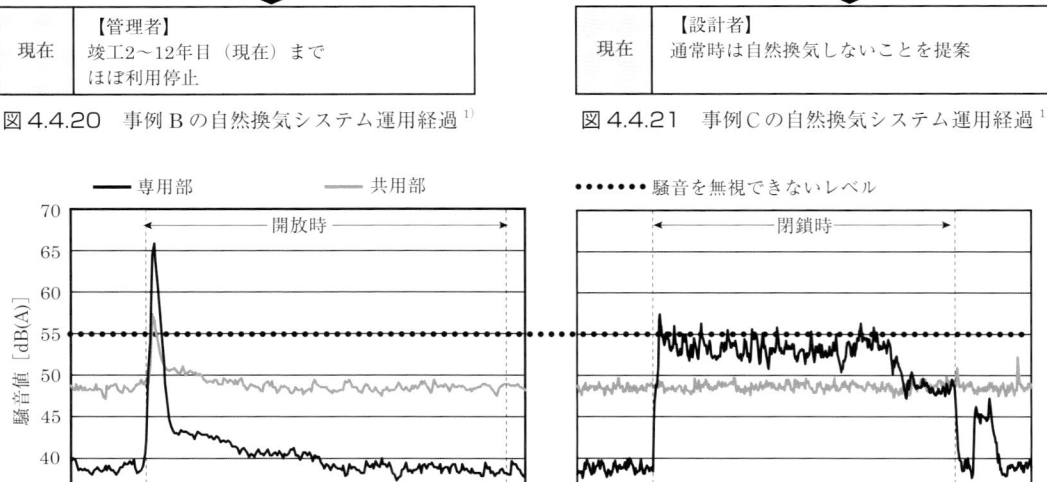

図 4.4.22　作動音実測値

ために，空調併用時に一部の VAV センサーが外気の影響を受け，該当する VAV 系統の温熱環境を適切に制御できない問題が生じた。このため，通常時は窓を閉めたままとなっている。一連の経過を図 4.4.21 に示す。

(4)　電動換気口の作動音

トップライト部に設置されたモーター駆動の換気口の作動音について，苦情が発生した事例における作動音実測値を図 4.4.22 に示す。特に閉鎖時に 55dB（A），騒音を無視できない程度の作動音が発生していたため，クレームにつながった。

(5)　換気口を経由した外部騒音

換気口騒音に関する苦情が発生していた建物の常時利用者を対象として自然換気時の音環境についてアンケート調査を実施した。その結果を図 4.4.23 に示す。音が特に気になるのは「室内が静かなとき」という回答が最も多く，次いで「集中したいとき」「外がうるさいとき」であった。音への対策としては，換気口の配置や消音措置が考えられる。換気経路内部にグラスウールを内貼りした換気口（図 4.4.24）の騒音実測値を表 4.4.7 に示す。上部の突出し窓を開けた場合と比較すると外部騒音の伝播が減少されていることがわかる。

(6)　虫・鳥の侵入

換気口を経由した虫・鳥の侵入防止には換気口に網戸・金網を設置することが有効である。家庭用，またはガラリに設置する防虫網の一般的なメッシュ数は 16〜24 メッシュ／インチ程度であり，メッシュ数が小さいと小さな虫が侵入する可能性が大きく，逆に大きいと目詰まりが起こりやすくなる。換気装置内部でほこり溜りになりやすい位置にある防虫網は短期間で目詰まりする可能性があり，有効開口面積が大きく減少する懸念が

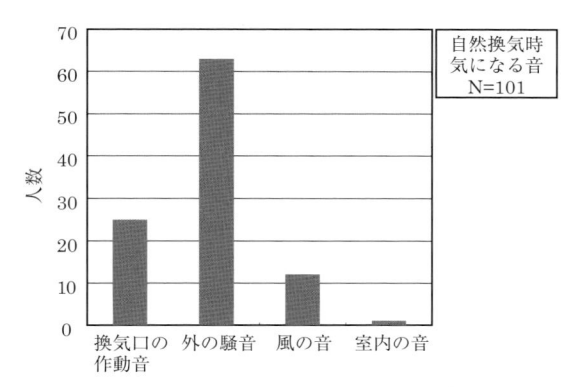

図 4.4.23　アンケート調査結果[1]

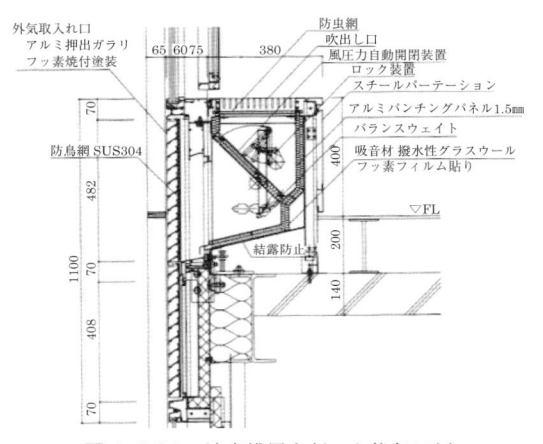

図 4.4.24　消音措置を行った換気口例

表 4.4.7　室内騒音測定結果[2]

測定時刻	8:50	12:30
換気口閉鎖時	47dB（A）	46dB（A）
換気口開放時	48dB（A）	50dB（A）
突出し窓開放時	61dB（A）	62dB（A）
外部（地上）	66dB（A）	65dB（A）

ある。換気口は数が多く清掃しにくい場所にあることが多いためメンテナンスに配慮すべきである。換気口に網戸を設置する場合，16メッシュで線径0.3mmの網戸の開口率は約73％となり，圧力損失も発生するためこの点を考慮に入れた開口の計画をすべきである。

　防虫網におけるメッシュの定義を図4.4.25に虫の種類との比較を図4.4.26に示す。鳥害対策としての防鳥網の場合は3～10メッシュ程度の粗い目でよいが，外部設置のため耐候性や耐久性

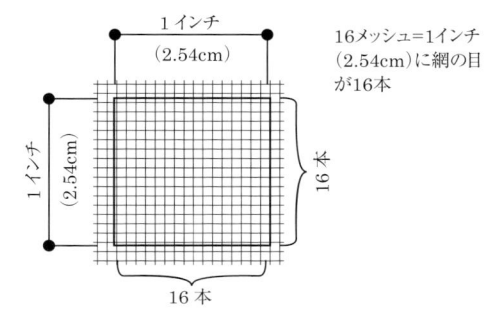

図 4.4.25　メッシュ数の定義（提供：セイキ販売）

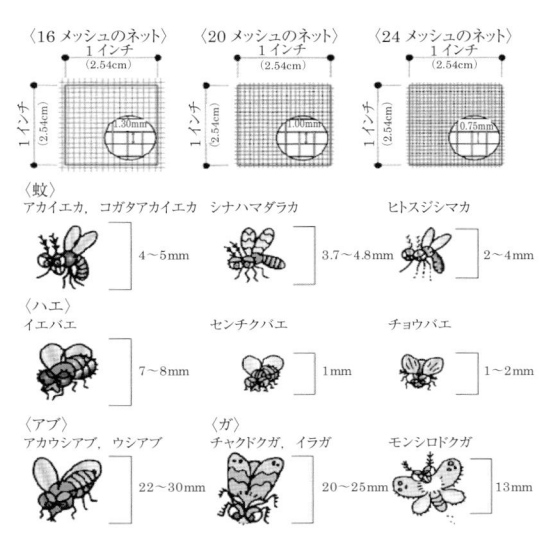

図 4.4.26　虫の種類とネットの網目の大きさ（提供：セイキ販売）

に配慮する必要がある。通常はステンレス製の線径1.0～1.5mmを用いることが多い。また，花粉対策用の網もあるが，200メッシュ以上のフィルターに近い仕様になるため圧力損失が非常に大きく，自然換気口に設置するのは現実的でない。花粉の対策に関しては，花粉の飛散状況による開閉制御や花粉の粒径が比較的大きいことを利用して換気経路を通過しないような流路の工夫が考えられる。

《参考引用文献》

1) 山本佳嗣，久保木真俊，鈴木宏昌，田辺新一：自然換気システムの運用実態に関する調査，日本建築学会環境系論文集，第619号，pp.9-16, 2007
2) 大場正昭：某庁舎実測報告書，東京工芸大学

4.5 自然換気と機械空調

4.5.1 空調方式別の自然換気併用運転

自然換気の実施を空調の省エネルギーにつなげるためには，空調機の冷房運転との連動が不可欠である。その方法としては，次の2種類が考えられる。（図4.5.1）

(1) 熱源負荷（コイル，コンプレッサー）を削減
　冷涼な外気導入により室内温度が低下し，冷房に必要な熱量が減少するため，熱源負荷を削減することができる。空調機（AHU）の場合はコイル，パッケージエアコン（PAC）の場合はコンプレッサーの負荷削減となる。

(2) 空調ファン動力を削減
　自然換気により外気導入量が増えると室内CO_2濃度が低下するため，機械換気での外気導入をCO_2制御で抑制し，ファン動力を削減することができる。風量調整はファンの運転停止，台数制御，変風量（VAV）方式によるインバータでのファン回転数制御などがある。

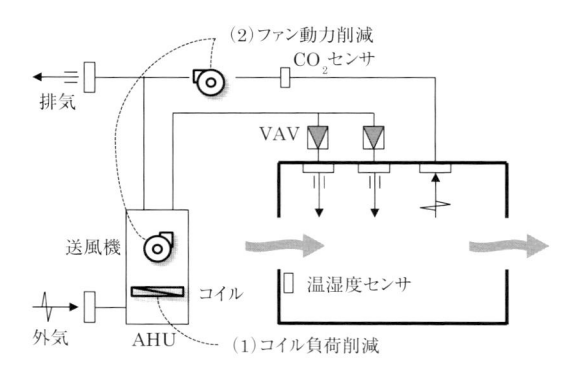

図4.5.1　自然換気による空調の省エネルギー対策

表4.5.1に空調方式別の自然換気時の省エネルギーのポイントを示す。

表4.5.1　空調方式別の自然換気時の省エネルギーのポイント

主な空調方式	システム図 中間期	システム図 夏期・冬期（完全空調）	省エネルギーのポイント
(1) AHU			・外気量のCO_2制御によりAHUからの外気導入量を抑制
(2) PAC または FCU ＋ OHU または AHU			・手動の自然換気の場合，在室者の判断でPACのON/OFFが可能 ・CO_2濃度に応じたVAVでの外気風量調整
(3) PAC ＋ HEX			・外気負荷の小さい中間期のHEXのバイパス換気への切替え

略語　AHU：空調機　　FCU：ファンコイルユニット　　VAV：変風量方式
　　　PAC：パッケージエアコン　OHU：外調機　　HEX：全熱交換器

「(1) AHU」の場合，外気量のCO_2制御により外気導入量を抑制できる。

「(2) PACまたはファンコイルユニット(FCU)＋外調機(OHU)またはAHU」の場合，外気負荷をOHUで負担する。負荷の小さい中間期は換気のための最小外気運転としてファン動力，コイル負荷を削減するか，自然換気モードとしてOHU(またはAHU)を停止，さらにPAC(またはFCU)を停止すれば，さらに省エネルギーを図ることができる。

「(3) PAC＋全熱交換器(HEX)」の場合，中間期はHEXのバイパス換気とする。自然換気併用時にはPACやHEXを停止できる工夫をするとさらに省エネルギーとなる。

表4.5.2に，自然換気と機械空調との組み合わせ例とメリット・デメリットを示す。自然換気と

表4.5.2 自然換気と機械空調との組み合せ例

	システム例 単一ダクト変風量方式	メリット	デメリット
(1) 通常冷房 (機械空調のみ)		・温度・湿度の調整可 ・換気量を制御可	・空調エネルギー大 ・空調停止時に外気導入できず室内環境悪化
(2)-1 機械空調と 自然換気 (併用)		・空調による外気導入量削減(変風量制御の場合) ・換気量増による空気質向上 ・空調停止時には自然換気で環境改善	・自然換気が空調運転制御に干渉する可能性 ・花粉，粉塵，騒音，においの侵入
(2)-2 機械空調と 自然換気 (切替え)		・自然換気時，空調による外気導入量ゼロ(ファン動力の削減)	・自然換気量が不安定で必要換気量を得られない可能性 ・花粉，粉塵，騒音，においの侵入
(3) 自然換気のみ		・空調熱源・ファンの運転を低減，または不要とでき省エネ ・自然な風による快適性向上 ((2)-1，(2)-2，(5)も共通)	・導入外気の温湿度，風量は調整不可 ・自然換気量が不安定で必要換気量を得られない可能性 ・花粉，粉塵，騒音，においの侵入 ・開口配置による外気量分布
	システム例 外調機＋FCU方式	メリット	デメリット
(4) 外気冷房		・温度・湿度を一定に調整しやすい ・外気冷熱利用(熱負荷減) ・最小外気運転(動力減) ・外気フィルタによる除塵が可能	・空調停止時に外気導入できず室内環境悪化 ・風量が多く，ダクトルートの計画が難しい ・常に送風が必要
(5) 外気冷房・ 自然換気 (併用)		・外気冷熱利用(熱負荷減) ・外冷併用による自然換気時間の延長 ・フィルターにより除塵可能 ・空調吹出口からの外気導入による分布の改善 ・温度の調整可能	・風量が多く，ダクトルートの計画が難しい場合がある ・花粉，粉塵，騒音，においの侵入

4 設計手法

機械換気の組み合わせ方として，(2)-1, (2)-2, (3), (5) の4パターンが考えられ，これらを状況により組み合わせて運用することにより，最適な自然換気の運用を行うことが可能となる。また，自然換気と同じく外気の冷熱を利用する外気冷房について (4), (5) に示す。

(2)-1 の自然換気と機械空調を併用する場合には，外気の直接導入が空調負荷にならない時間のみ可能であることから，自然換気できる時間が限られる。(2)-2 の機械換気と自然換気の切り替えの場合，空調停止時の省エネルギー効果は大きいが，通風では外気が入りにくく澱む領域が生じることも考えられる。

建物の運用を考慮したシステムの検討が必要となる。

4.5.2 外気冷房と自然換気の比較

中間期の外気で室温調整を行う手法としては，自然換気のほかに表 4.5.2 に示す「外気冷房」がある。外気冷房が可能な期間は，自然換気と同等の時期に加え，還気との混合などにより温度調整すればより長くすることができる。

自然換気の場合には，屋外の風向・風速の変動のため，外気導入量の安定した確保はできない。しかし在室者の温熱環境への許容範囲が広くなると言われており，その点で空調設定温度を高めに設定できる可能性もあり，省エネルギーが期待できる。

一方外気冷房の場合は，空調機のフィルターにより花粉やほこりを除去できるほか，屋外からの騒音も直接は入りにくいため，屋外環境により自然換気できない状況が多いと想定される場合には，有利である。

4.5.3 自然換気口と空調

(1) 自然換気口の開閉方法と空調制御

表 4.5.3 に自然換気口の開閉方法と空調制御との関係を示す。自然換気口は，空調システムと連

表 4.5.3 自然換気口の開閉方法と空調制御との関係

	窓 (引違)	排煙窓	換気スリット (縦・横)	バランス式 逆流防止窓
手動	×	△	×	×
手動 (自然換気可否の提示)	△	△	△	×
人によるスイッチ操作 (電動，圧縮空気)	△	△	△	×
制御による自動開閉 (電動，圧縮空気)	×	○	○	×
風圧による自動開閉 (自動制御による閉鎖)	×	○	○	○

○：空調との併用が可能（冷房負荷にならない条件で開閉可能）。
△：自然換気による効果は得られるが，人が調整するため，空調制御と連動しにくい。
×：空調制御と連動しない

動させる場合，電動モーターなどで自動開閉できる機構が必要である。

手動開閉の場合でも，自然換気の可否を提示して開閉行動を促す仕組みを用い，在室者自身が快適性を判断しながら開閉することで，空調負荷にならない適切な自然換気を行うことは可能である。しかし，運用が在室者個人の判断によるため，設計時に想定した効果が得られない場合も考えられる。

(2) 自然換気口の配置と空調吹出し口

自然換気口と空調吹出し口の位置関係による省エネルギー効果への影響も考えられる。図 4.5.2 に示すように，床吹出口近くに自然換気口がある

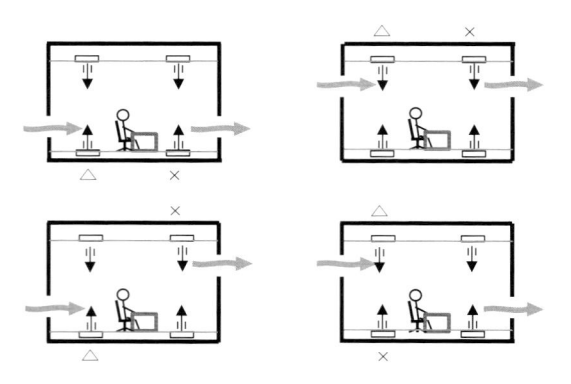

△：冷房空気への外気の干渉
×：冷房空気のショートサーキット

図 4.5.2 自然換気口の高さと空調吹出しとの干渉，ショートサーキット

4.5 自然換気と機械空調

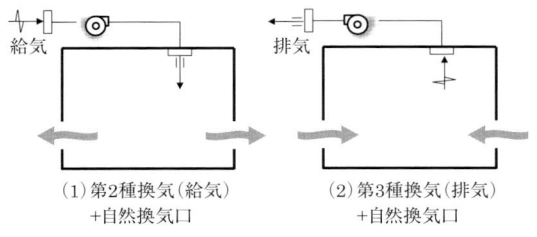

図4.5.3 自然換気システムの応用

(1) 第2種換気(給気)＋自然換気口
(2) 第3種換気(排気)＋自然換気口

場合，特に空調吹出し空気がすぐに屋外に排気されてしまうような風向の場合に，空調エネルギーの無駄になってしまう。空調気流の到達距離と自然換気口配置を考慮するとともに，空調運転時間は開けない計画とするなどの対応が考えられる。

また，自然換気口位置は高いほうが在室者への直接の気流を防止できるため，換気利用時間が長くなる。

4.5.4 自然換気システムの応用

自然換気システムの応用として，自然換気口を給・排気口とし，ファンで給排気する考え方もありうる。ただし，自然換気口の面積が比較的大きい場合，全ての開口で均一な風量の流入出とはならない可能性がある。

(1) 第2種換気＋自然換気口（図4.5.3(1)）
強制給気をし，自然換気口から排気する。
（例）自然換気口を排気口として利用しファンによる第2種換気を行う。この場合，外気冷房では必要な排気ダクトが不要となり，計画の自由度を高めることができる。

(2) 第3種換気＋自然換気口（図4.5.3(2)）
強制排気し，自然換気口から給気する。
（例）WCの排気ファンをインバータ化し，自然換気口を給気口として利用した第3種換気で外気導入を行い，自然換気と同様の効果を得られる。

4.5.5 自然換気と機械空調の組合せ例

表4.5.4に，自然換気と機械空調の組合せ事例を示す。これらは以下の考え方のタイプを意図して計画されている。

① 局所冷房

在室者周辺のみの局所冷房で省エネを図り，それ以外の空間では，自然換気を積極的に利用する。

局所冷房の方法としては，一般的な吹出し方式と，放射パネルによる冷房とがある。どちらも在室者の位置を想定した計画が必要である。

また，外気が空調吹出し口や放射パネルで冷却されて結露する場合があるため，注意を要する。

② 導入外気温度・風速の緩和

滞在時間が長い居室への外気導入については，外気温度は低すぎず，流入風速は抑制することが快適性の観点から求められる。

共用空間に外気を導入する場合は，許容される外気温度，流入風速を緩和できる。そのため自然換気時間を長くできる。

ただし，自然換気経路として一般居室への流入がある場合，共用空間での汚染物質発生がないことなど，空気質に注意が必要である。

③ 熱気の排気

居室上部，または大空間の上部天井付近には熱気がたまっている可能性があるため，これを除去するための開口を設けることが望ましい。

④ ショートサーキット防止

自然換気により外気を直接導入する場合は，機械空調への干渉をできるだけ避けられる自然換気口の配置とする。

4 設計手法

表 4.5.4 自然換気と機械空調の組合せ事例

	イメージ図	特　徴
(1) 床吹出空調 （パーソナル空調） ＋自然換気 （併用モード） タイプ：①②③④		天井付近のアンビエント空間への自然換気は空調設定温度を緩和でき，自然換気利用可能時間を長く設定できる。自然換気口を床付近に設けないよう配慮するのが望ましい。
(2) 自然換気＋室温 28℃ 以上の階のみ空調 （共用部） タイプ：②③		共用部への自然換気は空調設定温度を緩和でき，自然換気利用可能時間を長く設定できる。風速に関する制約も緩和できる。
(3) 上部熱溜りの排熱 （自然換気） ＋居住域空調 （アトリウム等） タイプ：①②③④		上部の熱溜りを自然換気で除去することで，熱気が空調負荷になることを防止できる。また，温度差換気により居住域付近の開口部からの外気流入が期待できる。 居住域は局所的な空調とする。 高所の開口のみでも成り立つ。
(4) 自然換気 ＋各階（アトリウム 等）の局所冷房 タイプ：①②③④		アトリウムなどにおいて人が滞留する場所のみ局所冷房を行い，そのほかの移動空間は自然換気で成り行きとすることにより，空調負荷を最小限とできる。吹出口が低温となり結露する可能性があるので注意を要する。
(5) 自然換気 ＋ファン CO_2 制御 自然換気時は空調ファン が最小運転 タイプ：②③		自然換気を手動として在室者に窓開けを任せることにより心理的にも温熱環境許容範囲が広がる可能性がある。また，最低限の空調は行うため，快適性の維持と省エネルギーを両立できる方法である。
(6) 自然換気 ＋放射冷房 タイプ：①②③④		居住域に局所的に放射冷房を行うことにより，室温はやや高めの設定でも快適性を保て，自然換気時間を長くできる。 放射パネルは表面結露する可能性があるので注意を要する。

4.6 制御方法

自然換気口の開閉方法は，自動制御と手動制御に大別される。自動制御は温湿度条件などから判断して一斉開閉を行うことにて，空調エネルギーの最小化を図る。それに対し手動制御は入居者の意志により開閉が行われるため必ずしも最適な判断とはならないが，入居者自ら環境を選択することができるため，満足感を得られる可能性がある。表4.6.1に主な分類を示す。

4.6.1 自動制御方式

自動制御方式とは，中央監視などの指令により各自然換気口を自動で開閉する方式を指す。内外温度条件などから自然換気口の開閉適否を判断して自動開閉することにより，入居者の操作なしで確実に自然換気の効果を得るとともに，強風・雨天時などに確実に閉鎖して，自然換気による障害を予防することが可能となる。

(1) 制御フロー

自動制御+個別手動制御可の場合の制御フローを図4.6.1に示す。自然換気口の自動制御は，以下3項目を全て満たした場合に開放するのが原則となる。

① 自然換気により支障のある条件（強風・降雨など）のないこと（図4.6.1のフロー①）
② 外気が室内空気よりも有利な温湿度条件であること（図4.6.1のフロー②）
③ 室内に冷房要求があること（図4.6.1のフロー③）

各判断要素と条件例を図4.6.2に示す。

(2) 開閉判断について

温湿度条件については，室内エンタルピーより外気エンタルピーが低い場合に自然換気口を開くのが基本となる。ただし室内環境を阻害する他の条件によっても利用できる時間は限定される。自然換気可能な空気線図上の条件例を図4.6.3に，自然換気許可条件事例を表4.6.2に示す。空調を併用せず，省エネ効果を重視する場合はエンタルピーでなく温度により判断する事例もある。室内外条件が同等で冷却効果が期待できない場合でも

表4.6.1 自然換気装置の主な分類

方式		自動制御（4.6.1）		手動制御（4.6.2）	
		個別手動制御可	自動開閉のみ	表示装置あり	換気機構のみ
特徴		入居者が各自近傍の換気口を，自動制御状態によらず好みに応じて操作することを条件付きで可能とする	温湿度や気象状況により全換気口を自動制御し，全体最小エネルギーでの快適環境を得る	開閉状態をビル管理者が一括確認可能，また，自然換気に適した気候か否かを入居者に伝える表示装置を持つ	旧来の窓開け換気同等の方式で，開閉状態は現地のみで確認可能，開閉判断は完全に入居者に委ねられる
中央管理機能	自動開閉制御	あり	あり	−	−
	開閉状態表示	あり	あり	あり	−
入居者向け機能	手動開閉制御	あり	−	あり	あり
	適／不適表示	あり	−	あり	−
省エネ性		◎	◎	○	△
安全性（荒天時など）		◎	◎	○	△
快適感・満足感		◎	○	◎	◎
施設コスト		高 ←			→ 低

4 設計手法

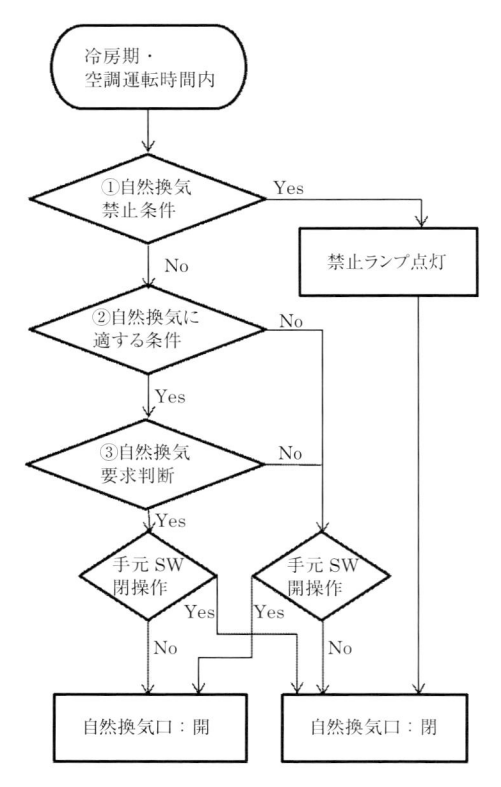

図 4.6.1 自動制御＋個別手動制御可の場合の制御フロー

① 自然換気禁止条件例	
外気瞬間最大風速	10m/s 以上
外気温度	10℃未満 もしくは 室内温度を上回る
空調運転モード	暖房中

② 自然換気に適する条件例	
外気エンタルピー	室内エンタルピー以下
外気温度	16℃以上 かつ 室内温度以下
外気露点温度	-3℃以上 かつ 16℃以下
降雨状態	降雨ではない

③ 自然換気要求判断例	
室内温度	設定温度以上

図 4.6.2 自然換気可否の各判断要素と条件例

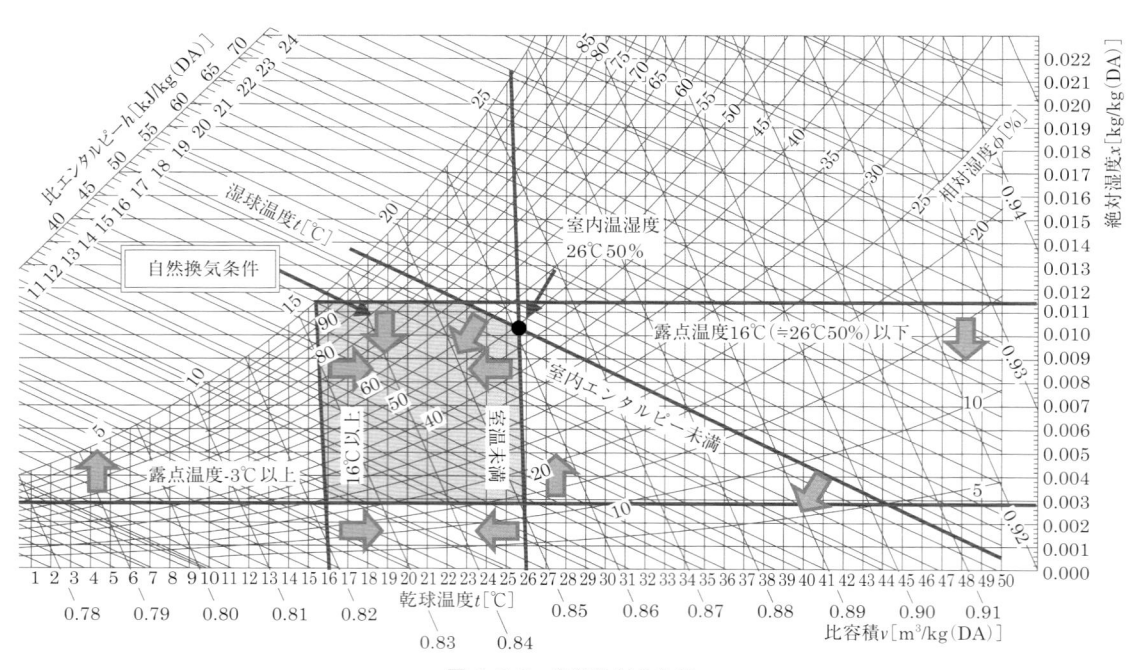

図 4.6.3 自然換気条件例

表4.6.2　気象条件の計測と自然換気許可条件事例

項目	計測機器	分類	自然換気許可条件事例（参考）
外気風速	風速計	上限値	10m/s（一般的換気口）〜 20m/s（換気口形状が外部風圧を軽減する機構を持つ場合）
外気温度	温度計	下限値	15〜18℃程度，ただし個人の嗜好による場合や換気口が居住域から離れている場合は10℃程度まで許容する場合もある
		上限値	20〜26℃程度もしくは室温
外気露点温度	露点温度計	下限値	なし〜室内許容下限湿度に応じた制御
		上限値	16℃〜20℃程度
降雨状態	降雨計 感雨計	上限値	降雨のないこと，ただし降雨計により降雨量測定可能，かつ，雨水侵入なき換気口形状の場合は1〜5mm程度まで許容する場合もある

新鮮外気の導入効果が見込まれる。室内環境阻害要因としては以下の項目が挙げられる。

a. 外気温度が低い場合の不快感

自然換気による外気導入は，室内に均一に配分されるのではなく，換気口付近から局所的に導入されるため，室全体として冷却要求がある場合でも，外気温度が低いと換気口付近の在室者に冷気による不快感をもたらす懸念がある。換気口の位置にもよるが，換気口が居住域に近い場合には外気温度が15〜18℃程度の下限値を下回ると自然換気口を閉鎖する制御を行うことによって防止するのが一般的である。

なお，入居者の手動操作による開閉の場合には，入居者が不快と感じる場合は閉鎖されるものとして温度下限値を緩和する考え方もある。

b. 開口による煙突効果の増大

自然換気は温度差換気と風力換気に大別されるが，高層ビルで自然換気を行う場合，温度差換気駆動力により低層階の自然換気口から入った外気がエレベーター，階段などのシャフトを経由して高層階の換気口から外部へ出る動きが発生する。結果として扉の開閉障害や，エレベーター扉などからの音鳴りなどの支障が生じる場合がある。また，高層階では換気口を開けても新鮮空気が入らず，低層から流入した新鮮でない空気が出る方向となる。対策としては層間の風の抜けを防止する建築的配慮が原則であるが，自然換気を行う際の外気温度下限値を設定することにより，極端な差圧を抑制することができる。

c. 湿度制御

中間期の自然換気では，室内の湿度が下がり過ぎる場合があるため，考慮をしておく必要がある。また，エンタルピー基準でなく温度基準で判断を行う場合は特に，空調運転と併用もしくは自然換気後に空調運転をする場合に吹出口などに結露を生じる危険がある。

d. 雨天，荒天による影響

台風などの際には換気口から雨水が室内に侵入したり，風圧力により室内の扉が強い力で閉鎖される懸念がある。雨天時には湿度の高い空気が流入し，建物内の湿度上昇や低温部分での結露を生ずるおそれがある。降雨時および一定以上の風速があるときには自然換気口を閉鎖する制御を行うことにより防止する。

(3) 自然換気における注意点

自然換気により室内環境を阻害する要因は，前述の自動制御により判別できる内容以外にも存在するため，注意が必要である。以下にその要素を列挙する。これらの要素は入居者の判断で閉鎖できるようにすることで低減できる。

a. 騒音

自然換気口は音の出入口ともなる。道路騒音のある立地など，状況により自然換気口の閉鎖を検討する必要が生じる。

b. 臭気

通常，外気導入口は周囲に臭気などの少ない位置に配置するが，自然換気口は建物外周に全面的に設けられる場合が多いため，近傍の排気などの

4 設計手法

影響を受ける場合がある。風向きなどによっては自然換気口の閉鎖を考慮する必要がある。

c. 花粉，粉塵

自然換気は経路中の圧力損失を抑える必要があるため，フィルターを設置する場合はサランネット程度の粗塵フィルターとすることが一般的である。室内に外気の花粉や粉塵の影響を受けるため，花粉の時期などの対応を考慮しておく必要がある。立地によっては虫の侵入があることも考えられる。

(4) 制御システム構成

a. 監視装置

自然換気に用いる代表的な計測・監視ポイントを表 4.6.3 に示す

表 4.6.3 ローカル側計測・監視ポイントと制御間隔事例

室内計測ポイント	温度
	湿度
中央監視ポイント	一括制御操作（開／閉）
	各操作器切替状態（自動／手動（制御除外））
	各換気口状態表示（開／閉）
	各換気口警報（状態不一致，故障など）
制御間隔	1 ～ 30 分程度

＊制御間隔は，禁止気象条件となった場合は即座に自然換気口を閉鎖，復帰は，風速・降雨であれば 10 ～ 30 分程度経過後，温度であれば +2℃ などとする。

効果検証や運用改善に用いるため，開閉状況と併せて温湿度条件や気象条件，空調運転状況などをデータ蓄積することが望ましい。

b. センサー類（図 4.6.4）

気象条件（温度・湿度・降雨・風速）
室内条件（温度・湿度）
換気状況（代表換気口流れ方向，風速，差圧など）

c. 居室内表示装置および操作スイッチ（図 4.6.5）

自然換気口の制御を自動で行う場合でも，入居者の環境への理解や，個別要望への対応のため，表示装置および操作スイッチの設置は有効となる。表示装置は自然換気に関係する気象条件や換気の適否，換気口の状態などを表示する。操作スイッチは中央からの操作によらず，入居者の判断で操作を可能とするために設置する。制御単位は室用途にもよるが，きめ細かな要望への対応を考慮して換気口 1 個ごと，1 スパン（6 ～ 8m 程度）ごとなどが考えられる。

(5) 空調一括制御以外の対応

近年，建物の断熱性が向上しているため，休日などの空調時間外に日射熱などにより温度が著し

超音波風向風速計
(提供：(株) ブリード)

室内温湿度センサー
(提供：アズビル (株))

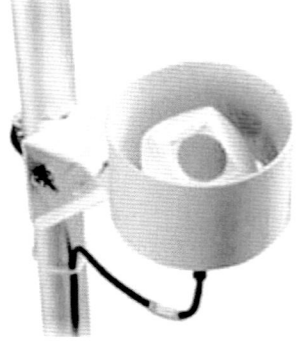

感雨計
(提供：(株) サカキコーポレーション)

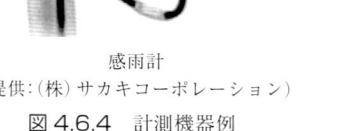

降雨強度計
(提供：(株) ブリード)

図 4.6.4 計測機器例

く上昇する場合がある。換気口を自動制御する場合でも，一斉制御時間外に休日出勤者などの在室が予想される場合には手動で開放できる機能を持たせることが望ましい。ただし荒天時などの自然換気禁止時は，手動による開放も禁止する必要がある。禁止中は操作しても作動しないため，禁止中である旨がわかる表示などがあると望ましい。また，開閉が解りにくい機構の換気口を採用している場合には，開閉状態の表示もあることが望ましい。

逆に，自動制御による開放中にも，個人差や室形状の差により不快感のある場合があるため，好みにより当該箇所のみ手動閉鎖できるように考慮する。

(6) ナイトパージへの利用

夜間の外気温度が低い場合，在室者のいない状態でも待機電力などの発熱の除去のために不在の室の自然換気口を操作し，翌日の立上り負荷を軽減することが可能となる。在室者のない前提のため，窓際の低温度や騒音などの快適性を考慮しての条件を緩和する考え方もある。

4.6.2 手動制御方式

手動制御方式とは，入居者の操作により，各自

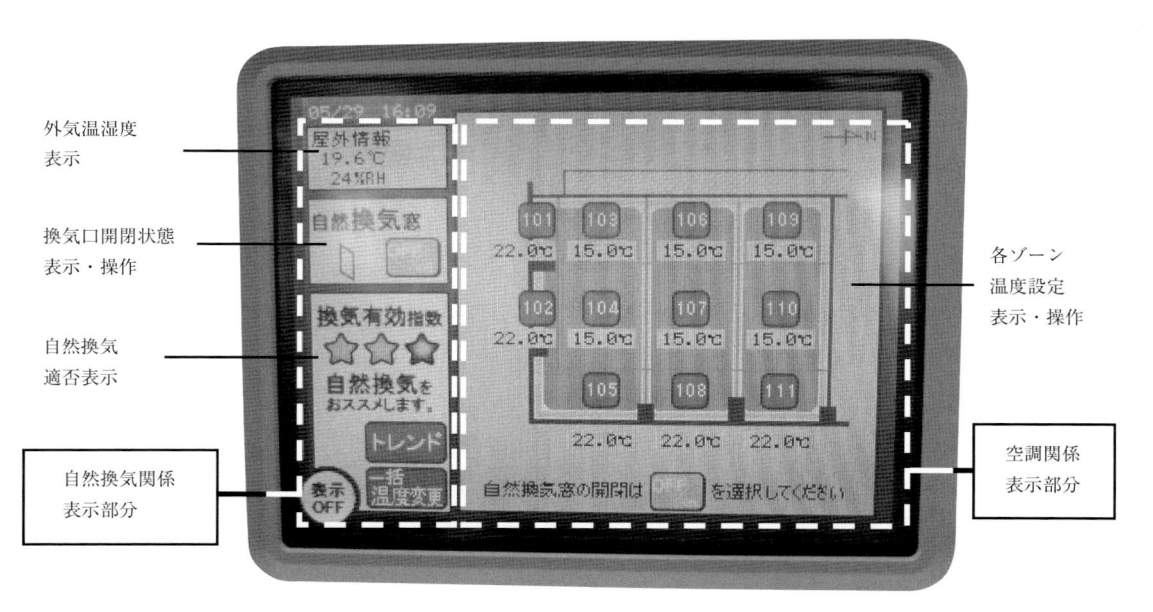

タッチパネル式表示・操作装置例

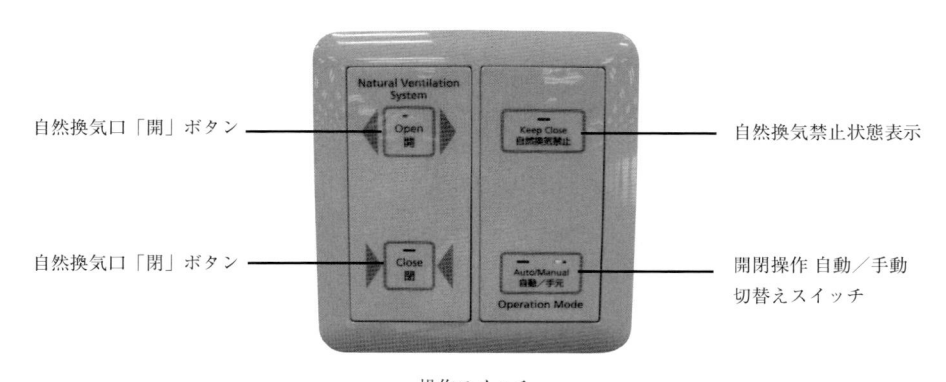

操作スイッチ

図 4.6.5　表示・操作装置例

4 設計手法

然換気口を手動で開閉する方式を指す。自らの要望どおりに開閉可能だが，必ずしも合理的な判断とはならないため，有効な開閉を促す仕組みづくりや閉め忘れ防止対策を行うことが望ましい。

（1）入居者の有効な開閉操作における課題
a. 換気口を開けられることの認知

自然換気口があっても，一般の入居者が操作をするべきものであるということが認識されないと，自然換気口の操作は行われない。空調や電気関係の室内のスイッチ類でも大部分の入居者には無関係で操作する機会がないものがあるが，これらと同様の状態になる懸念がある。開閉可能なことの説明や，開閉操作部分の表示を行い，入居者に存在を認識してもらう必要がある。
b. 換気口を開ける効果の認知

空調運転している状態であれば，自然換気口の開閉によらず一定の快適性が得られるため，換気口の開操作が切実に必要にはならない。空調運転中であっても，外気状態が良ければ換気口を開けることによって新鮮空気をより多く導入できることや空調の省エネルギーが図れること，季節に応じた気流を感じられることなどを入居者に認識してもらう必要がある。一方，空調停止時間帯では室内温度上昇などにより必要に迫られて自然換気口の開操作が行われると考えられる。
c. 換気口を開ける操作への誘導

室内には在室者が多くいるため，開けたいと思っても自分の主観で判断して他人が不快に思う懸念などにより操作が行われない場合がある。自然換気適否の表示装置を設けて，自然換気口開操作のお墨つきを与えたり，あらかじめグループ内で自然換気口を開けることのコンセンサスを形成してもらうなどの取り組みを行うことが望ましい。窓際の自然換気口に最も近い在席者への遠慮から操作されない場合が多いが，自然換気は室全体への効果を期待するものである。

（2）手動制御関連設備の設置
a. 状態表示装置の設置（管理室など）

表 4.6.2 に示したような自然換気禁止条件下では入居者にて換気口を閉止してもらうのが原則だが，閉め忘れのある場合は警備員などによる閉止対応が必要となる。中央に状態表示装置があれば中央にて確認して対応，表示装置のない場合は必要に応じて各室を巡回して確認する必要がある。また，中央装置で状態を集積することにて効果の検証も可能となる。
b. 情報表示装置の設置

換気に適した気象条件であるのか否かを各居室の表示装置で見える化することにて，空調エネルギーが最小となる操作を入居者に促す。手動換気装置導入物件では，自然換気開放により空調負荷が増大している事例の報告もある[1]。

4.6.3　自然換気と空調運転併用時の制御

4.5 で述べたように，自然換気に適した条件であるが，自然換気のみでは能力が不足する場合にも，空調設備の運転と併用して自然換気を行うことで空調エネルギーを低減することが可能となる。

（1）制御の考え方

自然換気の効果は外気風速の変動などの影響で一定しないが，外気温湿度条件が室内温湿度条件より良ければ，エネルギーを使わずに，室内にとって有利側の効果を得ることができる。

一方，空調設備では冷房能力のきめ細かなコントロールが可能であり，自然換気効果の不足分を補うことができる。

したがって，自然換気は空調併用なしの場合と同様に制御し，その結果としての室内環境に応じて通常の空調制御を行うことが基本となる（図 4.6.6）。

自然換気と連携した空調機器動作例を表 4.6.4 に示す（空調機構成は図 4.6.7 のとおり）。

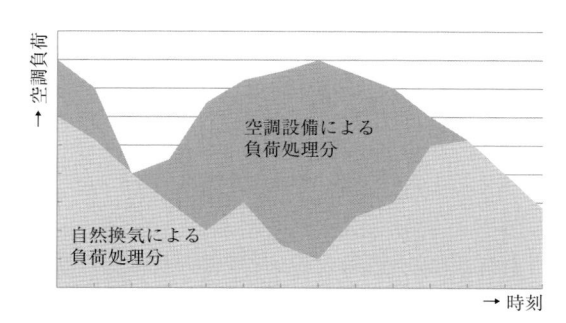

図 4.6.6　併用運転イメージ

(2) 併用運転時の注意点
a. 気圧変動によるダクトへの影響
　ダクト内圧の変動により,ダクトの板が振動し,音なりが生じる可能性がある。必要に応じて,板厚の確保や補強などを考慮する。
b. 気圧変動による空調設備への影響
　気圧の影響が運転中のファンに対して押し込み方向で働く場合,モーターが過負荷となる危険がある。想定した圧力変動にて過電流停止などの問題のないように検討する。
c. 制御速度への影響
　自動制御では制御のハンチングを防止するため,環境の変化に即座に応答するのでなく,一定の時間間隔や不感帯をもって制御を行うよう,調整する。また,PID制御など,現在までの状態から制御量を決める制御にも影響が及ぶことが考えられる。

《参考引用文献》
1) 金　政秀, 川口知真, 田辺新一：執務者による自然換気窓の開閉行為に関する研究, 日本建築学会環境系論文集, 第643号, pp.1075-1082, 2009

表 4.6.4　自然換気と連携した空調機器動作（例）

	冷水・温水コイル	給気ファン	外気導入ファン	排気ファン	全熱交利用	自然換気口	備　考
(1) 通常冷房（機械空調のみ）	○	○	○	○	○	×	
(2) 機械空調・自然換気（併用）	△	△	△	△	×	○	サーモ, CO_2センサーにより, コイル・ファン運転要否を判断
(3) 自然換気のみ	×	×	×	×	×	○	
(4) 外気冷房	△	○	○	○	×	×	
(5) 外気冷房・自然換気（併用）	△	○	○	○	×	○	

○：ON　　×：OFF　　△：必要に応じてON

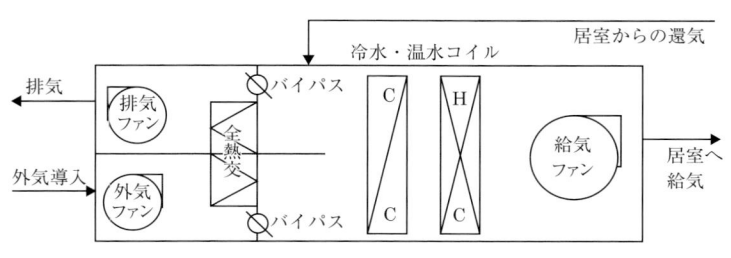

図 4.6.7　空調機構成

5

計算手法と計算例

5.1 計算手法の分類

5.1.1 計算の目的

自然換気された建物では空調時と異なり，室内環境が不安定な外界条件の影響を受けることになる。そのため，自然換気建物の設計時には検討対象となる項目に応じて計算を行い，予測と評価を行う必要が生じる。本節では設計時に実施することのある各種計算手法の分類について概説し，基礎理論や計算条件の与え方については計算手法ごとに後述する。

5.1.2 計算手法の分類

自然換気設計時に一般に行われる計算手法の分類を図 5.1.1 にまとめて示す。

（1）自然換気量計算

自然換気建物における換気量はさまざまな検討における基礎的な情報であり，原則として与えられた室温条件や外界条件の下で空間の換気量が計算される。実建物を対象とした具体的な計算手法としては換気回路網モデルがあり，計算コードとしては VentSim や COMIS などのプログラムが存在する。また，比較的大きな空間に換気口を配置するような通風型の事例では，各換気口からの質量保存を満たす室内圧を 1 つ定めるのみの簡易的な単室の換気量計算を適用することができる。

（2）熱負荷計算

自然換気による空調負荷低減効果の予測や検証を目的に実施する。室温を仮定して換気量計算を行う場合，計算で得られた自然換気量を隙間風量や外気量として熱負荷計算中で見込むことができる。与える自然換気量は換気回路網などの計算で得られた値を入力条件として用いることが一般的と言えるが，例えば流路の形状が複雑かつ定常流のみを興味の対象とするなどの特殊な場合には，室内外を解析した CFD 解析により得られた換気量を用いることも考えうる。

（3）期間シミュレーション

実際の気象条件，空調制御・換気量変動などの各種スケジュールやそのほかの設計条件を設定したうえで，長期間にわたる自然室温などを時刻ごとに予測する計算も行われる。このような計算を行うにあたっての自然換気量は入力条件として設定する必要があるが，与えられた室温条件下での回路網計算などにより得られた換気量を入力値とすることができる。ただし，換気量と室温が相互に及ぼす影響を無視できない場合には，図 5.1.1 の⑤で示すような換気量計算との連成を行う必要がある。

（4）室温・気流などの分布の計算

前述の計算手法は室やゾーンを 1 つの質点と見なし，分布を無視して比較的小さな負荷の計算を長期にわたって実施する手法である。一方，例

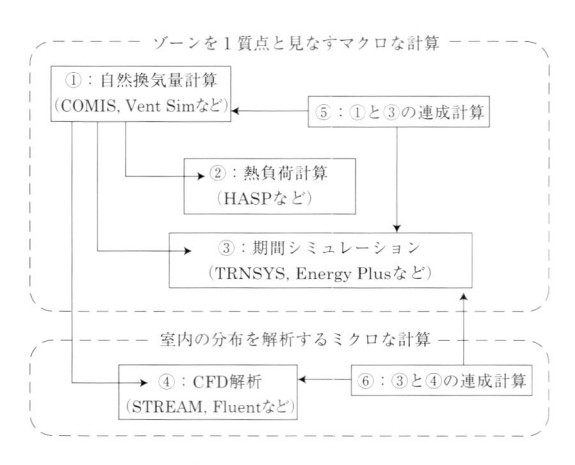

図 5.1.1 自然換気設計時に用いる計算手法

えば自然換気気流の挙動や，居住者周辺の温度・風速分布，換気効率などの詳細な検討を行う際は，図 5.1.1 の④で示す CFD 解析が有効となる。CFD 解析はその計算負荷が大きいことから長期の予測には適していないものの，定常流を対象とした詳細な気流構造の確認や短期間の非定常な風速・温度分布の変動を興味の対象とする場合には有効な手段である。解析領域は目的に応じて決定されるべきではあるが，計算格子数に限界があることから，対象を屋内の単室あるいは複数の室に限定し，換気量計算や室温計算の結果を境界条件として用いて計算を行うことが一般的と言える。また，例えば自然換気を空調設備と併用した建物を計画する場合などに，室内の温度分布を考慮し，吸込温度に基づいて図 5.1.1 の③の空調システムシミュレーションに空調機モデルなどを導入して流入境界条件を設定するような連成計算（図 5.1.1 ⑥）の試みも近年の研究では多く見られる。

5.2 自然換気量計算

5.2.1 換気量計算の概要と目的

建物内で連続する多数室の間に隙間や開口がある場合に，風圧力や温度差，機械換気設備などにより圧力差が生じると換気が行われる。室の換気量を予測することは，冷暖房時の熱負荷の予測に加えて室内に発生する汚染質の他室への侵入量や結露発生の予測にも有用と言えるが，自然換気は不安定であることから，期待した換気量が得られるかどうか計画時から検討する必要がある。

実建物を対象として比較的複雑な経路で換気量計算を行う際は，図5.2.1に示すように室温・風圧係数・流量係数などを入力する必要が生じるが，それぞれの値は図中に例として示した手法から得られた結果を入力することが多い。図中の破線で示す室温の連成計算部分は室温と換気量の相互の影響が大きな場合に行う必要がある。また，定常流のみを扱う場合には室内外の全域を解析領域としたCFD解析を用いることも手法としては考えうるが，計算負荷の観点からは容易ではないため自然換気量のみを予測項目とする場合は換気回路網計算を用いるほうが現実的と言える。

風力および温度差を駆動力とした自然換気量計算の基礎式は1章で述べたとおりであるが，開口や室が多く存在して経路が複雑になる場合，開口を通過する流量と圧力損失の関係式に基づいて換気量を得るためには解法に工夫が必要となる。本節では単室に多数の換気口が設置されている事例と，連結された多数の室に複数開口が設置されている事例を取り扱う。前者においては単室の流量バランスが取れる室内圧を収束計算により求める。後者は，建物における開口や隙間などの流路が通気に対する抵抗となることから，それらを電気抵抗と同様の「枝」として表現し，外気や室内については圧力を有する節点として閉回路を構成する換気回路網計算を用いる。

換気量計算手法では室を節点として取り扱うため，室内における空気質や気流分布，換気効率などの評価は適用の範囲外であるが，自然換気設計時の最も基本的な情報としての自然換気量を予測するため重要な検討と言える。

5.2.2 多数の開口を有する単室の換気量計算

図5.2.2に示すような単室に3つ以上の換気口が存在する場合，1つに定まる室内圧 p_m を収束計算により求めることで換気量が得られる。本手法は，例えば比較的大きな空間で水平方向の通風型の自然換気計画を行う際に適用が可能である。

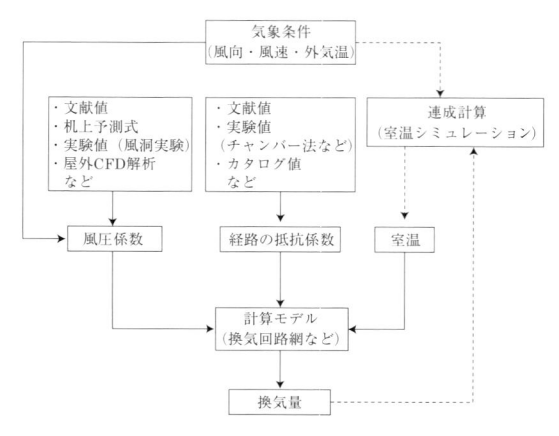

図5.2.1 換気量計算の全体的な流れ

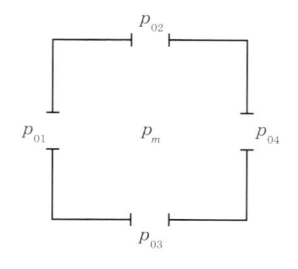

図5.2.2 多数の換気口が設置された単室モデル

図中の $p_{01} \sim p_{04}$ は開口部近傍の屋外静圧（＝全圧）であり，ここで各開口の有効開口面積および風圧係数などの各種入力パラメータが与えられたとすると，各開口を通過する換気量 Q_i の和 ΔQ は次式のように室内圧 p_m のみの関数として表現されることになる。

$$\Delta Q = \sum_i \mathrm{sgn}\left(\alpha_i A_i \sqrt{\frac{2}{\rho}\left|p_m - p_i\right|}\right) \quad (5.2.1)$$

ここで，sgn は符号関数であり平方根中の差圧の符号を表す。室の流量バランスから $\Delta Q = 0$ と仮定し，式（5.2.1）を二分法やニュートン・ラプソン法などを用いて室内圧について解くことで各換気口を通過する換気量が定まることになる。なお，ここでは流量が差圧の平方根に比例するような一般開口を想定しているが，流路が狭い隙間のような条件で差圧の 0.5 乗～1 乗に比例するようなときでも同様の考えに基づいて換気量が得られる。

5.2.3 換気回路網計算

多数の室と開口部により換気経路が形成される換気回路網計算においては，開口部を枝とし，室を節点として扱う。例えば，図 5.2.3 に示す室を換気回路網として表現すると図 5.2.4 のようになる。図中の黒プロットで表される外気部分は風圧係数と外部風速が与えられれば得られる既知圧であり，白プロットが室内の節点で未知圧となる。ここで各枝の両端の圧力差を Δp_s，枝の流量を Q_s とすると

$$\Delta p_s = k_s Q_s^n \quad (5.2.2)$$

と表現される。n は 1～2 の定数であり，開口部の Re 数が十分大きい一般開口の場合は 2 の値をとり，隙間のような狭い流路で流れが層流に近づくにつれて n の値は 1 に近づくことが知られている。

換気回路網計算の実態は各節点の未知圧と枝を通過する流量を解くことである。図 5.2.4 に示すように，既知圧の節点を連結することで「編目」

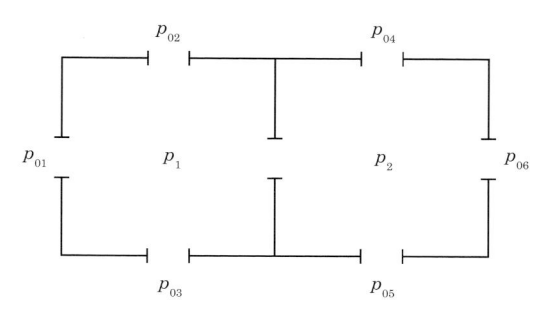

図 5.2.3 連続する 2 室における開口配置

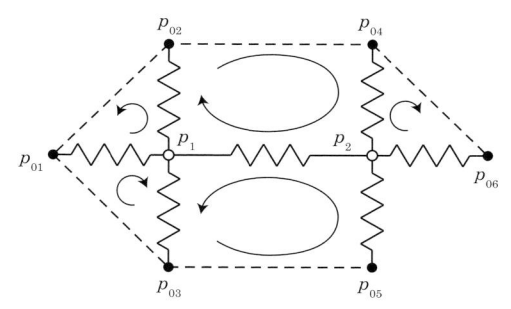

図 5.2.4 連続する 2 室の回路網モデル

を作成し，この一周する編目において，節点間の圧力差の和は 0 となるため，次式が成立する。

$$\sum_s \Delta p_s = 0 \quad (5.2.3)$$

一方，流量保存を考えると，各節点に流入または流出する流量の和は 0 となるため，次式が成立する。

$$\sum_s Q_s = 0 \quad (5.2.4)$$

このように，換気回路網計算では独立な閉回路の圧力損失の式と独立な連続の式の連立方程式を解くことになる。この解法は大きく分けて 2 種類存在し，節点の室内圧を仮定して連続の式を十分に満たすまで仮定値を修正する圧力仮定法と，全ての閉回路において圧力降下式が満たされるまで枝の流量を修正する流量仮定法に分類される[1,2]。

《参考引用文献》

1) 石原正雄：建築換気設計，朝倉書店，1969
2) 鉾井修一，池田哲朗，新田勝通：エース建築環境工学II，朝倉書店，2002

5.3 風圧係数および流量係数

5.3.1 風圧係数と流量係数

建築工学における換気力学では，建物近傍では気流が"よどむ"と想定し，外部風速が有する動圧の一部が静圧に変換されて開口面にかかり開口面に外力が加わると考える。つまり建物近傍の屋外全圧が静圧と等しくなる。この際，外部風により開口面に加えられる圧力が風圧であり，これと基準高さにおける外部風の動圧との比率を表したものが風圧係数と定義される。一方，開口を挟んだ室内側については，動圧が無視できる程度に静穏な室内の状態を想定する。このため静圧差を駆動力として開口を通過する気流が生じ，その際の換気量は開口前後の静圧差の関数として求められる。このことから換気量計算を行う場合には建物近傍の静圧が境界条件として必要になり，このために風圧を予測する必要が生じる。

風圧は建物の形状や外部風向，開口面位置によって変化するため，それらに応じて予測する必要があるが，外部風速が変化しても基準位置の動圧に対する風圧の比率は一定の値を取るため外部風速は風圧のパラメータから除外することができる。結果的に，自然換気量計算の境界条件としては，各風向別に必要箇所での風圧係数と外部風速のみになる。風圧係数を与えることで換気駆動力を評価することが可能になるが，換気量の計算には流路の抵抗も併せて評価する必要がある。流路の形状が比較的単純で流路内で Re 数が十分大きくなる場合，その流路の前後では以下の式のように速度圧に比例して圧力損失が生じる。

$$\Delta p = \zeta \cdot \frac{1}{2} \rho U^2 = \zeta \cdot \frac{1}{2} \rho \left(\frac{Q}{A}\right)^2 \quad (5.3.1)$$

ここで，比例定数 ζ は形状抵抗係数であり，上式を変形すると式（5.3.2）が得られる。

$$Q = \frac{A}{\sqrt{\zeta}} \sqrt{\frac{2}{\rho} \Delta p} = \alpha A \sqrt{\frac{2}{\rho} \Delta p} \quad (5.3.2)$$

このときの α が流量係数と呼ばれ，つまり形状抵抗係数の平方根の逆数で表されることがわかる。このように開口を通過する風量が圧力差の平方根に比例する場合は，定数として与えられる流路の流量係数を用いることで換気量計算を行うことが可能である。一方，流路が複雑な場合や流路が狭く流れが層流に近づくような場合には，換気量が圧力差の 0.5 乗から 1 乗の間の値に比例する。この場合は n 値とその係数を与えて隙間として取り扱うか，換気口や開口の pQ 特性を与えて抵抗を評価する必要がある。

5.3.2 風圧係数の評価方法

(1) 風洞実験による手法

風圧係数を求めるための代表的な手法として，縮小模型を用いた風洞実験があげられる。模型実験を行う際には相似則の検討が必要になるが，風圧係数の測定に関しては等温場を想定するため Re 数のみを気にすれば支障がない場合が多く，少なくとも臨界 Re 数を下回らないよう十分に大きな風速で実験を行う必要がある。ただし，対象建物の形状が Bluff Body でなく流線形の建物の場合はこの限りでないため注意が必要である。

実験に際しては周辺の建物配置やアプローチフロー風速の鉛直プロファイルも風圧に影響を及ぼすため，可能な限り実際の状況も再現して実験模型を作製することが望ましい。なお，平均風圧の評価にあたっては特別に高いサンプリングレートで測定を行う必要はない。

(2) CFD 解析による手法

近年，計算機能力が向上したことと商用コード

が充実したことにより，風圧係数をCFD解析から取得する手法も一般的になったと言える。この手法は大規模な風洞実験施設を有していなくても比較的容易に風圧係数の予測が可能になるという意味では有用であるが，CFDの解析手法については注意が必要と言える。よく知られた例として，乱流モデルに標準k-εモデルを用いた場合には風上側の風圧係数が容易に1.0を超過するという事例がある。このため，渦粘性モデルを用いるとしても，例えばSST k-ωモデルやRNG k-εモデルを用いて改善する手法や，応力方程式モデルやLESなどのより高次の乱流モデリング手法による対応を検討する必要がある。

(3) 文献値などを参考にする手法

風圧係数のデータはこれまでの多くの文献で紹介されている。そのため，求める精度にもよるが，検討対象とする建物と近い形状の文献値や公開されているデータベースを参考にすることも風圧係数評価手法の選択肢となりうる。図5.3.1はその一例であり，建物のアスペクト比や屋根勾配，外部風向により変化する風圧係数分布が紹介された文献[1]の引用である。また，図5.3.2はWebページで風圧係数のデータが公開されている事例[2]であり，建物の高層・低層の別や外部風向などを入力することで風圧係数分布を閲覧することができる。そのほかの手法として，風圧係数の机上予測式も提案されている。ここでは山中[3)〜5)]の手法を紹介するが，この方法は建物のある室を対象として長期にわたる自然換気量の変動を計算することを前提として，建物形状（アスペクト比），壁面上の位置をパラメータとして，風向角を変数とする関数形で風圧係数を表現するものである。本手法では正方形平面の中高層建築だけを対象としているが，風向についての関数形を利用できるメリットは大きいと言える。図5.3.3に同手法による関数の求め方を示す。

5.3.3 風圧係数の取得例

(1) 想定する建物および周辺状況

後述する換気量計算の例題で取り扱う建物形状を例に，計算の準備段階として風圧係数を評価した例を紹介する。対象とする建物形状は16×40 mの矩形平面形状で，建物高さ40 mを想定する。外部風は1/5乗則に基づくプロファイルとし，建物高さで5.0m/sを想定した。

(2) 検討手法と結果の傾向

ここでは風洞実験の代替としてCFDを用いて

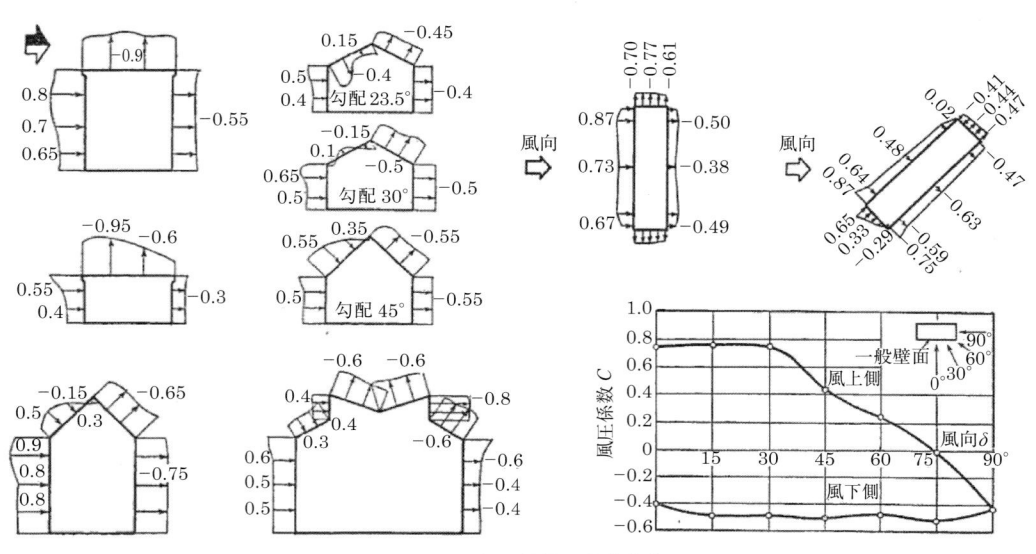

図5.3.1 風圧係数の文献値[1]

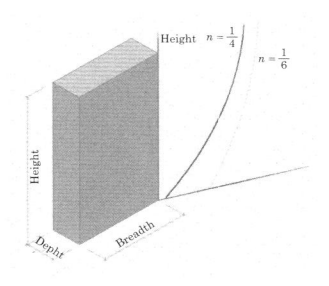

5　計算手法と計算例

(1) 高層建物 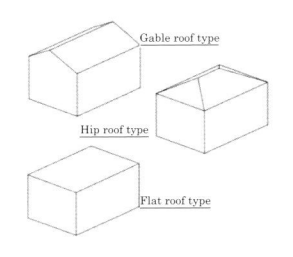　　　　　　　　(2) 低層建物と屋根形状 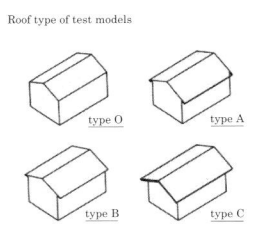　　　　　　(3) 低層建物と屋根形状

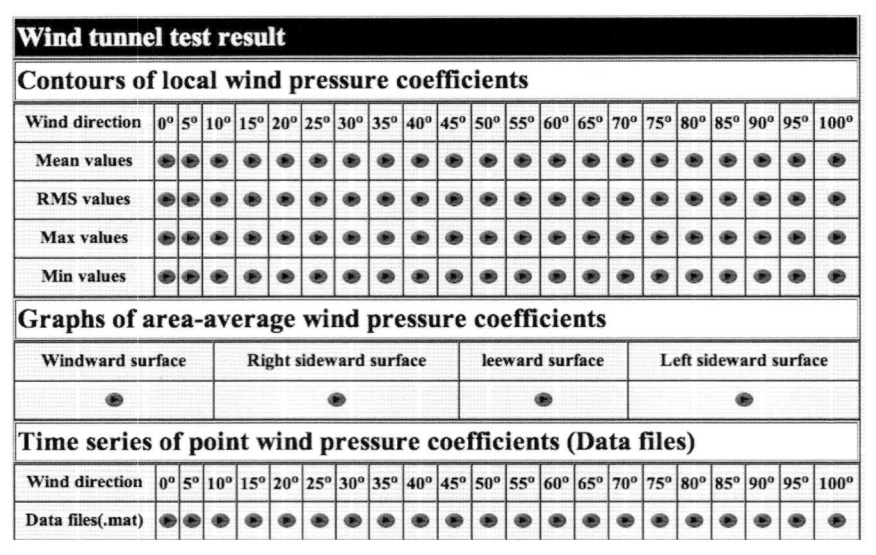

(4) 外部風向と出力データの選択

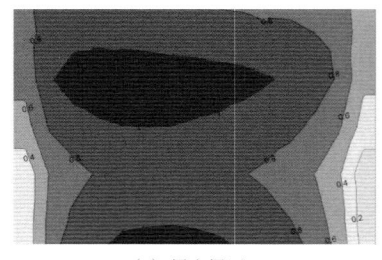

(5) 風上風圧 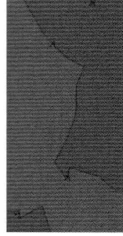　　　　(6) 側面風圧　　　　(7) 風下風圧 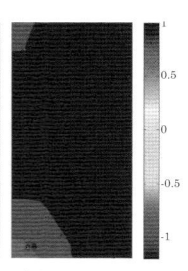　　　　(8) 側面風圧

図 5.3.2　風圧係数のデータベース[2]

風圧係数を評価する。幅および高さ 1 800mm で長さ 4 400mm の矩形流路に縮尺 1/100 の矩形建物模型を想定した角柱を設置し，境界層流にさらして評価を行った。風圧係数の過大評価を避けるため，ここでは乱流モデルに応力方程式モデルを用いた。建物形状の対称性から，外部風向は 0°から 22.5°ごとに 90°まで計 5 条件設定し，建物高さ（模型寸法 H = 400mm）位置の外部風速による動圧で基準化した風圧係数を算出した。

図 5.3.4 は風向ごとの風圧係数コンターを風上側から透視図で示したものであり，図 5.3.5 は各ファサードの中心高さにおいて風圧係数の水平分布を風向ごとにプロットしたデータである。これらの結果から，風向がファサード正面の場合でもよどみ点が中心よりやや上部に位置し，ファサード面上で風圧係数に分布があることがよくわかり，

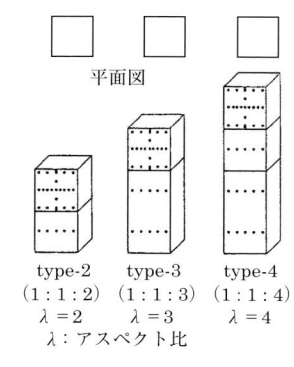

5.3 風圧係数および流量係数

(1) 対象建物形状

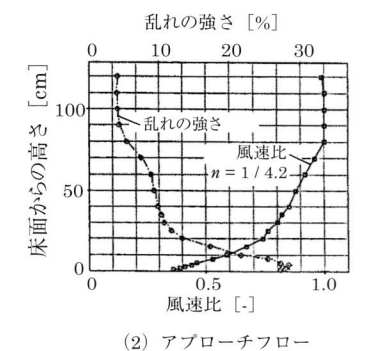

type-2 (1:1:2) $\lambda = 2$
type-3 (1:1:3) $\lambda = 3$
type-4 (1:1:4) $\lambda = 4$
λ：アスペクト比

(2) アプローチフロー

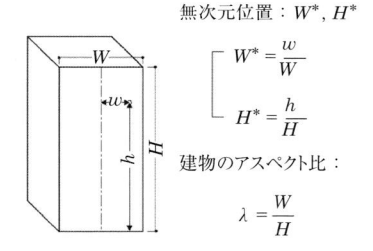

乱れの強さ、風速比 $n = 1/4.2$

(3) 無次元位置座標と建物のアスペクト比

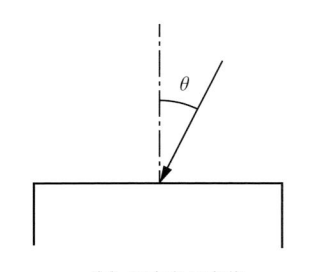

無次元位置：W^*, H^*

$$W^* = \frac{w}{W}$$
$$H^* = \frac{h}{H}$$

建物のアスペクト比：
$$\lambda = \frac{W}{H}$$

(4) 風向角の定義

風上側風向：$-90° \leq \theta \leq 90°$

$$C' = a\theta'^3 + b\theta'^2 + c\theta' + d$$

$C(\theta)$ は $C'(\theta')$ を ϕ だけ回転させて求める

$$\begin{cases} C' = C\cos\phi - \dfrac{0.5}{90}\theta\sin\phi \\ \theta' = \theta\cos\phi + \dfrac{90}{0.5}C\sin\phi \end{cases}$$

C：風圧係数 [-]
θ：風向角 [°]
ϕ：回転角 [°]
a,b,c,d：建物のアスペクト比と壁面上の位置によって決まる定数

回転角 ϕ の算定式　　$\phi = 38.5W^*$　　※ただし，勾配が負にならない値を最大値（整数）とする

定数 a の算定式
$$a = \lambda W^*(-3.63 \times 10^{-6}H^{*2} + 4.76 \times 10^{-6}H^* + 6.96 \times 10^{-8})$$

定数 b の算定式
$$b = [4.70\lambda^{0.75}B + 7.58 \times 10^{-4}] \times W^{*2} + 0.245\lambda^{0.75}B - 1.23 \times 10^{-4})$$
$$B = 2.72 \times 10^{-4}H^{*2} - 3.69 \times 10^{-4}H^* - 2.55 \times 10^{-5})$$

定数 c の算定式　　$c = 0$

定数 d の算定式
$$H^* \leq 0.868 \quad d = 0.655H^* + 0.399$$
$$H^* \geq 0.868 \quad d = -2.91H^* + 3.49$$

＊ 風向角 $-112.5° < \theta < -90°$ と $90° < \theta < 112.5°$ は直線で補間する。

(5) 関数式（風上側風向と風下側風向）

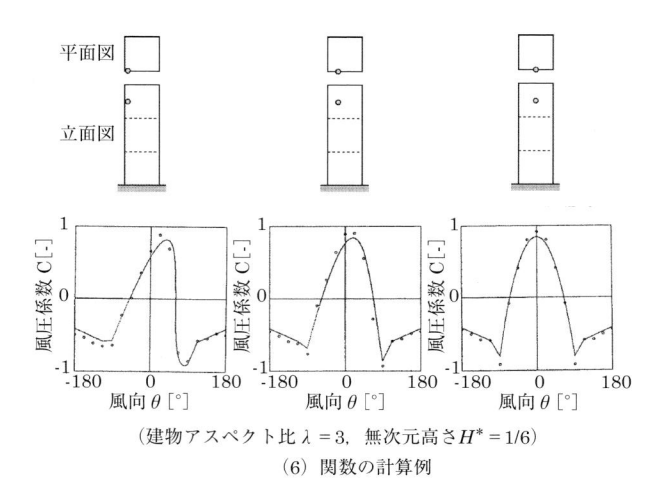

（建物アスペクト比 $\lambda = 3$，無次元高さ $H^* = 1/6$）

(6) 関数の計算例

図 5.3.3　風圧係数の関数化手法 [3)〜5)]

5　計算手法と計算例

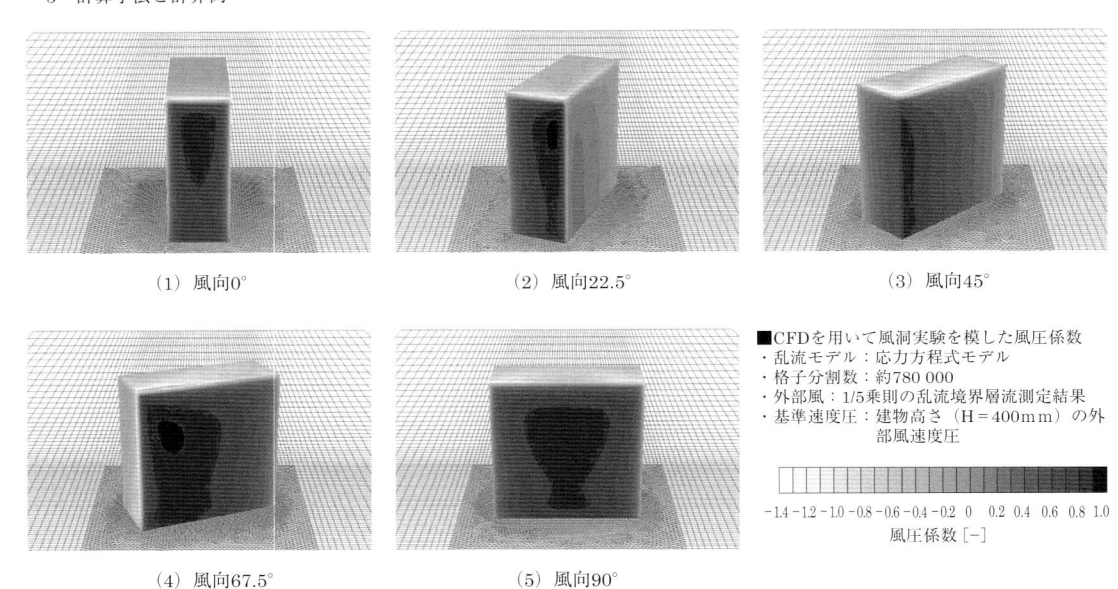

(1) 風向0°　　(2) 風向22.5°　　(3) 風向45°

(4) 風向67.5°　　(5) 風向90°

■CFDを用いて風洞実験を模した風圧係数
・乱流モデル：応力方程式モデル
・格子分割数：約780 000
・外部風：1/5乗則の乱流境界層流測定結果
・基準速度圧：建物高さ（H=400mm）の外部風速度圧

-1.4 -1.2 -1.0 -0.8 -0.6 -0.4 -0.2　0　0.2　0.4　0.6　0.8　1.0
風圧係数 [-]

図 5.3.4　CFD 解析により得られた風向ごとの風圧係数分布（風上側からの鳥瞰図）

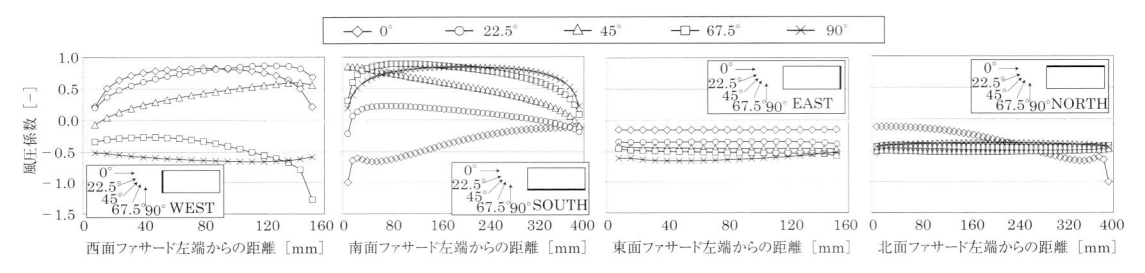

図 5.3.5　CFD 解析により得られた各ファサードにおける風向ごとの風圧係数の水平分布

求める精度によっては換気計算を行う際に風圧分布の考慮が必要になることがわかる。

《参考引用文献》

1) 石原正雄：建築換気設計, 朝倉書店, 1969
2) 東京工芸大学グローバル COE プログラム「風工学・教育研究のニューフロンティア」, 風工学技術情報室データベース（http://www.wind.arch.t-kougei.ac.jp/system/contents/code/w_it）
3) 山中俊夫, 楢崎正也, 大黒賢宏, 甲谷寿史：建築物壁面における風圧係数の机上予測法に関する研究（その5）正方形平面建築物の風圧係数の風向特性曲線の関数化, 日本建築学会大会学術講演梗概集, pp.561-562, 1991
4) 山中俊夫：自然風の乱れを考慮した風力換気計画法に関する研究, 大阪大学学位論文, 1993
5) 大阪大学大学院工学研究科地球総合工学専攻建築環境・設備 Gr（http://www.arch.eng.osaka-u.ac.jp/~labo4/index-j.html）

5.4 自然換気量に関する計算事例

5.4.1 複数開口を有する単室の換気量計算
・・・ 風力を駆動力とした通風型の例

ここでは図5.4.1に示す水平方向の通風型の平面を有する中規模事務所ビルの基準階を想定した換気計算例を紹介する。

この場合，対象とする空間が1室であるため室内圧が1つに定まると仮定することができ，5.2.2項で示した手法の適用が可能である。東・西・南面に開口面積0.04 [m^2]，流量係数0.45の自然換気口を計32個有する室を想定して計算を行う。建物形状は前節のCFDの解析対象とし，境界条件となる壁面風圧は，中央高さ（20m）の値を採用して開口ごとに与え，図5.4.1に示す5風向で室内圧を変数とした収束計算を行う。

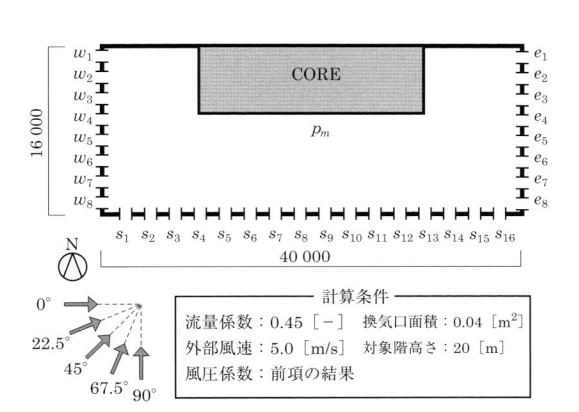

図5.4.1 検討対象建物平面図（水平方向の自然換気）

計算条件
- 流量係数：0.45 [－]
- 換気口面積：0.04 [m^2]
- 外部風速：5.0 [m/s]
- 対象階高さ：20 [m]
- 風圧係数：前項の結果

図5.4.2 条件入力画面（Microsoft Excel）

```
Sub 複数開口を有する単室の風力換気量計算()
'変数の宣言-----------------------------------
Dim iter As Long, n As Integer, i As Integer, j As Integer
Dim A() As Double, Cd() As Double, Pw() As Double, Q() As Double
Dim Pm As Double, DltQ As Double, V As Double
Dim Max As Double, Min As Double
Dim Den As Double

'変数の説明-----------------------------------
'iter：繰り返し回数    n：開口数       i, j：ループカウンタ
'A：開口面積 [m2]   Cd：流量係数 [-]   Pw：風圧 [Pa]
'Q：開口風量 [m3/s]  Pm：室内圧 [Pa]   DltQ：風量誤差 [m3/s]
'V：外部風速 [m/s]   Max：室内圧上限 [Pa] Min：室内圧下限 [Pa]
'Den：密度 [kg/m3]

'計算条件の設定-------------------------------
n = InputBox("開口の数を指定して下さい")
ReDim A(n), Cd(n), Pw(n), Q(n)
V = InputBox("外部風速 [m/s]の値を入力して下さい")
iter = InputBox("繰り返し回数を入力して下さい")
Den = 1.2
For i = 1 To n
   A(i) = Cells(i + 1, 2)
   Cd(i) = Cells(i + 1, 3)
Next i

'境界条件（風圧）の設定-----------------------
For i = 1 To n
   Pw(i) = Cells(i + 1, 4) * 0.5 * Den * V ^ 2
Next i

'初期条件の設定-------------------------------
Max = InputBox("初期の室内圧[Pa]上限値を指定して下さい")
Min = InputBox("初期の室内圧[Pa]下限値を指定して下さい")
j = 1

'収束計算の開始-------------------------------
Do While j < iter
   DltQ = 0
   Pm = (Max + Min) / 2
   For i = 1 To n
      Q(i) = Sgn(Pm - Pw(i)) * Cd(i) * A(i) * Sqr((2 / Den) * Abs(Pm - Pw(i)))
      DltQ = DltQ + Q(i)
   Next i

   If DltQ > 0 Then
      Max = Pm
   Else
      Min = Pm
   End If

   If Abs(DltQ) < 0.01 / 3600 Then
      Exit Do
   Else
   End If
   j = j + 1
Loop
'収束計算の終了-------------------------------
'結果の書き出し-------------------------------
For i = 1 To n
   Cells(i + 1, 5) = Q(i) * 3600
Next i
Cells(2, 6) = DltQ * 3600
Cells(2, 7) = Pm

End Sub
```

図5.4.3 二分法によるプログラム例
（Microsoft Excel VBA）

表5.4.1　換気量計算結果（水平方向の自然換気）

風向［deg］	0	22.5	45	67.5	90
室内圧［Pa］	−2.09	1.68	4.46	1.83	0.91
換気量［CMH］	2 362	2 550	2 932	3 956	4 218
換気回数［1/h］	1.68	1.82	2.09	2.82	3.00

計算を行うにあたっては種々の方法が考えられるが，その1例としてMicrosoft Excel VBAを用いて計算を行った例を紹介する。この事例では図5.4.2に示すように開口面積・流量係数・風圧係数を入力し，各開口の換気量・室全体の流入出風量の総和・室内圧を出力している（図5.4.2の網掛け部が出力項目）。参考までに図5.4.3にプログラム例を示す（グレーはコメント文）。ここでは室内圧を仮定し，室からの流出を正の換気量として表現し，全ての自然換気口の換気量の総和が0になるような室内圧を二分法を用いて収束計算により求めている。この結果，表5.4.1で示すように室内圧が収束し，条件ごとの換気量が得られる。この事例では風圧係数が大きくなる開口を多く有する南風（風向90°）において，最も換気量が大きくなる結果となっている。

5.4.2　換気回路網を用いた計算
…　風力と温度差を駆動力としたシャフト型の例

ここでは前項と同様の平面形状の例を紹介するが，図5.4.4に示すように換気口配置を変更してシャフトを設けた例の換気計算を行う。この場合，5.2.3項で示した回路網計算が必要となる。計算対象は8階建で2F～8Fが縦シャフトにより接続されているものとする。ここでは簡単のため同フロアの自然換気口の風圧係数は中央の換気口の値で代表させ，図5.4.5に示すような回路網モデルを想定した。シャフトの排気部における風圧係数は−0.9とした。気象条件としては，外気温を18℃と想定し，外部風は前項同様に建物高さである40m（シャフト部は除く）において5.0m/sの条件に加え，静穏の条件でも計算を行った。なお，室温を24℃と仮定して計算を行う。本項で

はフリーの換気回路網プログラムとして（独）建築研究所により公開されているVentSimを用いる。本プログラムでは図5.4.6に示すように，Microsoft Excelを用いたシート（VentPre）に諸条件を入力した後にメインプログラムで計算を行う（図5.4.7）。ここでは，ソフトウェアの取り扱いに関する詳しい記載は省略するが，必要に応じてほかの文献[1]を参照されたい。

自然換気口の有効開口面積は前項の例題と同様とし，執務室とシャフト間の開口部に有効開口面積$0.25m^2$を与えた。また，シャフト内に開口部は存在しないが，摩擦損失による抵抗が存在するため，これをフロア間の開口に見立てた有効開口面積として以下の式に基づいて与えた。

$$(\alpha A)_{Shaft} = \frac{A_{Shaft}}{\sqrt{\zeta_{Shaft}}} = \frac{A_{Shaft}}{\sqrt{\lambda \dfrac{L}{D}}} = \frac{A_{Shaft}}{\sqrt{\lambda \dfrac{\Delta h}{\sqrt{A_{Shaft}}}}}$$

(5.4.1)

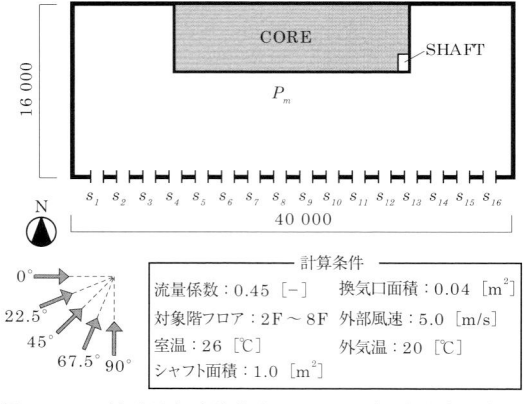

図5.4.4　検討対象建物基準階平面図（鉛直方向の自然換気）

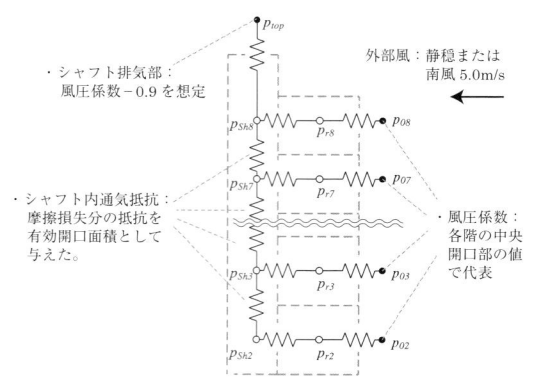

図5.4.5　回路網モデル（鉛直方向の自然換気）

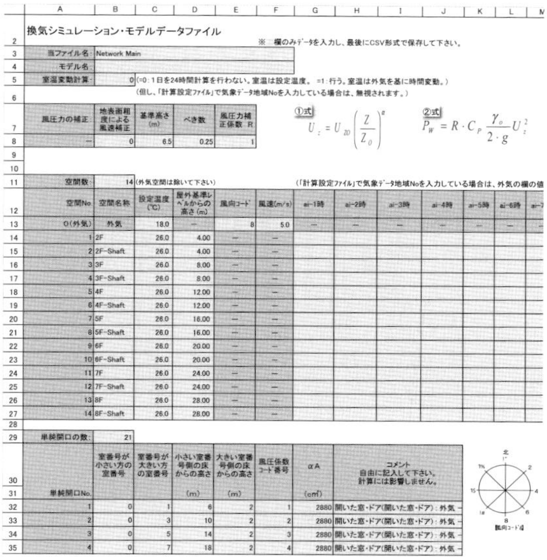

5.4 自然換気量に関する計算事例

表 5.4.2 換気量計算結果（鉛直方向の自然換気）

フロア	外部風あり		無風時	
	換気量 [CMH]	換気回数 [1/h]	換気量 [CMH]	換気回数 [1/h]
2F	－1 983	1.41	－1 845	1.31
3F	－1 756	1.25	－1 562	1.11
4F	－1 510	1.08	－1 229	0.88
5F	－1 284	0.91	－790	0.56
6F	－983	0.70	480	0.34
7F	62	0.04	1 052	0.75
8F	1 200	0.85	1 421	1.01

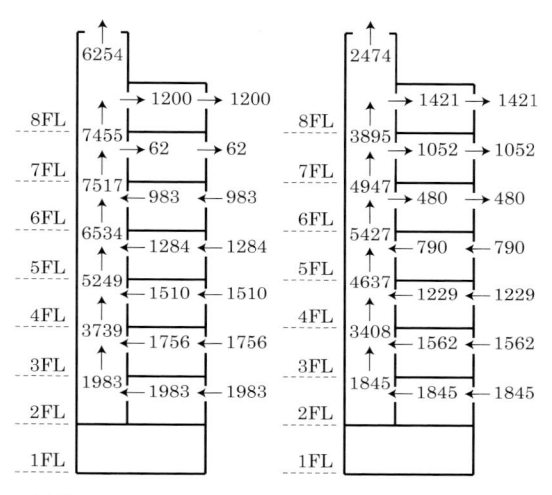

図 5.4.6　条件入力画面（VentPre）

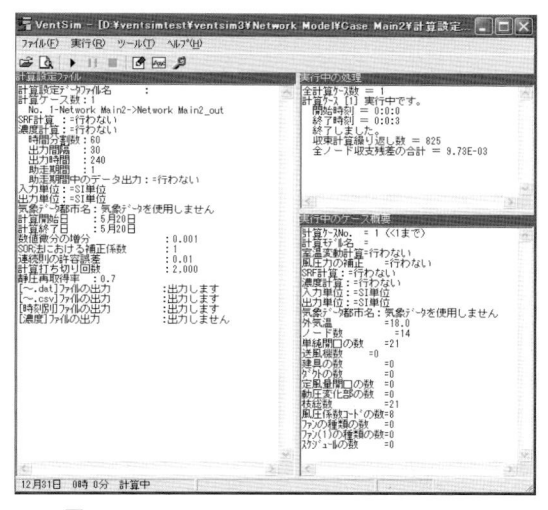

図 5.4.7　VentSim のメインプログラム画面

$(\alpha A)_{Shaft}$：シャフトの有効開口面積 $[m^2]$，
A_{Shaft}：シャフトの断面積 $[m^2]$，
λ：摩擦損失係数 $[-]$，Δh：階高 $[m^2]$

これにより得られたそれぞれの条件での各フロアにおける換気量を表 5.4.2 および図 5.4.8 に示す。本表においても執務室から屋外への流出を正の換気量として表現していることに注意されたい。

この計算例では外部風が存在する場合にはシャフト上部で比較的大きな負圧が発生するため，無風時と比較して中性帯が高い位置に存在すること

図 5.4.8　換気量計算結果 $[m^3/h]$（鉛直方向の自然換気）

(1) 外部風（南風）がある場合　　(2) 無風時の結果

になる。このため，気流の向きとしては換気口から外気を取り入れてシャフトに排出する傾向が強まり，上部の 2 フロアはシャフトから執務室を経由して換気口より排気される。無風時にはシャフトからの排気量は少ないものの，各フロアの執務室においては有風時と同様に一定の換気量が得られていることがわかる。

このように室内外の温度差により自然換気を計画する場合には，外部風の変動に関わらず比較的安定して換気量を確保することができる傾向にあるが，上層のフロアに関しては，下層フロアからシャフト内を経由して気流が流入し，換気口から排気されることもあるため，室の換気量全てを新鮮外気と見なすことは不適切な場合があることには注意が必要である。

5.4.3 期間シミュレーション

(1) 自然換気量の期間シミュレーション事例

前項までは定常状態を想定した計算例を紹介したが，実施設計において自然換気計画を行う際，定常状態あるいは一時点における換気量のみが興味の対象であることは少なく，一定期間内の性能評価を行う必要があることが多いと考えられる。換気量計算を長期にわたって行う場合，外気温・外部風向・外部風速などに関する何らかの気象データを用い，そのデータに対応した時間ごとに前述の方法を用いて換気量を求める手法が一般的である。厳密に言うとこれは非定常計算ではなく時間ごとに異なる外界条件の下で定常計算を繰り返すに過ぎないが，設計段階において一定期間内の換気性能を事前に評価するうえでは有効である。

ここでは5.4.1項で行った計算の外界条件を変更し，期間シミュレーションを行った例を紹介する。気象条件は拡張アメダス気象データ1981-2000[2)]における東京の標準年データを使用し，計算対象期間は5/1から5/31までの1か月間とする。図5.4.9に気象データから得られた風圧係数の算出高さ（40m）における外部風速を示す。また，同期間における外部風向および風配図をそれぞれ図5.4.10，図5.4.11に示す。計算結果は換気回数として図5.4.12に示すが，この結果から当該期間における対象室の期間平均の換気回数は1.2回程度という結果になった。

このようにして求まった自然換気量を用いるこ

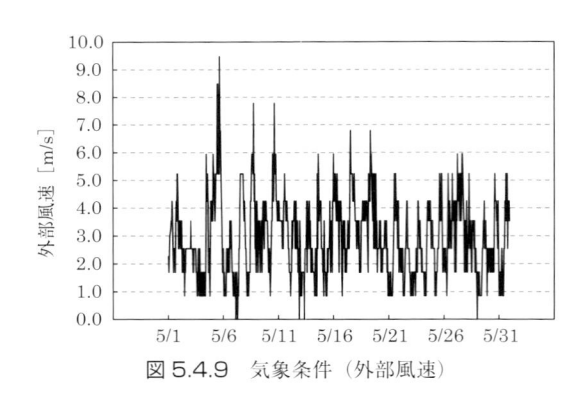

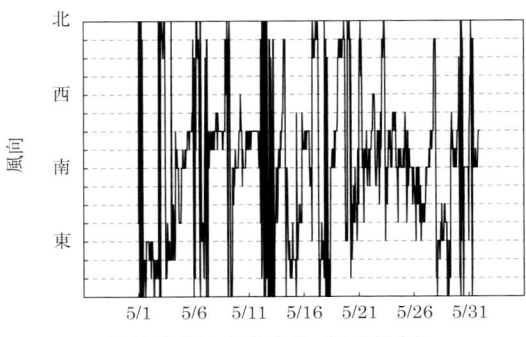

図5.4.10　気象条件（外部風向）

図5.4.11　気象条件（風配図）

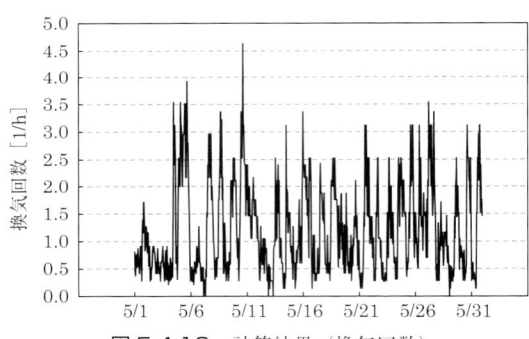

図5.4.12　計算結果（換気回数）

とでさらに効果的な検討を行うことができる。例えば，得られた時間ごとの換気量を空調熱負荷計算における漏気量や外気量として与えることで負荷低減効果の評価を行うことが可能になる。また，次項に示す非定常の室温計算には外気温とともに入力条件として用いることができ，さらには次節で示すCFD解析の流入出境界条件としても用いられる。このため，自然換気量算定は種々の換気性能評価を行うための最も基礎的かつ重要な情報になると言える。

図5.4.9　気象条件（外部風速）

5.4 自然換気量に関する計算事例

(2) 自然室温の非定常シミュレーション事例

前述のとおり，設計段階において自然換気量の時間変動は基礎情報であることが多く，実際にはそのほかの項目が興味の対象であることが多いが，その代表的な事例として自然室温の非定常シミュレーション事例の紹介を行う。計算を実施するために一般に用いられるコードは複数存在するが，ここではTRNSYSを用いて計算を実施する。

TRNSYSはWisconsin大学のSolar Energy Laboratoryで開発されたプログラムで，モジュールを組み合わせて計算対象となるシステムを構築する動的シミュレーションプログラムである。各モジュールを接続することで，あるモジュールから出力された数値を受け取り，それを入力条件として別のモジュール内で計算を行い，次のモジュールへ結果を引き渡すようにシステム構成する。モジュールはプログラム内でTYPEと称され，それぞれのモジュールがTYPE番号により定義されている。TRNSYSのプログラム内にはあらかじめさまざまなモジュールが実装されているが，ユーザー自身でモジュールを追加することも可能である。また，ゾーン数やモジュール数の制限はあるものの，2013年2月現在当該プログラムのデモ版もSolar Energy Laboratoryのホームページ上で公開されているため，興味のある読者は参考にされたい（http://sel.me.wisc.edu/trnsys/）。

ここでは5.4.1項の通風型の執務室基準階を対象とし，本項（1）で得られた東京における5月の1時間ごとの換気回数を入力条件とし，CSVファイルからフリーフォーマットのモジュール（Type 9）に数値を入力したが，回路網計算プログラム（TRNFlow）との連成も可能である。流入温度は対応する時間の外気温とし，気象データ入力のモジュール（TYPE 99）を用いて換気量計算時と同様に標準年の拡張アメダスデータを使用した。この時刻ごとの換気回数および外界条件を，対象室のゾーンを表すモジュール（TYPE 56）に引き渡して計算を行い，さらにその結果をファイルに出力している（TYPE 25）。計算時のモジュール構成を図5.4.13に示す。対象ゾーンのTYPE56の設定は，併せて提供されている別プログラム（TRNBuild）にて作成する。このプログラムでは図5.4.14に示すゾーンごとの設定で壁体のタイプや開口部の情報，ゾーン内の負荷や換気量，空調能力のパターンを設定する。また，複数の壁体のタイプの壁体構成についても，

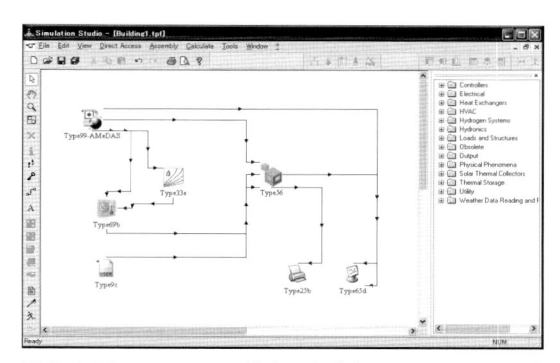

図5.4.13　モジュール構成の設定（Simulation Studio）

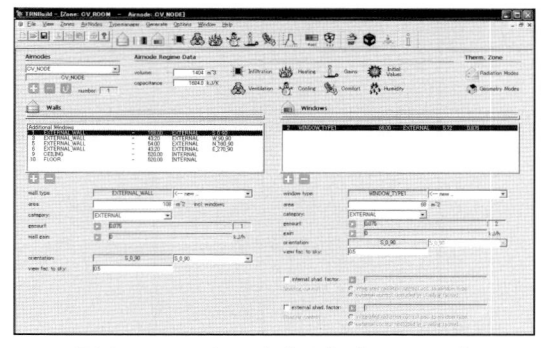

図5.4.14　ゾーン条件入力（TRNBuild）

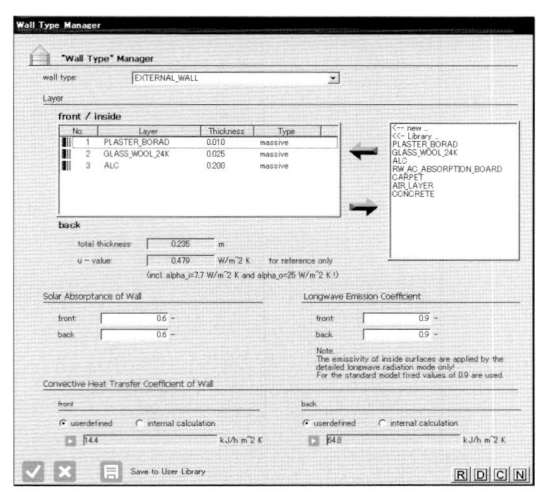

図5.4.15　壁体構成の設定（TRNBuild）

図 5.4.16　自然室温の計算結果

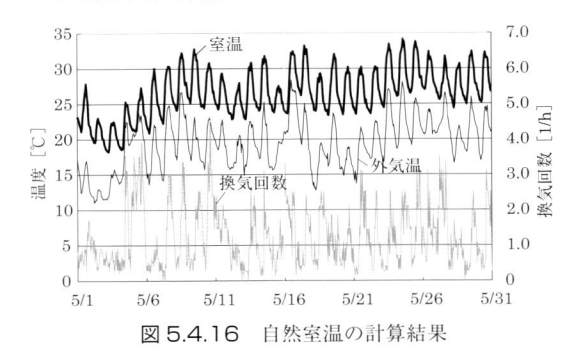

物性値と厚みを設定した建材を複数組み合わせて設定を行う（図 5.4.15）。得られた室温を図 5.4.16 に示す。ここでは照明・OA 機器・人体の負荷を入力して空調は考慮せず，換気量は全計算時刻において換気計算により得られた結果を用いたため，図中の室温は常時自然換気のみを行った際の自然室温となるが，設計時の計算では想定する空調および換気口制御を組み込んだ詳細な検討を行う必要がある。

《参考引用文献》

1) 例えば，日本建築学会編：建築環境工学実験用教材，日本建築学会，2011
2) 日本建築学会編：拡張アメダス気象データ 1981-2000，日本建築学会，2000

5.5 CFDによる室内気流計算

5.5.1 CFDの概要と目的

本節ではCFD解析を用いた自然換気設計時の解析事例を取り扱う。CFDは近年の計算機の発達とともに広く利用されるようになり，現在では学術目的の利用だけでなく実務設計時の室内空気・熱環境の検討にも用いられる。一方，CFDは計算負荷が大きいことから，短期間の室内環境を検討の対象として定常計算が行われることが比較的多く，長期間の非定常計算に用いられることは稀である。

CFD解析における全体の大まかな流れと，各種境界条件設定を行う際の考え方の一例を図5.5.1に示す。CFDでは，基礎方程式についてのモデル化を施し，空間および時間の離散化を行ったうえで数値解を得る。CFDを用いて評価を行うことができる具体的な項目としては，室内の気流速度や温度，汚染物濃度などの基本的な物理量の分布や，空気齢や換気効率指標（SVE），温熱環境形成寄与率（CRI）などの詳細検討のための指標が考えられ，現場実測では評価しきれない情報が得られる点や，設計段階から詳細な室内環境まで予測するケーススタディが可能な点で有用と言える。一方で，CFDの計算結果は境界条件，格子分割，乱流モデルや解法の選択により大きく結果が変わりうるものであり，計算の概要や手法の妥当性に関する知識や経験が一層重要となる。本節では実務の自然換気設計時の検討にCFDを用いることを前提として，解くべき基礎式や境界条件などの設定が必要な項目について概説を行うことを目的とする。なお，CFDについてより深く知りたい読者には，例えばCFD解析全般を取り扱った書籍[1)～3)]や，乱流モデルに詳しい書籍[4)～6)]，解析結果のベンチマークを実施した書籍[7)]，SIMPLE法を用いた数値解法に詳しい書籍[8)～9)]などの有用な文献の例をいくつかあげておくので，目的に応じて本書以外の専門書も参考にされたい。

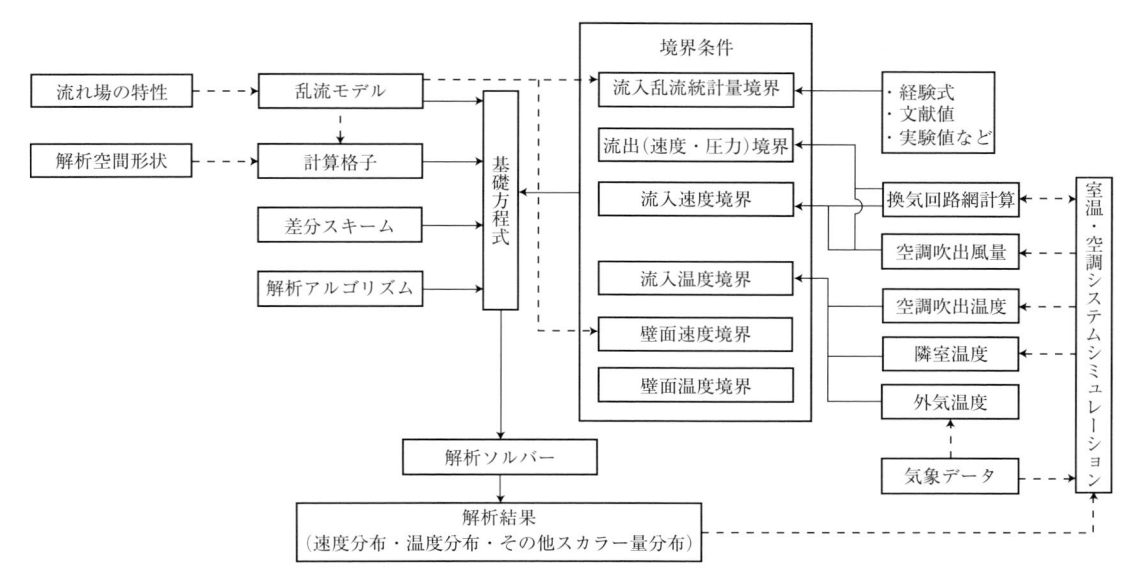

図5.5.1　CFD解析の流れおよび各種条件設定のイメージ図

5.5.2 基礎方程式

CFDで解かれる方程式は基本的には移流・拡散方程式の形で表される保存式であり，具体的には以下に示す質量保存（連続の式），運動量保存（Navier-Stokes方程式）である。また熱や物質の拡散なども解析の対象とする場合，式(5.5.3)で表される温度やスカラーの輸送方程式も併せて解く必要がある。なお，ここでは一般に建築空間の解析で多く用いられる非圧縮流体を想定し，数式は簡便のためEinsteinの総和規約により表現する。

(1) 連続の式（質量保存）

$$\frac{\partial u_i}{\partial x_i} = 0 \qquad (5.5.1)$$

u：瞬時流速［m/s］，x：座標［m］

(2) Navier-Stokes方程式（運動量保存）

$$\frac{\partial u_i}{\partial t} = -u_j \frac{\partial u_i}{\partial x_j} - \frac{1}{\rho}\frac{\partial p}{\partial x_i} + \frac{\partial}{\partial x_i}\left(\nu \frac{\partial u_i}{\partial x_j}\right) - g_i \beta (\theta - \theta_0)$$

$$(5.5.2)$$

t：時間［s］，ρ：密度［kg/m^3］，
p：瞬時圧力［Pa］，ν：動粘性係数［m^2/s］，
g：重力加速度［m/s^2］，β：体積膨張率［1/K］，
θ：瞬時温度［K］，θ_0：基準温度［K］．

非等温計算時の温度差の影響は，Boussinesq近似を用いて上式右辺第4項のように運動量保存式中の浮力項として表現されることが多いが，密度自体を温度の関数として与える手法などもある。

(3) 温度（スカラー量）輸送方程式

$$\frac{\partial \theta}{\partial t} = -u_j \frac{\partial \theta}{\partial x_j} + \frac{\partial}{\partial x_i}\left(\alpha \frac{\partial \theta}{\partial x_j}\right) + S \qquad (5.5.3)$$

θ：温度［K］（スカラー量），α：拡散係数［m^2/s］，
S：発生項

5.5.3 乱流モデル

(1) LESとRANSモデル

建築空間における空気流動は一般に乱流であり，その予測には前述の基礎方程式を数値的に直接解くことが理想的である。しかし，実際に存在する細かなスケールの乱れまで解像可能な格子を用いた計算量は膨大であり，事実上不可能と言える。そのため，ある程度のスケール以下の渦にはモデル化を施して対処する。その手法は大別して二種類あり，一つは空間フィルターを用いて，小さなスケールの変動はモデル化を行い，大きな変動のみ計算を行う非定常計算モデル（LES）である。LESによる解析結果は一般に高い精度の結果が得られるものの，計算負荷が大きいため自然換気設計時の検討に用いるには難しい場合が多い。

もう一方の手法は，興味の対象を平均流のみに限定して基礎方程式にアンサンブル平均（レイノルズ平均）操作を施し，平均値からの変動成分はモデル化を行い表現する手法であり，これがk-εモデルに代表されるRANSモデルである。

(2) レイノルズ方程式と完結問題

CFDを用いて実務的な検討を行う際の乱流モデルとしてはRANSモデルを使用することが一般的である。RANSモデルで解かれる基礎方程式のうち，質量保存の式は以下のようになる。

$$\frac{\partial U_i}{\partial x_i} = 0 \qquad (5.5.4)$$

U_i：平均流速［m/s］

一方，運動量保存の式は，

$$\frac{\partial U_i}{\partial t} = -U_j \frac{\partial U_i}{\partial x_j} - \frac{1}{\rho}\frac{\partial P}{\partial x_i}$$
$$+ \frac{\partial}{\partial x_j}\left(\nu \frac{\partial U_i}{\partial x_j} - \overline{u_i' u_j'}\right) - g_i \beta (\Theta - \theta_0)$$

$$(5.5.5)$$

P：平均圧力［Pa］，u'：流速の変動成分［m/s］
Θ：平均温度［K］，$\overline{}$：レイノルズ平均値

で表され，レイノルズ方程式と呼ばれる。等温

場を解析する場合，連続式とレイノルズ方程式を合わせると式の数は4であるが，未知数の数は平均圧力，平均流速3成分，右辺第4項のレイノルズ応力6成分の計10になり，このままでは方程式系を閉じることができない。レイノルズ応力6成分の輸送方程式はNavier-Stokes方程式から導くことが可能だが，結果的にさらに高次の相関項を含む未知数が新たに増え，方程式系は閉じることがない。したがって，何らかの仮定に基づく近似を導入する必要が生じる。これを完結問題と呼び，このために何らかの工夫を施して方程式系を閉じる必要が生じる。これがRANSにおける乱流モデリングである。

(3) 渦粘性モデル

RANSの方程式系を閉じるためにレイノルズ応力をモデル化する手法として広く用いられる手法が渦粘性モデルである。本手法では分子粘性により生じるせん断応力とのアナロジーにより，渦動粘性係数 ν_t を導入し，平均速度勾配と関連付けてレイノルズ応力を次式のように表現する。

$$-\overline{u_i' u_j'} = \nu_t \left(\frac{\partial U_i}{\partial x_j} + \frac{\partial U_j}{\partial x_i} \right) - \frac{2}{3} \delta_{ij} k \quad (5.5.6)$$

ν_t：渦動粘性係数 [m²/s]，k：乱流エネルギー [m²/s²]，δ_{ij}：クロネッカーのデルタ

ここで導入した渦動粘性係数 ν_t は新たな未知数である。渦粘性モデルの基本的な考え方は分子粘性との類推により右辺第1項，第2項で表される近似を意図したものである。これにより，未知数の数はレイノルズ応力の6つから ν_t の1つになるが，そのままでは $i=j$ として両辺の縮約をとった場合に右辺は連続式により0となり，等式が成立しない。そのため，右辺第3項を付加し，数学的な矛盾を避けている。この方程式系を閉じるため，新たな未知数である ν_t を何らかの工夫を用いて与える手法として代数的に与える手法や新たに輸送方程式を導いて解く手法が考えられる。したがって，渦粘性モデルはその際に導入する方程式の数によって0方程式モデル，1方程式モデル，2方程式モデルなどに分類される。

(4) k-ε モデル

渦粘性モデルのうち，最も広く用いられるのが ν_t を乱流エネルギー (k) とエネルギー散逸率 (ε) により表現し，それぞれの輸送方程式を解く k-ε 型2方程式モデルである。k-ε モデルでは ν_t は次式のように与えられる。

$$\nu_t = C_\mu \frac{k^2}{\varepsilon} \quad (5.5.7)$$

ε：エネルギー散逸率 [m²/s³]，
C_μ：モデル定数 (0.09)

乱流エネルギーとエネルギー散逸率のそれぞれについてモデル化を行った輸送方程式を導くことで最終的に2方程式モデルの方程式系が閉じることになる。以下に標準 k-ε モデルにおける k と ε の輸送方程式を示す。

(5) k の輸送方程式

$$\frac{\partial k}{\partial t} = -U_j \frac{\partial k}{\partial x_j} + P_k + G_k + D_k - \varepsilon$$

$$P_k = -\overline{u_i' u_j'} \frac{\partial U_i}{\partial x_j}, \quad G_k = g_i \beta \frac{\nu_t}{Pr_t} \frac{\partial \Theta}{\partial x_i}, \quad (5.5.8)$$

$$D_k = \frac{\partial}{\partial x_j} \left(\frac{\nu_t}{\sigma_k} \frac{\partial k}{\partial x_j} \right)$$

σ_k は一般に 1.0 で与えられるモデル定数である。

(6) ε の輸送方程式

$$\frac{\partial \varepsilon}{\partial t} = -U_j \frac{\partial \varepsilon}{\partial x_j} + (C_{\varepsilon 1} P_k - C_{\varepsilon 2} \varepsilon + C_{\varepsilon 3} G_k) \frac{\varepsilon}{k} + D_\varepsilon$$

$$D_\varepsilon = \frac{\partial}{\partial x_j} \left(\frac{\nu_t}{\sigma_\varepsilon} \frac{\partial \varepsilon}{\partial x_j} \right)$$

$$(5.5.9)$$

ここで，σ_ε，$C_{\varepsilon 1}$，$C_{\varepsilon 2}$ はモデル定数であり，それぞれに 1.3，1.44，1.92 と与えられる。$C_{\varepsilon 3}$ は $G_k > 0$ の場合は 1.44 で，$G_k < 0$ の場合は 0 である。

標準 k-ε モデルではレイノルズ応力の非等方

性が顕著な場合や，粘性効果のある流れ場において予測精度に限界があると言われており，例えば衝突噴流や低 Re 数流れの予測には適していないなどの問題点がある。そのため流れ場に適した乱流モデルを選択することが重要と言える。ここでは各種乱流モデルの特徴の紹介は省略するが，必要に応じてほかの専門図書を参考にされたい。

5.5.4　移流項差分スキーム

CFD を用いて解析を行う場合，移流項の離散化手法に関しても打ち切り誤差や計算の安定性に関わる。以下に代表的な差分スキームを示す。

(1) 二次精度中心差分
隣り合う 2 つの格子点の値を線形補完して界面の値を与える手法である。等間隔格子とともに用いると数値粘性による誤差は発生しないが，解が振動しやすいため，RANS モデルの移流項には数値粘性を含んだ後述の風上系のスキームを用いることが一般的である。ただし，LES などの時間間隔を短くとった非定常計算にはそのような問題も少ないため一般によく用いられる。

(2) 一次精度風上差分（ゼロ外挿）
計算の安定性確保を目的として意図的に数値粘性を組み込む風上系差分の中で最も簡易的なスキームである。このスキームでは界面の値として風上側の格子点の値をそのまま採用する。このスキームは非常に安定的で実用的でもあると言えるが，同時に数値粘性による誤差が大きくなりすぎる点について注意が必要である。

(3) 二次精度風上差分（線形外挿）
一次精度風上差分で風上側の値をそのまま採用するのに対して，風上側 2 点により線形外挿を行うスキームである。等間隔格子の場合に差分誤差が格子間隔に関して二次の精度をとることとなる。

(4) QUICK（二次内挿）
近似精度を高めるため，風上側に重みを持たせた二次式による内挿近似を行うスキームである。このスキームは二次精度風上差分と同様に風上系のスキームであるが，安定性と精度のバランスが比較的良く，RANS を用いた非圧縮流の計算に非常に広く用いられる。

5.5.5　境界条件

(1) 流入出境界条件
CFD における流入境界条件の代表的な項目は流速である。基礎方程式を数値的に解くうえで流速の流入境界条件は必ず必要であり，ここでは主に RANS モデルを想定して概説するが，LES などの非定常モデルを用いる場合は流入境界の変動流速の作成時に工夫が必要になる。

自然換気建物の RANS 解析において流入境界となる項目は主として換気口や空調吹出口における平均風速であり，換気口では換気量計算から得られた風量から風速を規定する手法が代表的であるが，場合によっては建物内外を同時に解析することも考えられ，その際は屋外風が流入境界条件となる。流出境界では流速または圧力を規定することになるが，流出位置における風量が換気量計算などにより既知であれば流速を規定すればよい。また，流入境界では解析項目によっては温度や濃度などのスカラー量を規定することになる。

乱流モデルに RANS を用いる場合には変動風速を規定する必要はないが，その代わりにレイノルズ応力を評価するための乱流統計量を規定する必要がある。広く用いられる標準 k-ε モデルでは乱流エネルギー（k）とエネルギー散逸率（ε）の 2 項目を流入境界に与える必要がある。風速を高周波で実測したデータがある場合などを除くとこれらの乱流統計量を直接与えることは難しいため，イメージしやすい乱れの指標を用いることが考えられ，例えば k は以下のような式が考えうる。

$$k = \frac{3}{2}(U \cdot I)^2 \qquad (5.5.10)$$

ここで，U は平均流速［m/s］，I は乱れの強さ［-］である。また，ε に関しては，乱れの流さスケールを Λ として，

$$\varepsilon = C_\mu^{3/4} \frac{k^{3/2}}{\Lambda} \qquad (5.5.11)$$

を採用して与える手法がしばしば利用される。なお，経験定数 C_μ は 0.09 である。Λ の値の根拠としては，例えば開口部であれば，水力直径や短辺方向の長さが考えられ，発達した管内流であれば管径の 0.07 倍程度が妥当と言われている。

(2) 壁面境界条件

運動量保存を数値的に解くうえで流入出境界条件のほかに必要となるのが壁面における境界条件であり，特に流速に関する境界条件は重要である。つまり，運動量保存の拡散項における壁面せん断応力，またはそれを得るための速度勾配の与え方である。物理現象を考えると，壁面における流速は 0 であり，その近傍では Newton 則に基づく線形の速度分布が形成される。この現象に基づいて壁面せん断応力を与える手法が no slip と呼ばれる境界条件である。この境界条件を適用するためには，線形の速度分布となる粘性低層領域に適切に計算格子を配置し，低 Re 数型 k-ε モデルなどを用いて解析する必要がある。粘性低層領域の目安として考えられる指標が以下の式で表される無次元壁座標 y^+ である。

$$y^+ = \frac{U_p \cdot y_n}{\nu} = \frac{\sqrt{\frac{\tau_w}{\rho}} \cdot y_n}{\nu} \qquad (5.5.12)$$

ここで，U_P は摩擦速度［m/s］で，y_n は壁面から鉛直方向の格子長さ［m］で。τ_w は壁面せん断応力［N/m^2］である。y^+ は壁面からの第 1 セルの長さで表される Re 数とも考えられ，概ね 5 以下であれば粘性低層内になる。低 Re 数効果を再現する乱流モデルを用いた解析で no slip 境界条件を適用する場合，y^+ が少なくともこの値より小さくなるような格子分割が必要であるが，このような解析は格子数が多く計算負荷が高くなる場合が多い。

一方，比較的計算負荷の小さい解析を行う際に頻繁に用いられる手法が壁関数である。この手法では第 1 セルが粘性低層よりも厚く，乱流域に達していると想定して壁面と第 1 セルの間に仮想的な速度分布を仮定することで第 1 セルの壁面せん断応力を与える。壁関数として一般に用いられる速度分布にはべき乗則（power law）または対数則（log law）があるが，RANS モデルで対数則を適用する場合は，壁面せん断応力を陽的に求めることができる一般化対数則が広く用いられる。このような壁関数を適用する際の第 1 セルのサイズの目安としては，y^+ が 30 〜 100 程度と言われている。なお，壁関数は本来平均速度分布に対して成立すると考えられるが，LES を用いた解析を行う場合でも実用的には瞬時流速に対して壁関数を適用することが多い。瞬時の風速を解く LES では局所的に第 1 セルが粘性低層に収まることがあるため，例えば Werner-Wengle[1] の linear-power law のように y^+ の値などで判別して no slip と指数則を使い分ける 2 層モデルも一般によく用いられる。

ほかの壁面境界条件として，壁面に平行な風速についての法線方向の勾配が 0 と仮定する free slip 条件もある。これは現実に存在する壁を再現することはできないが，平均流を対象とした解析における対称面に仮想的な壁として適用することができるため，計算負荷の軽減ためによく使用される。

CFD で必ず必要となる壁面せん断応力を与えるための壁面境界条件はこれまでに概説したとおりであるが，非等温場を対象とする場合，壁面には熱流束に関する境界条件も与える必要がある。最も簡便な方法は熱流束の値を直接与えることであるが，表面温度を与えて速度と同様に対数則などの壁関数を適用することで熱流束を与える手法も一般的である。また，表面温度と対流熱伝達率を与えて熱流束を規定する手法もある。

5.5.6 一般に使用されるソフトウェア

近年計算機の能力が向上したことから,学術的・実務的な検討にCFDが頻繁に用いられるようになったが,それに伴い多くの商用コードも開発され,発展を遂げてきた。各コードでソフトウェアとしてのユーザーインターフェイスや選択可能な

表5.5.1 CFD解析の流れおよび各種条件設定方法

CFD解析コード	ANSYS Fluent (Ver.14.0)	STAR-CD (Ver. 4.18)	STREAM (Ver. 10)	OpenFOAM (Ver.2.0.1)
乱流モデル	■ Spalart-Allmaras モデル ■ k-ε モデル ・標準 k-ε モデル ・低 Re 数型 k-ε モデル (Abid, Lam-Bremhorst, Launder-Sharma, Tang-Shih, Abe-Kondoh-Nagano, Chang-Hsieh-Chen) ・改良 k-ε モデル (Realizable k-ε, RNG k-ε, Kato-Launder 型 k-ε) ■ k-ω モデル ・標準 ・SST ■ 応力方程式モデル ・Luander-Reece-Rodi モデルに基づく ■ Detached Eddy Simulation ・Spalart-Allmaras, Realizable k-ε SST k-ω ■ Large Eddy Simulation ・Smagorinsky-Lilly モデル ・WALE モデル, ・運動エネルギー輸送 モデル など	■ k-ε モデル ・標準 k-ε モデル ・低 Re 数型 k-ε モデル ・改良 k-ε モデル (RNG k-ε, CHEN k-ε, Speziale k-ε, Suga k-ε) ■ k-ω モデル ・標準 ・SST ■ Large Eddy Simulation ・Smagorinsky モデル ・k-l モデル ■ V2F など	■ k-ε モデル ・標準 k-ε モデル ・低 Re 数型 k-ε モデル (Abe-Nagano-Kondo 形および非線形モデル) ・改良 k-ε モデル (MP k-ε, RNG k-ε) ・温度場2方程式モデル (NK モデル AKN モデル) ■ Large Eddy Simulation ・Smagorinsky モデル ・Dynamic Smagorinsky モデル ・WALE モデル ・混合時間スケール モデル など	■ Spalart-Allmaras モデル ■ k-ε モデル ・標準 k-ε モデル ・非線形 Shih 型 k-ε モデル ・Lien cubic 型 k-ε モデル ・低 Re 数型 k-ε モデル Lam-Bremhorst, Launder-Sharma, Lien cubic, Lien-Leschziner) ・改良 k-ε モデル (Realizable k-ε モデル, RNG k-ε モデル) ■ k-ω モデル ・標準 ・SST ■ 応力方程式モデル ・Launder-Reece-Rodi モデル ■ Detached Eddy Simulation ・Spalart-Allmaras ■ Large Eddy Simulation ・Smagorinsky モデル ・Dynamic Smagorinsky モデル など
流入出速度境界条件	・流速規定 ・圧力規定 ・自由流出 ・自由流入出	・流速規定 ・流量規定 ・圧力規定 ・自由流出	・流速規定 ・流量規定 ・圧力規定 ・自由流出 ・自由流入出	・流速規定 ・流量規定 ・圧力規定 ・自由流出 ・自由流入出
壁面速度境界条件	・Log Law (RANS モデル) ・Linear-Log Law (低 Re 数型 k-ε モデル, LES) ・Linear-Power Law (低 Re 数型 k-ε モデル, LES) ・Free Slip など	・Log Law (低 Re 数型を除く k-ε モデル) ・No Slip (低 Re 数型 k-ε モデル) ・Power Law ・Linear-Power Law (LES) ・Free Slip など	・Log Law (低 Re 数型を除く k-ε モデル) ・No Slip (低 Re 数型 k-ε モデル) ・Power Law ・Linear-Power Law (LES) ・Free Slip	・Log Law ・No Slip ・Linear-Power Law ・Free Slip など
壁面熱境界条件	・熱流束規定 ・表面温度(温度対数則) ・外部温度+外部熱伝達係数 など	・熱流束規定 ・表面温度(熱伝導) ・表面温度(温度対数則) ・表面温度+熱伝達率 など	・熱流束規定 ・表面温度(熱伝導) ・表面温度(温度対数則) ・表面温度+熱伝達率 など	・熱流束規定 ・表面温度(熱伝導) ・表面温度(温度対数則) など

解法は異なり，その全てを厳密かつ網羅的に紹介することは難しいが，ここでは代表的な商用コードと選択可能な乱流モデルおよび境界条件の入力方法を表5.5.1に簡単に分類したので参考にされたい。なお，表中のコードではOpenFOAMのみオープンソースのCFDコードであるため無料で使用することができる。乱流モデルに関しては，コードによって使用可能な高度なモデルに差異はあるものの，実務の設計段階で検討される際に広く用いられる乱流モデルはどのコードにおいても実装されている。また，どの商用コードを使用する場合でも，境界条件，乱流モデル，格子分割なども含めて適切な解法を流れ場に応じて選択することのできる知識を備えて使用する必要がある。

5.5.7 CFD解析の事例

（1）概　要

5.4.1項に示した執務室基準階を対象としてCFDを実施した例を紹介する。ここでは温度や

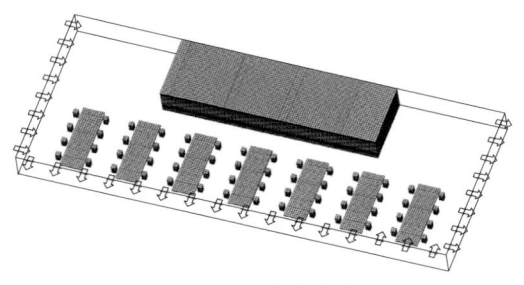

図5.5.2　解析領域

速度の局所的な分布が興味の対象である状況を想定し，室内環境の時間変動は検討対象外として定常計算を行う。

（2）解析条件

図5.5.2に示す執務室を再現し，STREAM Ver.10を用いて解析を行う。格子間隔は水平方向に200mm×200mm，鉛直方向には適宜間隔を変更し，格子分割総数は721 110とした。気象条件は外部風速5.0m/sの西風，外気温20℃を想定し，換気量計算により得られた各自然換気口

(1)平面温度分布（FL+1 000mm）

(2)平面空気齢指標（SVE3）分布（FL+1 000mm）

(3)中央断面温度分布

(4)中央断面空気齢指標（SVE3）分布

(5)中央断面平均風速ベクトル分布

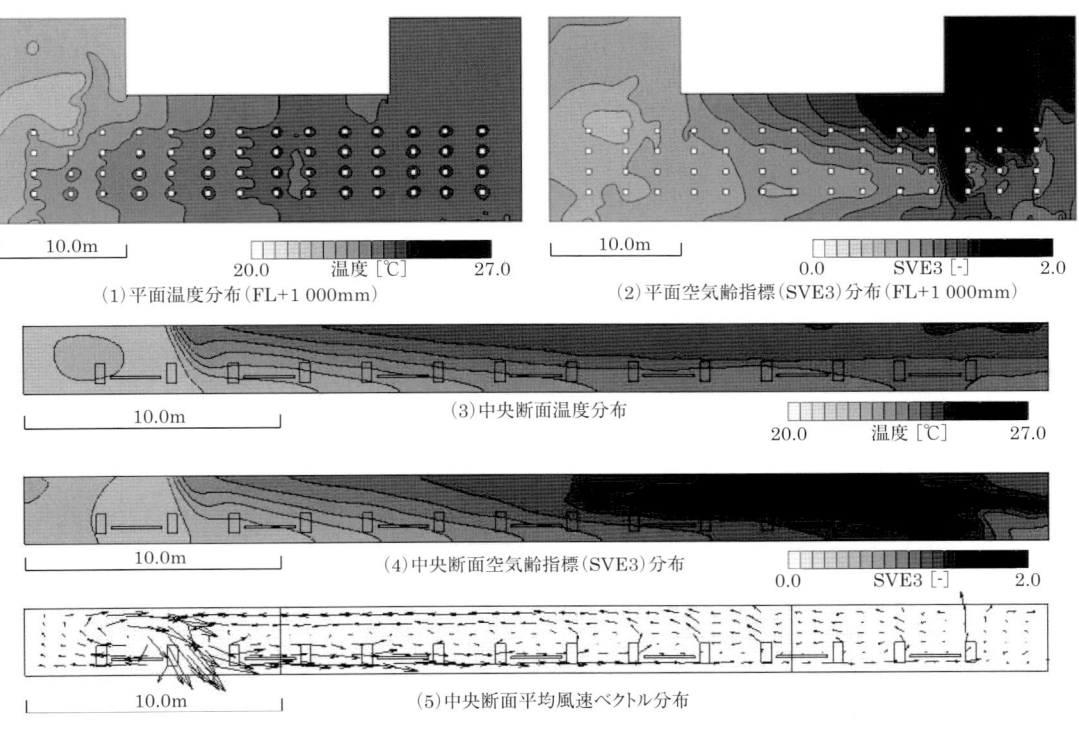

図5.5.3　CFD解析結果

における流入出量を風速の境界条件として与えた。乱流統計量の流入境界条件は乱れの強さ10%、乱れの長さスケール50mmを想定し、式（5.5.10）と式（5.5.11）に基づいて与えた。速度に関する壁面境界条件は一般化対数則、熱流束の壁面境界条件は断熱とした。室内の熱負荷は人体を想定した発熱体を56個設置し、それぞれの発熱量は55Wとした。乱流モデルは標準k-εモデル、移流項の差分スキームにはQUICKを用いて定常計算で収束させた。

(3) 解析結果と得られる情報

図5.5.3（1）～（5）にCFD解析の結果を示す。ここでは、基礎的な情報である温度分布と平均風速ベクトルに加え、空気齢指標（SVE3）の分布を示す。換気量計算の結果として与えた風速の境界条件として、西面については全ての換気口で流入、東面は全て流出、南面は図5.4.1のs_{14}～s_{16}のみが流入でそれ以外の換気口からは流出しており、室全体としては西側から東側に向かう気流が形成されている。このため、執務室西側壁面付近は比較的外気温に近い温度の分布が見られ、空気齢も小さな値を示している。また、平均風速ベクトルからは、西側の自然換気口より流入した外気が一定距離天井を沿って流れた後に温度差により下降している様子を読み取ることができ、それに対応して温度分布が形成されていることもわかる。

これらの解析結果からは水平方向の温度分布が比較的大きいことを読み取ることができ、設計段階での検討であれば、予測された温度分布は居住者の温冷感の観点から許容可能か判断するための材料となりうる。また、温度や風速などの境界条件を変更して解析を行うことで適切な開閉条件の検討にフィードバックするなど、CFDは種々の検討において有用なツールになりうる。ただし、このような具体的な設計条件の検討を目的とする場合は、壁面の温度境界条件や負荷の取り扱いなどの解析条件を適切に設定する必要がある点に注意を払う必要がある。

《参考引用文献》

1) 村上周三：CFDによる建築都市の環境設計工学, 東京大学出版会, 2000
2) 梶島岳夫：乱流の数値シミュレーション, 養賢堂, 1999
3) REHVA編, 空気調和・衛生工学会訳・編：換気設計のための数値流体力学CFD（REHVA GUIDE BOOK）, 空気調和・衛生工学会, 2011
4) 数値流体力学編集委員会編：数値流体力学シリーズ3 乱流解析, 東京大学出版会, 1995
5) P.A. Durbin, B.A. Pettersson Reif : Statistical Theory and Modeling for Turbulent Flows, Second Edition, Wiley, 2010
6) D.C. Wilcox : Turbulence Modeling for CFD, Third Edition, DCW Industries, 2006
7) 日本建築学会編：市街地風環境予測のための数値流体解析ガイドブック－ガイドラインと検証用データベース, 日本建築学会, 2007
8) スハスV. パタンカー原著, 水谷幸夫, 香月正司共訳：コンピュータによる熱移動と流れの数値解析, 森北出版, 1985
9) 荒川忠一：数値流体工学, 東京大学出版会, 1994

6

測定手法と測定例

6.1 測定の目的と測定項目

2章の自然換気計画のフローにおいて,実験,実測による測定が必要な項目を基本検討段階,竣工段階,性能検証段階の3段階に再整理すると,以下の4項目が目的として挙げられる。

【基本計画,設計段階】
1) 設計に用いるため,自然換気口の性能を把握する。

【竣工段階】
2) 施工および竣工時の基本的な動作確認を行う。

【性能検証段階】
3) 短期実測による性能検証を行う。
4) BEMSデータによる中長期の性能検証を行う。

この1)～4)は,具体的に以下のa)～l)の測定項目に対応する。

1) 設計用の自然換気口性能把握
 a) 自然換気口の圧力損失(pQ特性)
 b) 自然換気口からの気流性状検討(風量,ドラフトの有無,到達距離など)
2) 動作確認
 c) 建物の気密性能確認
 d) 自然換気口の動作確認
3) 短期実測による性能検証
 e) 自然換気経路の確認
 f) 建物全体の自然換気量／換気回数測定
 g) 室の自然換気量／換気回数測定
 h) 室内環境(気流性状,温湿度,風速,PMV,CO_2濃度,換気効率など)測定
 i) 居住者評価(温冷感評価,IAQ評価,PPDなど)
 j) 居住者の自然換気利用状況の把握
 k) その他(ドラフト,花粉量,騒音などの測定)
4) BEMSデータによる中長期の性能検証
 l) 自然換気量・省エネルギー量などの測定

これらの全ての測定を行う必要はなく,用途,目的に応じた測定を行うことが望ましい。例えば,最低限の性能確認としては,
 d) 自然換気口の動作確認
 h) 室内環境(温湿度)
 k) その他(クレームなどがないか)
程度でよいと考えられるが,次のレベルとしては,自然換気の効果検証としての
 l) BEMSデータによる測定
を加えるなど,適宜グレードアップするのがよい。

6.2 測定手法・機器・注意点

6.1で挙げた項目について，それぞれ手法，機器，結果の例，注意点などを以下に挙げる。それぞれの測定例の詳細は，文献を参照されたい。

6.2.1 設計用の自然換気口性能把握

a）自然換気口の圧力損失（pQ特性）
手法：自然換気口の実物もしくはモックアップにより換気口内外の圧力差と流量を測定し，圧力損失係数（もしくは流量係数，有効開口面積）を算出する。
機器：圧力計，流量計（風速計）
機器設置と手順例：図6.2.1に示すとおり，大容積のチャンバーに自然換気口を設置し，強制的に流量と圧力差を変更したうえで，両者の関係から圧力損失係数を求める，いわゆるチャンバーを用いたpQ特性試験を行う。民間試験機関での測定も実施されている。
結果例：図6.2.2に外観を示す実物大のモックアップでの測定により，流量係数を算出した例を示す。この自然換気口は，日射を遮るために深くした軒をトラップ状に利用し，強風の緩和と雨水侵入の防止を図り，室内では窓面上部に開口が設置されている（事例2）。モックアップによる外装の気密性，水密性，層間変位への追随性などを

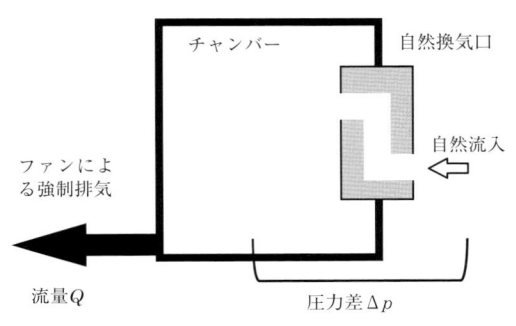

図6.2.1 チャンバー法（強制排気）の例

図6.2.2 外装モックアップの外観[1]

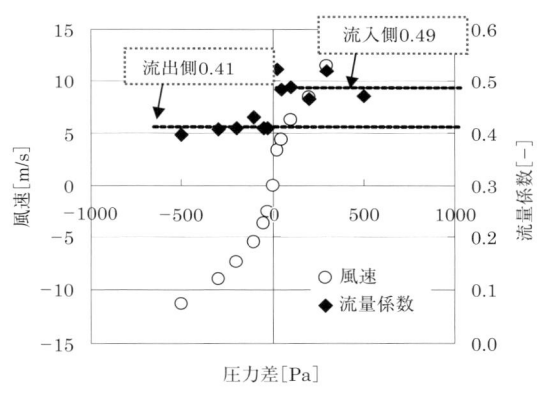

図6.2.3 圧力差と流量（風速）との関係から算出した流量係数の例[1]

確認する実験のひとつとして，pQ特性を測定したため，図6.2.3に示す結果では，非常に大きな圧力差での測定結果となっていることに注意されたい。
注意点：自然換気装置は，水密・気密性確保，消音対策などで複雑な形状になることが多く，それらを含んだ圧力損失測定が必要である。複雑な形状に起因して，流入側と流出側では異なる値を示すため，両者の測定が必要である。また，自然換気口に比して大容量のチャンバーを設置することが困難な場合も多いため，簡易なチャンバーを設置した測定もありうるが，チャンバー内での静圧分布が小さくなる工夫や，換気口からの気流の動

6 測定手法と測定例

圧が消散する工夫が必要である。

参考：自然換気時の差圧は，図6.2.3での測定範囲に比べると一桁程度小さいことや，施工後の実建物では，形状変更，納まり調整が行われることで圧力損失が大きく変更している可能性がある。実際の自然換気運用時に，換気口内外の圧力差と流量から流量係数を算出した結果を図6.2.4に示す。図6.2.3で算出した流量係数 $\alpha=0.41\sim0.49$ と同等の0.45程度であることがわかる。

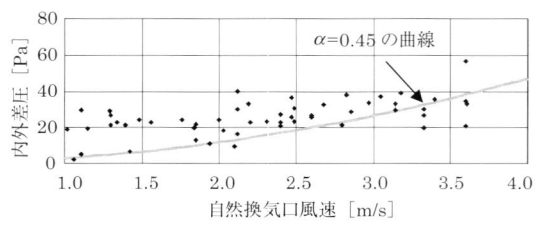

図6.2.4 実建物での流量係数算出の例[2]

b) **自然換気口からの気流性状検討**
　　（風量，ドラフトの有無，到達距離など）

手法：自然換気口の実物もしくはモックアップにより自然換気気流による風速分布，温度分布などを測定し，ドラフトや到達距離の確認を行う。

機器：風速計，温度計

機器設置と手順例：a）と同一の自然換気口（事例2）の設計時に，到達距離を伸ばすための自然換気口の形状を検討した結果を示す。図6.2.5に示すとおり，実物の吹出し口を実験室に設置したうえで，気流の主流方向に測定点を配置し，風速分布を測定することで，到達距離を確認する。

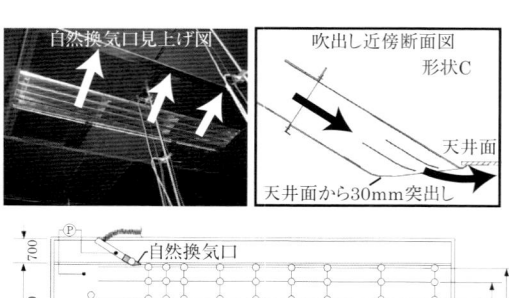

図6.2.5 吹出し気流による風速分布測定の例[3]

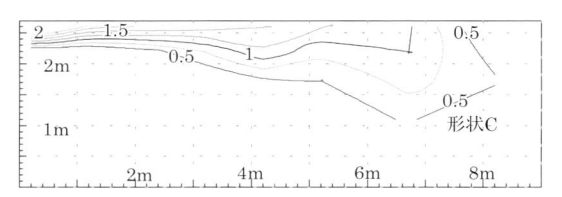

図6.2.6 吹出し気流の等風速線図の例[3]

結果例：図6.2.6に風速測定結果から算出した等風速線図を示す。到達距離やドラフト問題の確認を行ったうえで，圧力損失も同時に測定することで，他形状と比較して総合的に有利であることを確認して，実物件での採用に至った。

注意点：風速測定により風量測定も行う場合，換気口内の風速分布が大きいことが予想されるため，分布の測定が必要である。また，特殊形状の換気口では，風向分布も大きいことがあり，風速計の指向性の有無と設置方向に注意する必要がある。吹出し後の室内気流についても，風向分布が予想されるため，気流の可視化などで風向を確認したうえで，風速計の設置方向を決定する必要がある。多点風速計での同時測定が望ましいが，気流が安定していることを確認したうえでの少数測定点でのトラバース測定が実用的である。機器を用意できる場合は，3次元風速計での全点測定，もしくは代表点での精度検証を行なっておくことが望ましい。

6.2.2 動作確認

c) **建物の気密性能確認**

手法：各室間の差圧を測定する。

機器：微差圧計

機器設置と手順例：自然換気建物においては，強風時の閉鎖制御のために，常設の差圧計が設置されていることが多く，その利用が現実的である。常設の差圧計が十分に設置されていない場合は，性能検証用に仮設の差圧計を設置して測定する。室の流量バランスを確認することで，冬季の煙突効果のリスクを確認することもできる。

結果例：a）と同一の建物（事例2）において，竣工後に差圧測定を行った結果を，前述の図

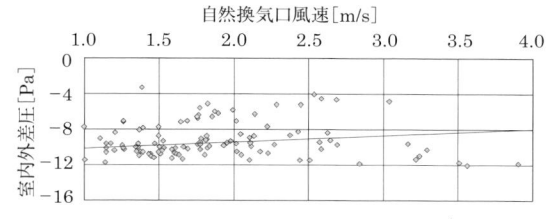

図 6.2.7 実建物での差圧測定の例[2]

6.2.4（執務室と外部との差圧）および図 6.2.7（執務室と EV ホールとの差圧）に示す。図 6.2.4 で見られる執務室内外差圧に比して，自然換気口風速に関わらず一定の小差圧であることが確認された。

注意点：特に測定点位置に注意し，確からしい差圧値になっているか否かの確認が必要である。また，制御用の常設差圧計は，数百 Pa の広範囲レンジのものが設置されることも多いため，自然換気時の数十 Pa に対応した仮設の微差圧計により精度検証を行なっておくことが望ましい。

d）自然換気口の動作確認
手法：BEMS への出力信号および目視により動作確認を行う。

6.2.3 短期実測による性能検証

e）自然換気経路の確認
手法：各所に設置したタフトや発煙などにより，建物全体での換気経路を確認する。
機器：タフト，煙発生器，無浮力バルーン，ヘリウムなど
機器設置と手順例：流入流出をタフトで確認した後，流入口で煙などを発生させ，室内を経由して室外へ排出されるまでの経路を確認する。目視とビデオ撮影などにより記録する。
測定例：目視や映像に基づくスケッチなどに頼るため，公表されている例は少ないものの，短期実測時に，各研究者がそれぞれ工夫して実施している。例えば，浮力と重力が釣り合った無浮力バルーンが開発され[4]，大規模アトリウムでの気流性状を確認している。

注意点：大規模建物では，発煙による可視化で経路を確認できる空間が限定されるため，無浮力バルーンなどの追跡手法が有効である。ただし，温度依存性や外部へのバルーンの飛散などの問題がある。風力換気を主とする建物では，外部風条件によって流入流出口が変動するため，外部風や室内外差圧をチェックして，安定した外部風条件下での測定を行う。複数回の測定により，外部条件と換気経路の関係を確認することも必要である。

f）建物全体の自然換気量／換気回数測定
手法：e）により流入口と流出口が確定できる場合，流入出口でのトレーサガス法，差圧測定や風速測定により換気量を測定する。多数の換気口を有することが多い自然換気建物では，全ての換気口での同時測定は不可能に近いため，BEMS 用の常設差圧計により測定することが現実的である。a）で示した換気口の pQ 特性（流量係数）を前もって用意しておくことで換気量を算出できる。風向変動によって各方位の壁面の風圧が変動するため，可能な限りのそれぞれの方位の室内外差圧を測定する。
機器：微差圧計
機器設置と手順例：複数の流入口と流出口に機器を設置し，同時測定を行う。
結果例：図 6.2.8 に立面図を示す。屋上負圧の誘引効果で階段室上部（チムニーと呼ぶ）が常時流出口となり，各居室の手動開閉窓が流入口となる

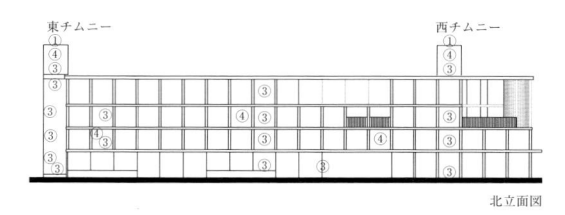

図 6.2.8 流出口の差圧測定による換気量測定例[5]

よう自然換気経路が計画された4階建の学校建築（事例20）において，図中①の箇所に設置されたガラリの差圧測定を行うことで，換気量を算出した例を示す．外部風向・風速が変動するにも関わらず，安定した換気量が得られていることがわかる．

注意点：全ての流入口，流出口の位置が推定されることが重要であり，実測で十分に確認できない場合は，前もって換気回路網計算などで確認する必要がある．前述と同様に，微差圧計のレンジ設定による精度低下に注意が必要である．

g）室の自然換気量／換気回数

手法：単室もしくは1フロアレベルで，換気口での流量測定もしくは室のトレーサガス法により換気量／換気回数を測定する．

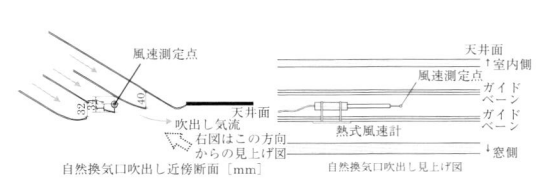

機器：風速計，微差圧計，ガス濃度計，ガス発生装置

機器設置と手順例：換気口での測定による場合は，換気口への機器設置を行うことによる．多数の換気口に設置した風速計での風速測定による場合や流量係数の判明している換気口での差圧測定による場合がある．

室のトレーサガス法（ステップダウン法の場合）による場合は，室内にトレーサガスを均一に発生した後に，ガス発生を停止すると同時に換気口を開放し，自然換気での濃度減衰過程から換気回数を算出する．換気回数算出には室内の平均濃度を用いるため，多数の測定点を配置する必要がある．室の有効混合容積が自明ならば，容積を乗じるこ

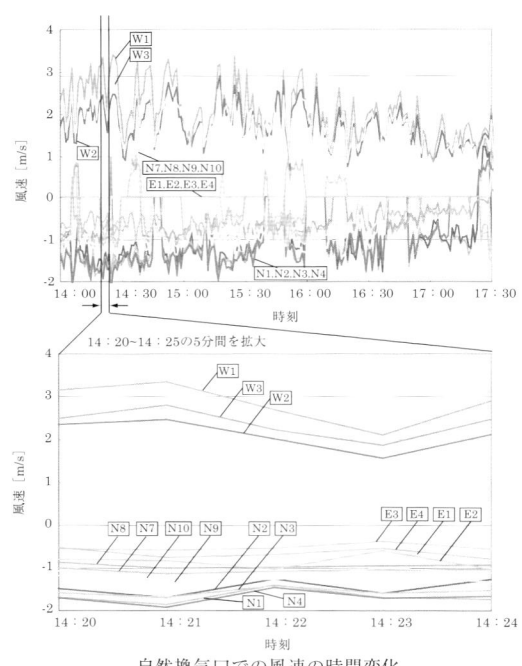

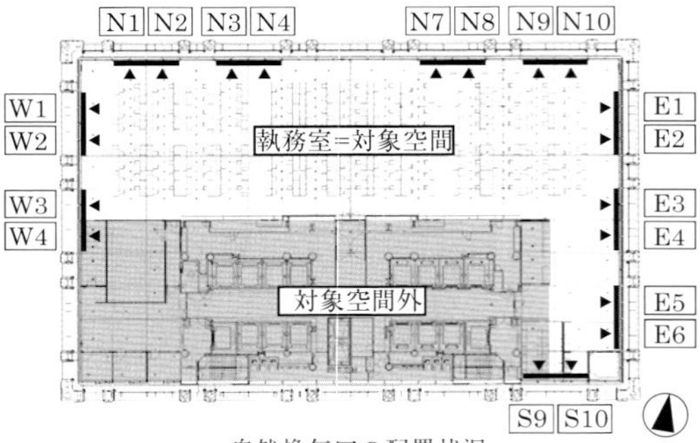

図 6.2.9 換気口の風速測定による換気量測定例[6]

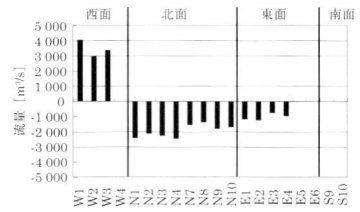

とで換気量を算出できる。自然換気時の有効混合容積は，完全混合に近い天井からの空調とは異なり，小さくなることが予想されるため，室容積を用いて換気量を算出した場合は，あくまで見かけの換気量として扱う必要がある。

結果例：風速測定による換気量測定例

a）と同一の建物（事例2）の自然換気口に，図6.2.9に示す状況で無指向性風速計を設置し，風速測定を行った結果を示す。安定した時間帯を選択して，風速から各開口での流入出量を算出し，換気回数を算出している。なお，流入出の判定は全換気口に設置したタフトの目視によっているが，温度測定により判定することも可能である。

結果例：トレーサガスステップダウン法による換気量測定例

図6.2.10に示す，外壁面全周に自然換気口が設置され，かつ平面の四隅に自然換気用の竪穴（コーナーボイドと呼ぶ）を設置した高層建物で，自然換気口での風速測定による換気量およびトレーサガスステップダウン法による換気量測定を同時に行う手順について紹介する。ステップダウン法を行うために，換気口を閉じた状態でトレーサガスを発生させ，濃度を上昇させる（右図中(1)）。室内濃度の一様を確認した後（右図中(2)），換気口を開放し，自然換気を行った（右図中(3)）。この手法により，自然換気口での流入出量と，室の換気回数，室内換気効率分布を同時に測定することができる。なお，換気回数は，25点の平均濃度の減衰から算出した。

注意点：風速測定による場合，換気口内の風速分布が大きいことが予想される。分布測定を別途行ったうえで，連続測定する代表点風速との関係を把握して，代表点風速から流量を算出する。また，特殊形状の換気口では，風向分布も大きいことがあり，風速計の指向性の有無と設置方向に注意する必要がある。

差圧測定による場合は，前述と同様の精度や設置方位に関する注意が必要である。

トレーサガスステップダウン法による場合は，換気口を閉鎖して作成した初期状態から，換気口を開放した自然換気状態へ移行することが最大の問題であり，室内温度場の極端な変化がないことを確認する必要がある。初期状態の作成では，多数の発生点を配置，室内空気を撹拌することで均一な濃度場を作成する工夫が必要である。空調室内機の循環運転による撹拌を用いることもできる。また，室内平均濃度の算出には多数の測定点が必要であるが，全ての場所を網羅することは不可能であり，居住域を中心とせざるを得ない。多くの場合で有効混合容積が不明であるため，換気量算出に際しては室容積を用いらざるを得ない。天井裏空間や対象室以外への漏気が大きい場合は，これらの濃度測定も行い，多数室間換気問題として計算により同定する手法もある。また，換気量が

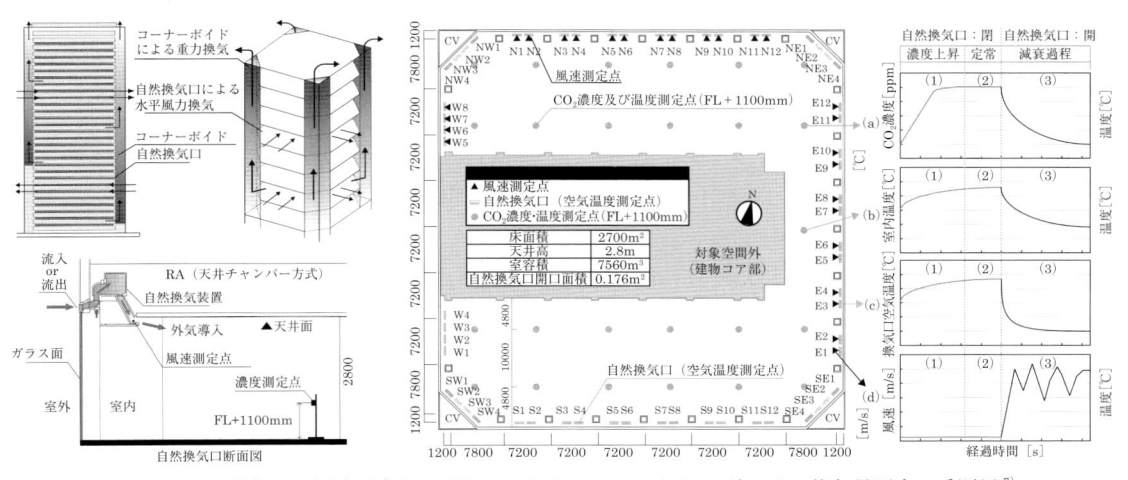

図6.2.10　換気口の風速測定およびトレーサガスステップダウン法による換気量測定の手順例[7]

大きいことで減衰時間が短いため、濃度計の応答時間に注意する必要がある。ステップダウン法だけでなく、一定濃度法やパルス法も原理的には可能ではあるが、小規模室での適用に限られる。なお、トレーサガス法の原理や計算式自体に関しては空気調和・衛生工学会規準（SHASE-S）が参考となる。

h）室内環境（温湿度，風速，気流性状，PMV，CO_2濃度，換気効率など）

手法：室内の温熱環境が維持されていることの確認のために、居住域での温湿度、放射温度、風速、温熱環境指標（PMVなど）の測定を、空気質環境の確認のために、CO_2濃度、浮遊粉塵濃度などの測定を行う。また、これらの環境は主に自然換気の気流により形成されるため、その気流性状を可視化により、また室全体への気流の分配性状の確認のため、換気効率（空気齢など）の測定を行う。

機器：温湿度計、放射温度計、風速計、CO_2濃度計、トレーサガス濃度計、発煙器

機器設置と手順例：温熱環境に関しては、ポータブルタイプの温湿度計、風速計、これらがセットになった機器などにより測定するが、時刻による変動が大きい個所での精度を向上させるためには熱電対を用いることもある。測定点は、通常の室内環境測定と同様に、居住域については床上1 100mmを代表として、上下温度分布を必要とする場合は、床上100, 600, 1 700mm、天井下約100mmを追加する。自然換気時はペリメータからの自然換気導入が多く、水平方向の分布が大きくなることが予想されるため、水平方向の測定点を多く取り、特にペリメータ付近はドラフトの有無の確認のためにも、測定が必要である。

空気質に関しては、ポータブルタイプのCO_2濃度計、粉塵計などにより行うが、温熱環境同様に大きな分布が想定されるため、各所での測定が必要である。

気流性状に関しては、流入口からの発煙の可視化により確認する。

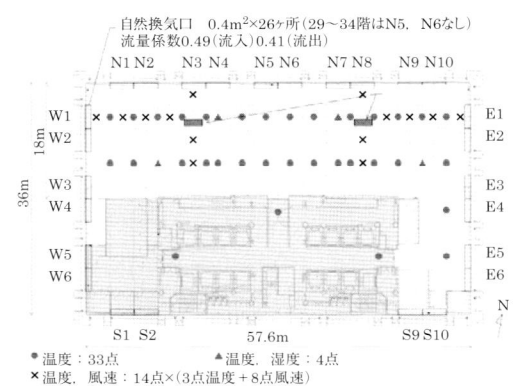

基準階平面図と平面温度分布測定点

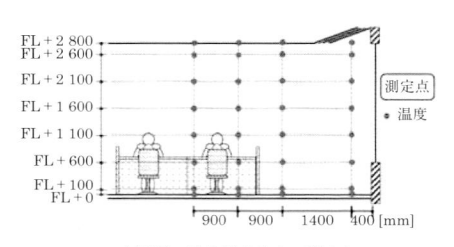

窓周辺の鉛直温度分布の測定点

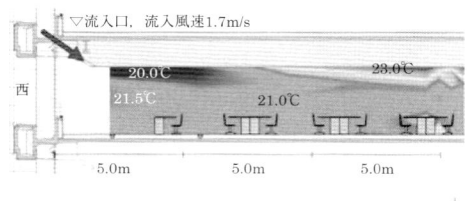

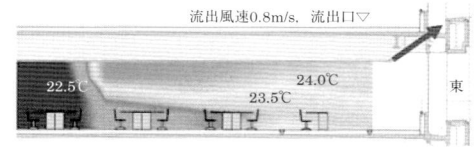

窓周辺の鉛直温度分布の測定結果

図6.2.11　執務室の温度分布測定例[2]

図6.2.12　流入気流性状の可視化例[2]

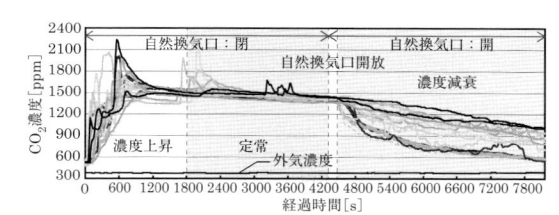

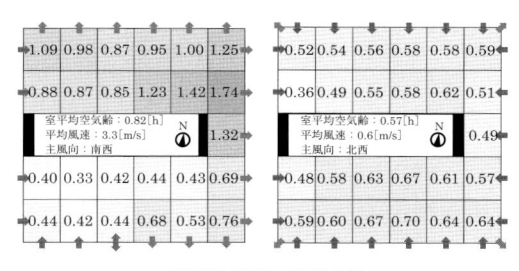

図 6.2.13 局所平均空気齢の測定例[8]

換気効率に関しては，トレーサガス法を用いて換気量測定と同様の多数の測定点での測定による。

結果例：室内温度分布の測定例

a）と同一の建物（事例 2）で，執務室全体の温度分布測定および窓周辺の鉛直温度分布測定の例を図 6.2.11 に示す。

結果例：気流性状の可視化例

a）と同一の建物（事例 2）での，自然換気口からの流入気流性状の可視化例を，図 6.2.12 に示す。設計時に行った実験（図 6.2.6）と同様の気流性状を定性的に確認している。

結果例：換気効率（局所平均空気齢）の測定例

図 6.2.10 に示した建物において，25 点の測定点のトレーサガスステップダウン法により，局所平均空気齢を測定した結果を図 6.2.13 に示す。図 6.2.10 に示した手順の，濃度減衰過程（右図中（3））から，各測定点での空気齢が算出できる。外部風速が大きく，かつ四隅の竪穴（ボイド）を閉鎖した風力換気のみのケース（左図）と，外部風速が小さくかつボイドを開放した重力換気が卓越するケース（右図）の結果を示す。風力換気のみでは分布が大きいのに対して，重力換気では分布が小さくなり，換気効率分布を定量的に把握できている。

注意点：室内環境測定には，これまでの知見が十分にあるため，教科書，文献を参考にすることができる。自然換気ではペリメータでの測定が多くなることから，温度計への日射の射入に注意し，いわゆる放射よけを設置する必要がある。

室内の浮遊粉塵濃度は，近年は一般的に問題ないレベルと言われるが，自然換気で直接外気を取り入れるため，都心の幹線道路沿いであるなどの場合は，注意する必要がある。立地によっては，外気の CO_2 濃度が高濃度である場合もあり，注意を要する。

換気効率測定には，室の換気量測定時と同様の注意が必要である。

i）居住者評価

（温冷感評価，IAQ 評価，PPD など）

手法：アンケートやヒアリングにより，居住者の温冷感，室内空気質（IAQ）評価，快適感，満足度の評価を得る。

媒体：紙媒体，電子ファイル形式，web 形式などでのアンケート，もしくはヒアリング

内容：アンケート項目として，一般的な温冷感評価（満足度評価）は最低限必要であるが，可能ならば，自然換気特有の気流快適感，IAQ 評価，利用実態を推察できる項目などを追加するのが望ましい。

結果例：f）と同一の建物（事例 20）において実施したアンケート例を図 6.2.14 に示す。

また，同時に室温や外気温測定を行うことで，図 6.2.15 に示すとおり，室温と温冷感評価との関係を検討することも可能である。例えば，秋季の同一室温であっても，自然換気により涼しい側の評価が得られていることがわかる

注意点：実際の居住者の評価は大きくばらつくため，回答数が多くなるよう，できるだけ簡易なアンケートとするのが望ましい。自然換気期間に 1 回程度でよいので，属性，着衣量，意識などを把握するためのアンケートも実施するのが望ましい。また，自然換気のドラフトによる温冷感なども大きくばらつく可能性が高いため，性別や室内での

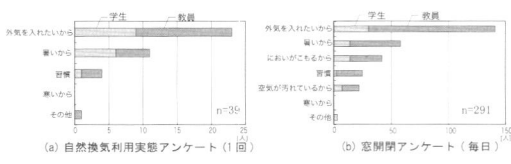

6　測定手法と測定例

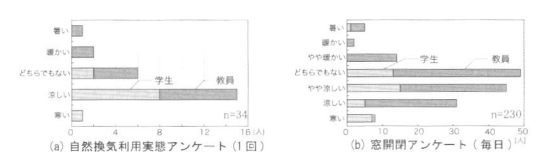

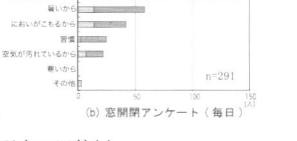

図6.2.14　アンケート例[9]

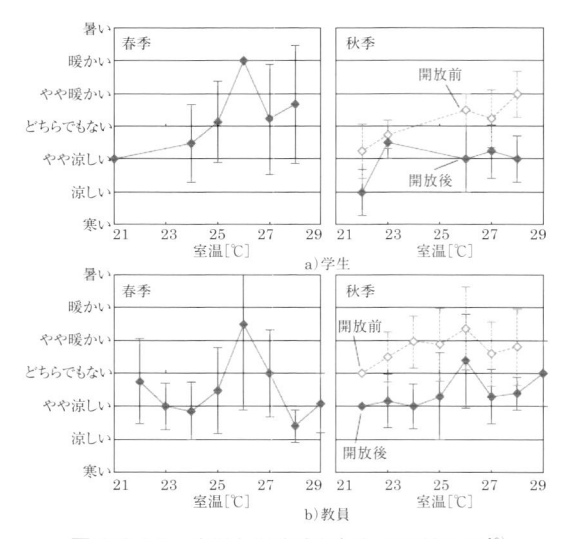

図6.2.15　室温と温冷感評価との関係の例[10]

座席位置が偏らないようにする。回答者の座席位置を特定できる調査を行うことで，室温分布などとの関係を分析することもできる。

j) 居住者の自然換気利用状況の把握
手法：機器測定，目視観測，アンケート，ヒアリングなどにより，窓や装置の利用状況を把握する。
機器：開閉スイッチ装置，ビデオ撮影，BEMS
機器設置と手順例：BEMSによる場合は，他データとともに自動的に蓄積される。目視の場合は，居住者自身に開閉ごとに記録させる方法，外部からの観察による方法などがある。簡易な仮設の開閉スイッチ装置の設置やビデオ撮影による方法もある。
結果例：f）と同一の建物（事例20）において，平日10日間，9-17時の間で2時間おきに窓や扉の開閉状況を目視確認した例を図6.2.16に示す。対象建物は中廊下形式で，外気側に2か所の窓，廊下側に欄間と扉があり，全て手動開放である。例えば，自然換気のために両側開口を開放

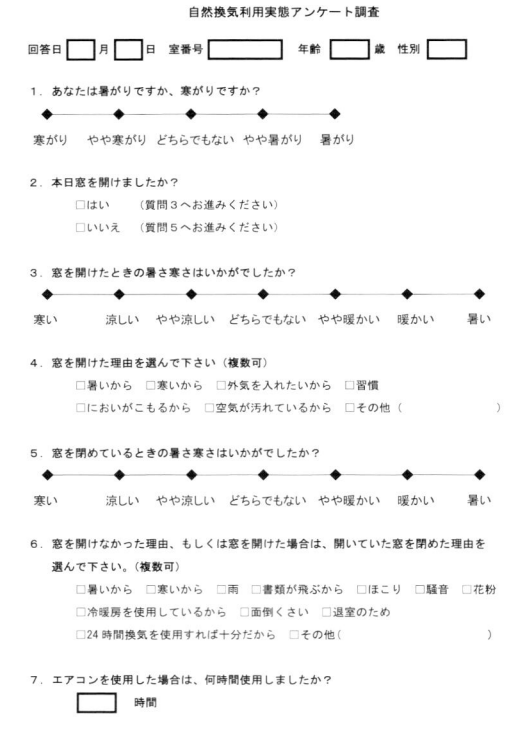

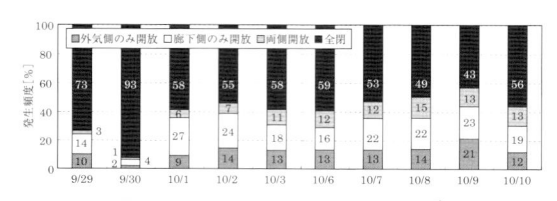

図6.2.16　窓開放状況の把握例[9]

6.2 測定手法・機器・注意点

する頻度がさほど高くないことがわかり，運用のアドバイスが必要であることなどが示唆される。

ⅰ）と同様，同時に室温や外気温測定を行うことで，室温・外気温と開放率との関係を検討することも可能である。

注意点：居住者自身に記録させる場合は，煩雑にならない手法を取り，記録の漏れがなくなるように工夫する必要がある。外部からの観察の場合は，居住者の使用状態に合わせて測定時刻を設定する必要がある。

k) その他（ドラフト測定）
手法：一般的な風速測定と異なり，ドラフトが問題となる場合，その対策のために，特に風向に注意した測定を行う必要がある。
機器：風速計（3次元風向風速計が望ましい），もしくは風向判定のためのタフト
機器設置と手順例：安定した外部風条件下で，風速計およびタフトにより，風向風速を測定する。
注意点：一般に3次元風向風速計として用いられる超音波風速計は，空間分解能が粗い（センサー間のスパンが大きい）ため，空間平均値を測定していることに注意が必要である。

k) その他（花粉量測定）
手法：自然換気口開放時と閉鎖時の室内外の花粉量測定を行う。
機器：花粉量測定器
機器設置と手順例：室内外に2台の機器を設置して，同時測定するのが望ましいが，1台の場合は，連続して順次測定する。
結果例：a) と同一の建物（事例2）での花粉測定の例を図6.2.17に示す。例えば，屋上での花粉量に比して，室内の花粉量が多く，また休日はそれが逆転していることから，室内で測定される花粉は執務者に依存する，すなわち執務者の持ち込みによることがわかる。
注意点：簡易な花粉センサーが市販されているものの，精度に注意する必要がある。大気中の花粉量の上下分布は不明な点も多く，高層建築でベー

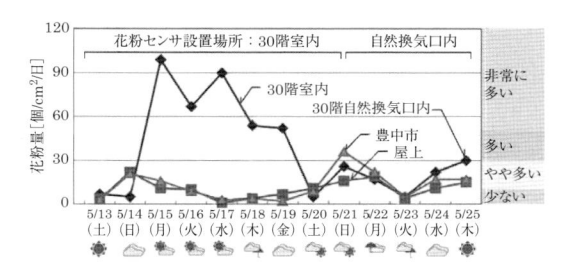

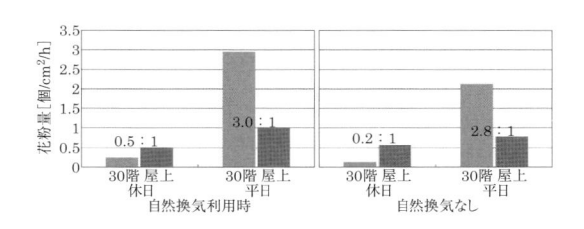

図6.2.17 花粉量の測定例 [11]

スとする花粉量を決定するためには試行錯誤が必要である。

k) その他（騒音測定）
手法：自然換気口開放時と閉鎖時の室内外の騒音測定を行う。
機器：騒音計
機器設置と手順例：室内外に2台の機器を設置して，同時測定するのが望ましいが，1台の場合は，連続して順次測定する。
結果例：a) と同一の建物（事例2）での騒音測定の例を図6.2.18に示す。例えば，屋外が58-63dBAに対して，自然換気口開放時に約41dBA，閉鎖時に約36dBAであり，問題ないことがわかる。

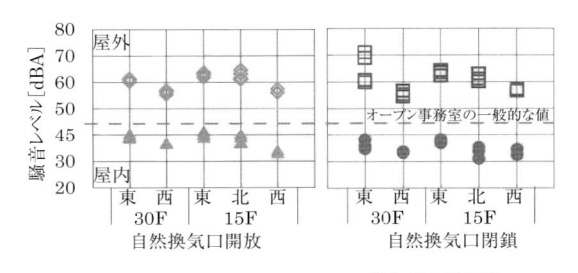

図6.2.18 騒音測定の例 [11]

注意点：測定時間帯や道路騒音の向きに配慮した測定が必要となる。

6.2.4　BEMSデータによる中長期の性能検証

l) 自然換気量・省エネルギー量などの測定
手法：中長期の性能検証のため，BEMSデータとして収集されている自然換気に関する項目，エネルギーに関する項目から，自然換気量と省エネルギー量を算出する。
機器：BEMS
機器設置と手順例：BEMSでのデータ収集には，これまでの知見が十分にあるため，企業各社の技術資料に基づく。
結果例：a）と同一の建物（事例2）でのBEMSデータの例を図6.2.19に示す。自然換気時の種々のデータであるが，期間での集計などにより，例えば省エネルギー量が算出できる。
注意点：各社のノウハウや，各物件でのチューニングが含まれるため，仕様が一般に公開されていない場合が多い。設置機器の精度によっては，利用する価値のないデータも含まれるため，精度について十分に注意が必要である。また，膨大なデータとなるため，使用者が十分に内容を理解したうえで，データ処理を行う必要がある。

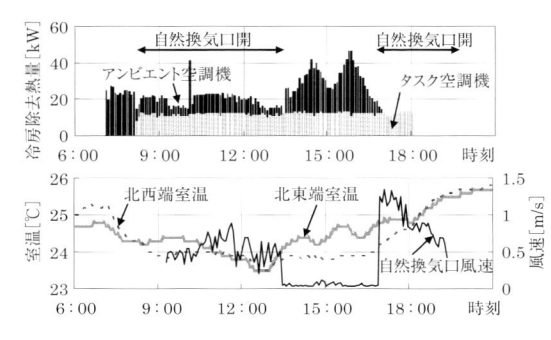

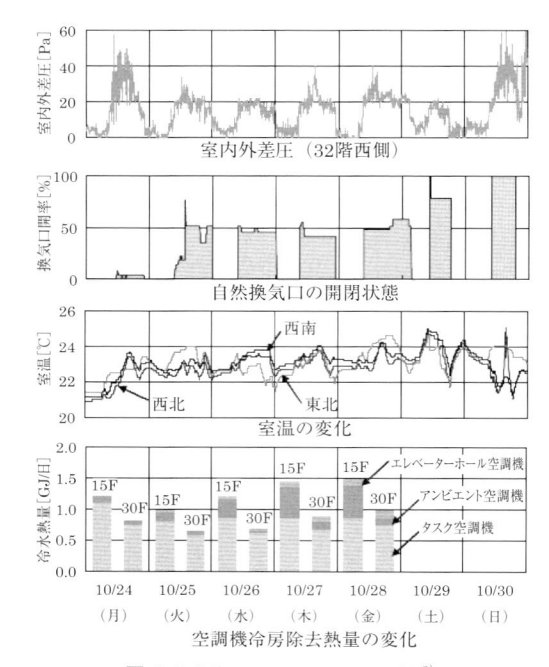

図6.2.19　BEMSデータの例[2]

《参考引用文献》
1) 堀川　晋，山中俊夫，甲谷寿史，林　英人，市山　諭，大高一博，山下植也：高層オフィスビルにおける自然換気併用タスクアンビエント空調に関する研究　その1　高層オフィスビルにおける自然換気口の性能評価，日本建築学会大会学術講演梗概集，pp.1131-1132，2003
2) 堀川　晋，牛尾智秋，相良和伸，山中俊夫，甲谷寿史，山際将司，市山　諭，山下植也，Lim Eunsu：高層オフィスビルにおける自然換気併用タスクアンビエント空調に関する研究（第8報）自然換気に関する春と秋の実測結果，空気調和・衛生工学会学術講演会講演論文集，pp.1373-1376，2006
3) 市山　諭，山中俊夫，甲谷寿史，林　英人，大高一博，堀川　晋，山下植也：高層オフィスビルにおける自然換気併用タスクアンビエント空調に関する研究　その2　自然換気吹出し口とタスク空調床吹出し口の性能評価，日本建築学会大会学術講演梗概集，pp.1133-1134，2003
4) 石野久弥，郡　公子，宮崎友昭，西尾　治：無浮力バルーンによるアトリウム及びオフィス空間の気流分布実測，空気調和・衛生工学会学術講演会講演論文集，pp.145-148，1993
5) 藤本　徹，甲谷寿史，相良和伸，山中俊夫，桃井良尚，津村勇次，若松夏加，坂口武司，田中規敏：階段室型チムニーが設置された学校建築の自然換気に関する研究（その1）実測及び窓開閉状況と換気量との関係，日本建築学会近畿支部研究報告集，第49号，環境系，pp.73-76，2009
6) 甲谷寿史，相良和伸，山中俊夫，杭瀬真知子，林　英人，堀川　晋：高層オフィスビルにおける自然換気併用タ

スクアンビエント空調に関する研究（第5報）自然換気量の把握および測定値を入力したCFD解析, 空気調和・衛生工学会学術講演会講演論文集, pp.1037-1040, 2005

7) 大森啓充, 山中俊夫, 相良和伸, 甲谷寿史, 桃井良尚, 田中俊祐, 高山 眞, 田辺慎吾, 田中規敏, 和田一樹：高層オフィスビルにおける風力・重力換気併用型の自然換気に関する研究（その1）実在高層オフィスの自然換気計画及び自然換気口における流量分布, 日本建築学会近畿支部研究報告集, 第52号, 環境系, pp.89-94, 2013

8) 田中俊祐, 山中俊夫, 相良和伸, 甲谷寿史, 桃井良尚, 大森啓充, 高山 眞, 田辺慎吾, 田中規敏, 和田一樹：高層オフィスビルにおける風力・重力換気併用型の自然換気に関する研究（その2）トレーサガス法に基づくオフィス内局所平均空気齢の分布性状, 日本建築学会近畿支部研究報告集, 第52号, 環境系, pp.95-98, 2013

9) 若松夏加, 甲谷寿史, 相良和伸, 山中俊夫, 桃井良尚, 藤本 徹, 津村勇次, 坂口武司, 田中規敏：階段室型チムニーが設置された学校建築の自然換気に関する研究（その3）居住者による窓開閉等の室内環境調節の実態, 日本建築学会近畿支部研究報告集, 第49号, 環境系, pp.81-84, 2009

10) 上 恭子, 甲谷寿史, 山中俊夫, 桃井良尚, 相良和伸, 坂口武司, 田中規敏：階段室型チムニーを有する学校建築の自然換気に関する研究（その8）窓開放によって形成される室内温熱環境と居住者評価, 空気調和・衛生工学会学術講演会講演論文集, pp.2475-2478, 2010

11) 牛尾智秋, 堀川 晋, 三島憲明, 相良和伸, 山中俊夫, 甲谷寿史, 山下植也：自然換気を併用したタスクアンビエント空調を有するオフィスの室内環境に関する実測評価, 日本建築学会大会学術講演梗概集, pp.1117-1118, 2007

7
建築設計者からみた自然換気の取組み

7.1 自然換気に対する考え方

7.1.1 はじめに

7章では,ある建築設計者の自然換気への考えと取り組んだ一連の自然換気プロジェクトを紹介する。なお,この章では,実際のプロジェクトにおける具体的な検討結果や個人の考えを記載しているため1～6章までとは独立した内容になっている。

7.1.2 自然換気の冷房としての利用

新鮮空気の取入れに加え,「自然換気」を「冷房」として活用することが大きな目的であるが,空調全盛時代を経て,新たな「快適性」の開拓にもつながる。

> 自然換気の課題
> 外気を直接取り入れる自然換気の課題:
> ・吹いたり吹かなかったりする気まぐれな風
> ・突風などの風害や雨が入ることの問題
> ・湿度のコントロール
> ・なりゆきになりがちな外気温度の導入

(1) 温度差換気（気まぐれな風に対して）

風によって押し込まれる空気の流れに勝る給気はないが,無風時や風向に面する窓などがない場合は自然換気が行えない。そこで,空間の上部と下部の温度差による上昇気流により,風向に左右されず,安定的に換気するためにソーラーチムニーや吹抜け空間が利用される。

(2) 給・排気口の機構（風害・雨対策）

外部から強い風が室内に直接入ることによる害もある。そのため,定風量換気装置が広く使われている。換気量を多く採りたい場合は,開口部の大きな電動の給排気窓やパネルが活用されるが,雨風センサーや中央監視での開閉の制御が必要となる。

(3) ダブルスキン（給・排気口の機構として）

ドイツなどでは高層建築の外気導入にダブルスキンが多く用いられている。日照時間が短いため,採光のための大きなガラス窓と外壁の熱負荷低減を両立させる意味もあるが,夏でも比較的外気温度が低い地域であり,自然換気の費用対効果が高い。しかしながら,夏に高温多湿な日本においては,必ずしも適していない機構である。

(4) 湿度コントロール

夏季における除湿の機構として,輻射冷房パネルや冷水コイルを窓の前に立て,その間から外気導入をすることで冷風を室内に入れ,夏でも自然換気が行えるとともに,冷房パネル自体に結露させることで除湿を行うシステムがある。これは自然換気というより,「搬送動力0の空調」とも言える。

(5) 蓄熱体の利用（なりゆき空調）

ZEB化の時代においては,建物消費エネルギー

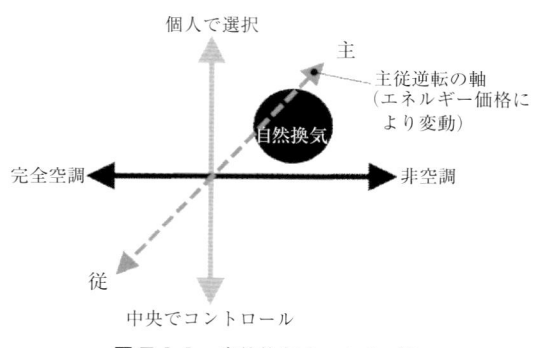

図7.1.1 自然換気のコンセプト

を極端に落とす必要があり，空調設備を持たない，あるいは空調エネルギーをほとんど使わないことが究極の目的となる。そのため蓄熱体を利用した自然換気による冷房と，太陽光による暖房というシステムが考えられるが，「なりゆき空調」的な温熱環境となり，快適な空調空間に慣れている現代社会にとっては簡単に受け入れられるものではない。

(6) イデオロギーの転換

完全に制御された空調の満足度は一方で必ずしも高くない。オフィスの温熱環境に求める男女差

平均点をねらった空調制御？
〈個人差の問題〉
男性は暑がりが多く女性は寒がりが多い傾向にあるが，男性が厚着で女性が薄着という文化の問題もあり，最適な温熱環境の定義は簡単ではない。
〈よかれと思ったことがそうでない〉
完璧な中央監視による空調制御より，手元リモコンなどによる制御が実際には好まれることが多い。

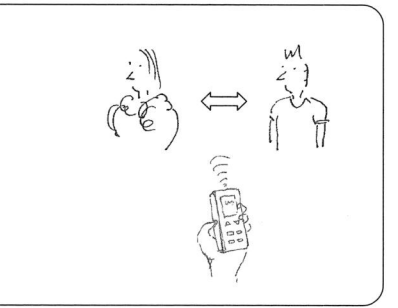

自然換気＝なりゆき空調？
〈場所の選択〉
自然換気の環境では，完璧な温湿度環境にはなっていないため，環境の異なる場所を用意して，その場所が選択できることがポイント。
〈クールスポット〉
駅などでは空間全体を空調することなく，クーラーなどがところどころにおいてあるが，夏などは周りで人が涼んでいて満足度は高い。

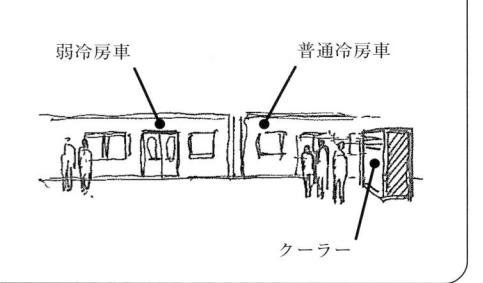

人は最適な環境より変化が好き？
〈温泉〉
熱い湯船につかって火照ると冷たい風にあたり，また湯船につかる。サウナでもよく似たことを喜んでいる。
〈新鮮空気〉
オフィスでは禁煙のため外にタバコを吸いに行くが，寒い冬であってもそれがかえってリフレッシュになる。

選択できる＝満足
〈「うるさい」と「楽しい」は紙一重〉
自分では大音量の音楽を聴くくせに，隣室の大音量は不愉快なのは，自分でコントロールできないからである。
〈音と温度は似ている〉
温熱環境も「音」と似ていて，自分でコントロールできると多少暑くても，寒くても大丈夫。

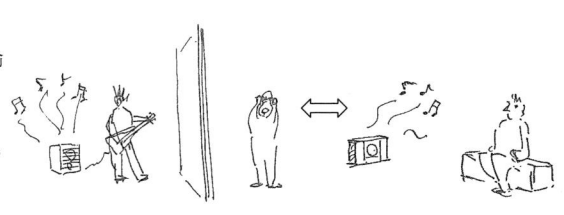

図7.1.2　イデオロギーの転換＝自然換気と選択性の問題がセットな訳

7 建築設計者からみた自然換気の取組み

や個人差の問題は，空調制御に対しての永遠の課題である．解決策のひとつとして，個人が「環境を選択できる」という方法がある．空調空間では手元のコントロールスイッチなどが一例であるが，「なりゆき空調」空間では，場所ごとに異なる環境を，移動することになる．ZEB化の時代において，自然換気が社会に深く認知されるには，この「選択性」とセットとなることは間違いない．

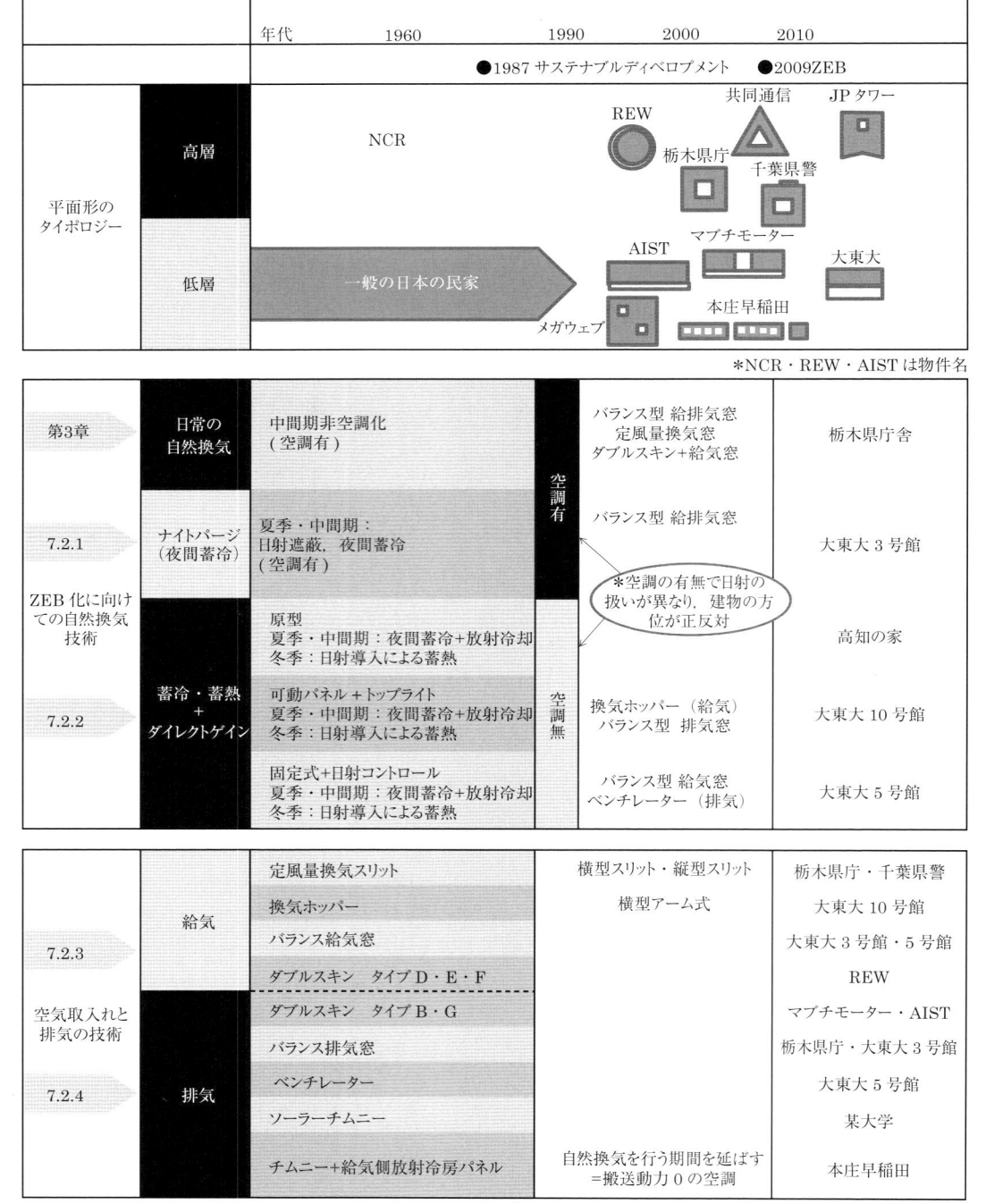

		年代	1960	1990	2000	2010
				●1987 サステナブルディベロプメント		●2009 ZEB
平面形のタイポロジー	高層		NCR		REW　共同通信　JPタワー　栃木県庁　千葉県警	
	低層		一般の日本の民家		AIST　マブチモーター　大東大　メガウェブ　本庄早稲田	

＊NCR・REW・AISTは物件名

第3章	日常の自然換気	中間期非空調化（空調有）	空調有	バランス型 給排気窓　定風量換気窓　ダブルスキン+給気窓	栃木県庁舎
7.2.1	ナイトパージ（夜間蓄冷）	夏季・中間期：日射遮蔽，夜間蓄冷（空調有）		バランス型 給排気窓	大東大3号館
ZEB化に向けての自然換気技術	蓄冷・蓄熱＋ダイレクトゲイン	原型　夏季・中間期：夜間蓄冷+放射冷却　冬季：日射導入による蓄熱	空調無	＊空調の有無で日射の扱いが異なり，建物の方位が正反対	高知の家
7.2.2		可動パネル+トップライト　夏季・中間期：夜間蓄冷+放射冷却　冬季：日射導入による蓄熱		換気ホッパー（給気）　バランス型 排気窓	大東大10号館
		固定式+日射コントロール　夏季・中間期：夜間蓄冷+放射冷却　冬季：日射導入による蓄熱		バランス型 給気窓　ベンチレーター（排気）	大東大5号館

7.2.3	給気	定風量換気スリット	横型スリット・縦型スリット	栃木県庁・千葉県警
		換気ホッパー	横型アーム式	大東大10号館
		バランス給気窓		大東大3号館・5号館
		ダブルスキン　タイプD・E・F		REW
空気取入れと排気の技術		ダブルスキン　タイプB・G		マブチモーター・AIST
	排気	バランス排気窓		栃木県庁・大東大3号館
7.2.4		ベンチレーター		大東大5号館
		ソーラーチムニー		某大学
		チムニー+給気側放射冷房パネル	自然換気を行う期間を延ばす＝搬送動力0の空調	本庄早稲田

＊ZEB：ゼロエネルギービルディングの略

図7.1.3　本章のサイトマップ

7.2 事　　例

7.2.1　夜間の自然換気によるナイトパージ
大東文化大学　東松山キャンパス（3号館　食堂棟）

（1）自然換気の基本：ナイトパージ

　夏期，中間期において，昼間は空調を行い，夜間は自然換気により昼間の熱気を一掃する。すなわち，空調空間において，庇などの日射制御などのリアルタイムでの熱負荷低減に対し，空気の入れ替えと夜間の蓄冷を利用した時間差での熱負荷低減である。

（2）空調空間と自然換気による非空調の切替

　大学の食堂で，昼食事時に大勢の人が集中し，人体の発熱量が多くなる瞬間がある一方，大半は学生の居場所として，人が少ない時間が続く。したがって，冷房については，人が集中する時間にのみ空調機を動かし，人が集中しない時間帯は自然換気のみとする。年間を通じ，中央監視の設定温度により，外気温が快適なレンジになった時点で，自然換気モードに切り替え，空調が停止する。

図7.2.1　建物外観（提供：斉藤さだむ）

図7.2.2　建物内観（提供：斉藤さだむ）

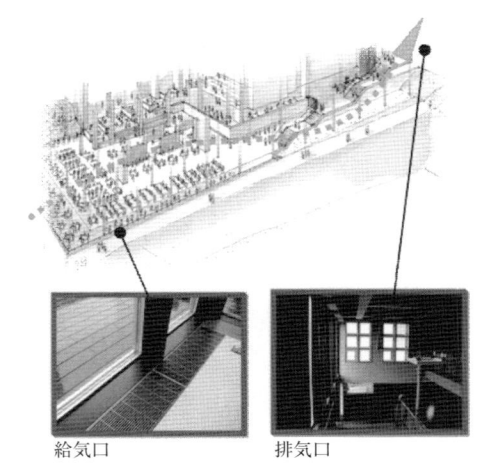

給気口　　排気口
図7.2.3　風の流れ

（3）給気口と排気口の作り方

　夜間に虫や小動物が入らず，かつ突風やほこりなどが建物内に入ることは好ましくなくないため，本建物では，窓周りに設けられたテラスの縁の下から，網戸の付いたバランス型の給気窓を経て，外気を導入している。排気については階段部分が空間として天井が高くなることを利用して，熱気の溜まる高天井部分からバランス型の排気窓で，排気している。

（4）空調設備の有無と建物の方位との整合性

　空調設備を持つ本計画において，食堂の大空間の開口部は主として「北向き」に開いており，ルーバー庇やアルミのすだれで，南や東に対しては，日射制御を綿密に行っている。これは次セクションの「蓄冷＋ダイレクトゲイン」の空間が南向きであるのと正反対であり，この違いは，「空調があるかないかの差」である。空調がある場合は日射を完全に遮蔽する必要があるが，ダイレクトゲインにより，冬季の暖房を行わないタイプでは，ガラス越しに日射を入れるため，「南向き」にする必要がある。

7.2.2 自然換気による蓄冷と放射冷却

（1）空調設備を持たないことを前提とした施設

年間を通じての「蓄熱 VS 蓄冷」と「温室効果 VS 放射冷却」の切替えが重要である。

・蓄熱は太陽光を入れることで床・壁を暖めるのに対し，蓄冷は外気導入による自然換気，特に夜間の自然換気により床・壁を冷やす。
・温室効果は太陽光を導入することで暖房とするので建物の断熱性能は高いほうが有利だが，放射冷却によって夜間の冷却を促進させるときは建物外壁を断熱しないほうが有利である。

（2）通年での建物の性格の切替えの仕組み

1. 夏の夜間：放射冷却＋自然換気で床・壁に蓄冷
2. 夏の昼間：日射遮蔽＋外気導入停止
3. 冬の昼間：太陽光を取り入れて床・壁に蓄熱
4. 冬の夜間：断熱

同じ建物において，外壁の断熱が必要なときと断熱が邪魔になるときの両方がある。上記の2と4は断熱が必要だが，1と3は邪魔になる。1において，自然換気でナイトパージを行う。1と3の蓄冷・蓄熱に，床や壁をコンクリートが用いられることが多いが，水を入れたタンクの事例もある。

4つの事例を挙げるが，用途の違いにより発熱条件が異なるが，空調設備を持たず，自然換気による「なりゆき空調」という概念は共通している。

事例1　ガラス窓＋庇（個人住宅）
事例2　トップライトと可動断熱パネル（個人住宅）
事例3　トップライト＋電動可動断熱パネル（大学のロビー空間）
事例4　斜めのガラス開口＋庇＋ベンチレーター＋スポット空調（大学のイベント空間）

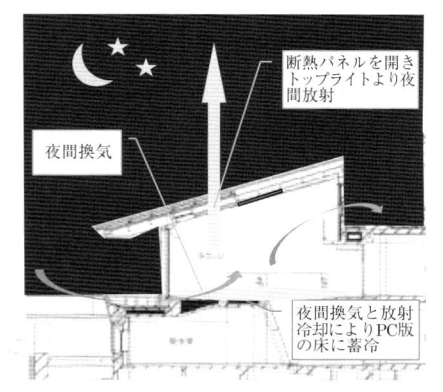

図 7.2.4　夏の夜間

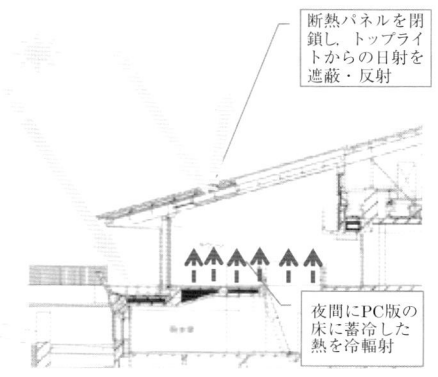

図 7.2.5　夏の昼間

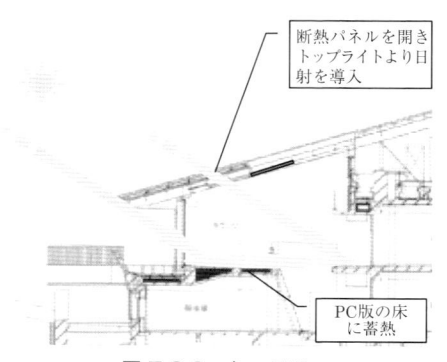

図 7.2.6　冬の昼間

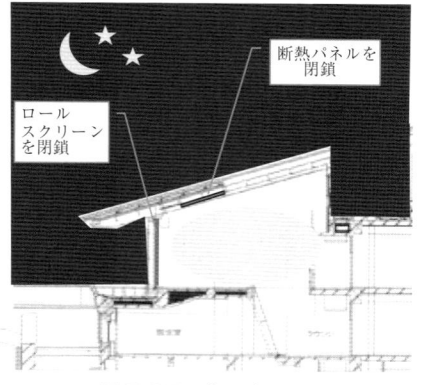

図 7.2.7　冬の夜間

7.2 事 例

事例1 ガラス窓＋庇

高知・本山町の家

「蓄熱VS蓄冷」と「温室効果VS放射冷却」の「原点」とも言うべき建築

小玉祐一郎氏の設計の有名な住宅プロジェクト。住宅であるため，内部発熱はそれほど多くないが，夏の「蓄冷と放射冷却」と冬の「温室効果」を可変装置なくして実現している。

1. 夏の夜間：ガラス窓からの放射冷却＋自然換気でコンクリート床に蓄冷
2. 夏の昼間：高い太陽高度に対して庇で日射遮蔽
3. 冬の昼間：ガラス窓から太陽光を入れ床に蓄熱
4. 冬の夜間：床の蓄熱体の放射

事例2 トップライトと可動断熱パネル

サンフランシスコと荻窪の住宅

可変装置で建物の性格を切替える

事例1における効果を1と3について，トップライトで効果を高めている例。トップライトは垂直面のガラスに比べ，3倍の効果があるといわれている。また2と4についてはトップライト下の天井断熱パネルを閉じ，日射遮蔽と断熱を行う。

図7.2.8 事例1 建物外観（提供：小玉祐一郎）
図7.2.9 事例1 建物内観（提供：小玉祐一郎）

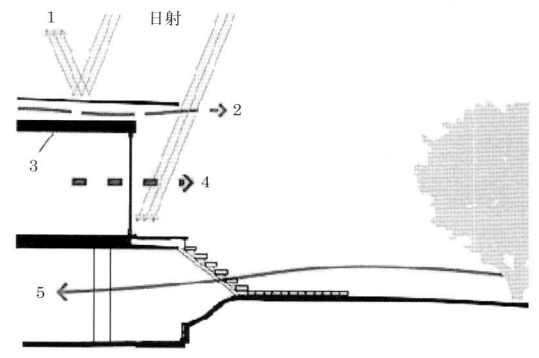

1 日射遮蔽・反射：屋根材の亜鉛鋼板により日射を反射する
2 屋根裏排熱：置屋根裏面の通気層から熱を排出
3 断熱：天井面200の断熱層
4 冷放射：表面温度の低い樹木への放射によって，熱が奪われる
5 通風・換気：栗林から抜ける風

図7.2.10 建物断面構成（提供：小玉祐一郎）

図7.2.12はこれと同じ構成＋トップライトと断熱パネルの間の空気を排気する仕組みを加えた住宅の事例である。

図7.2.11 開閉型トップライト

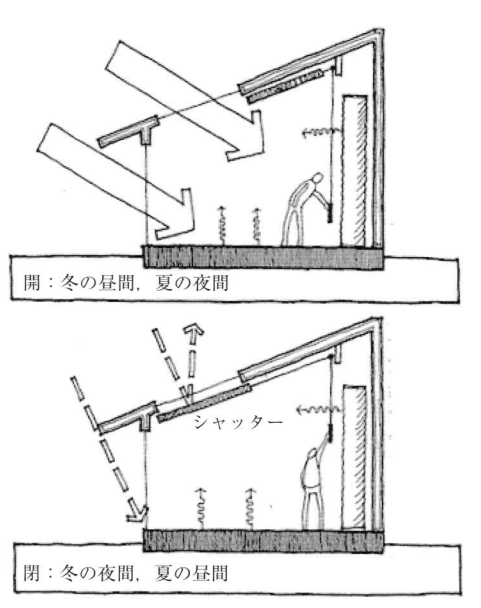

図7.2.12 蓄熱と断熱の切替え[1]

7 建築設計者からみた自然換気の取組み

事例3　トップライトと可動電動断熱パネル
　　　　大東文化大学　東松山キャンパス
　　　　　　　　　　　（10号館研究棟）

可変装置の大規模空間への「蓄熱 VS 蓄冷」と「温室効果 VS 放射冷却」の応用

1. 夏の夜間：トップライトからの放射冷却＋自然換気でコンクリート床に蓄冷
2. 夏の昼間：高い太陽高度に対して天井パネルを閉め日射遮蔽し，床の蓄熱体から冷気を放射
3. 冬の昼間：トップライトから太陽光を入れ床に蓄熱
4. 冬の夜間：天井パネルを閉めて断熱し，床の蓄熱体から熱を放射

天井の電動可動断熱パネルはシーズンでタイマー制御としている。

防犯に配慮し，外気は床下換気孔から導入し，高天井頂部から排気する仕組みとなっていて，暴風雨に対してセンサーで強制閉鎖する。

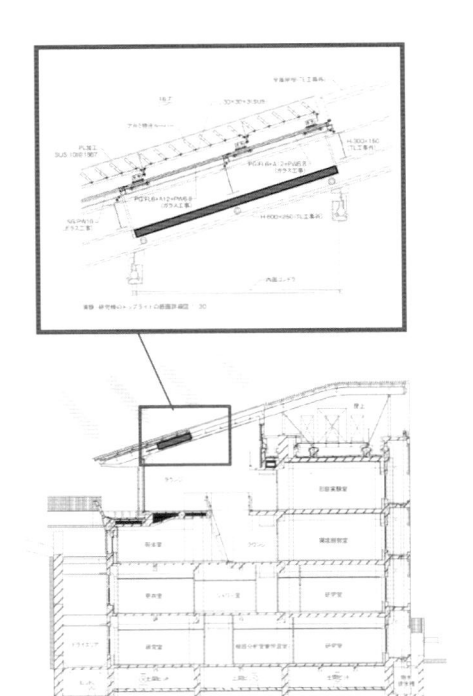

図 7.2.13　事例3　建物外観（提供：斉藤さだむ）

図 7.2.14　事例3　建物内観（提供：斉藤さだむ）

図 7.2.15　トップライト閉鎖

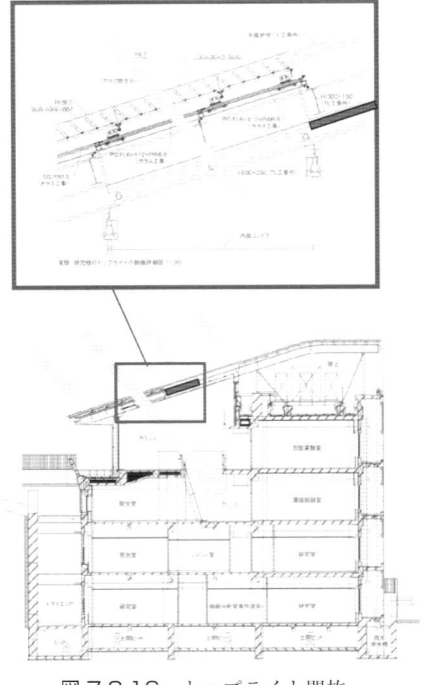

図 7.2.16　トップライト開放

7.2 事 例

事例4 斜めのガラス開口＋庇＋ベンチレーター＋スポット空調

大東文化大学東松山キャンパス
（多目的交流棟）

可変装置を使わない「蓄熱 VS 蓄冷」と「温室効果と放射冷却」の応用

上記の事例3の可変装置は建設コストがかかるため，可変装置を使わない斜めのガラスカーテンウォールに庇を複数取付けた構成の例である。基本的に空調を行わず部分的にスポット空調を設置していて，場所ごとに異なる環境を，利用者が選択することになる。

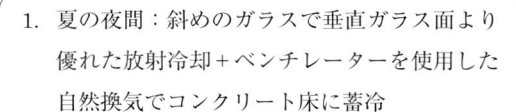

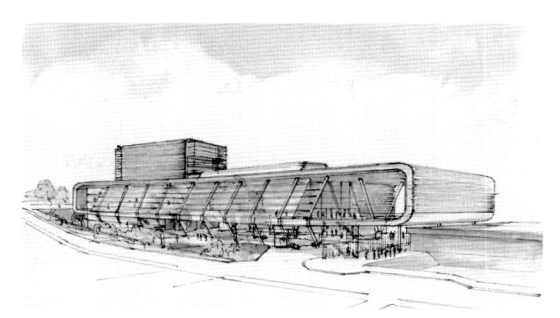

図 7.2.17　事例4　外観パース

1. 夏の夜間：斜めのガラスで垂直ガラス面より優れた放射冷却＋ベンチレーターを使用した自然換気でコンクリート床に蓄冷
2. 夏の昼間：高い太陽高度に対してガラス面に取付けた庇で日射遮蔽
3. 冬の昼間：ガラスから積極的に太陽光を入れコンクリート床に蓄熱
4. 冬の夜間：床の蓄熱体の放射（床の下面側を外断熱）

図 7.2.18　事例4　内観イメージ

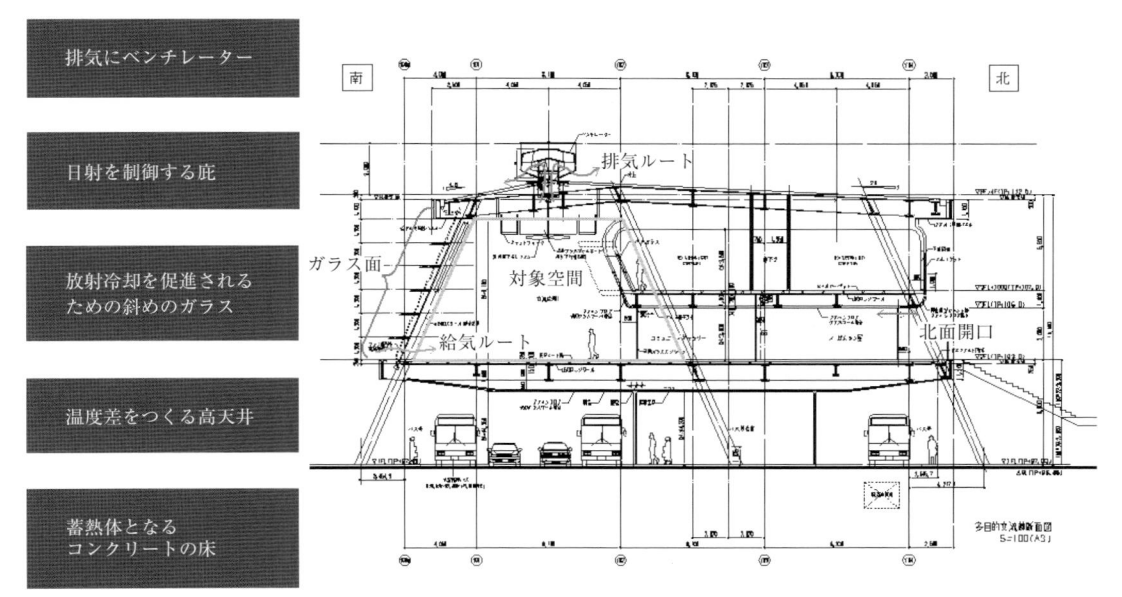

- 排気にベンチレーター
- 日射を制御する庇
- 放射冷却を促進されるための斜めのガラス
- 温度差をつくる高天井
- 蓄熱体となるコンクリートの床

図 7.2.19　事例4の環境制御手法

7 建築設計者からみた自然換気の取組み

非空調化の設計概要

1. 夏季・中間期：昼間は日射を遮蔽し自然換気
2. 夏季・中間期：夜間は自然換気で躯体冷却
3. 冬季：日射を入れ，温室効果をねらう
4. 通年で自然採光を最大限に活かす
5. 猛暑・厳寒の時期はスポット空調

シミュレーションを用いた設計手法

- STEP1　日射制御3Dシミュレーション
- STEP2　換気量による排気口の算定
- STEP3　熱換気回路網による温度解析
- STEP4　CFDによる空間形状の調整

STEP1　日射制御3Dシミュレーション

- 冬季は最大限日射を入れたい
- 夏季には直射日光を遮る必要がある
- 3Dシミュレーションで庇の長さを検証

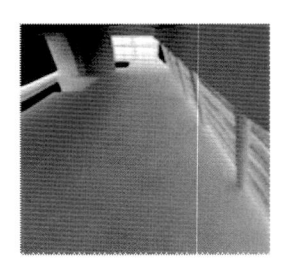

夏季：0%

中間期：50%

冬季：100%

図 7.2.20　日射シミュレーション結果

STEP2　換気量による排気口の算定

1. 熱負荷計算により，屋内が外気温度と同じになるための換気量を算定
2. 排気開口を使用するベンチレーターの性能値を用いて算定

* 外気温度24℃／内部26℃と仮定して計算
* ある一時点での定常計算
* 常に一定の風速と仮定

【必要換気量の算定】

$$q = cp \cdot \rho \cdot Q \cdot \Delta T$$

q：建屋の顕熱負荷　33 000kcal/h ÷ 0.86（熱負荷計算：外気温度，断熱性能）+100W（内部発熱）×100人

cp：空気比熱　1 006J/kgK

ρ：空気の密度　1.2kg/m^3

Q：換気量　m^3/s

ΔT：建物内外の温度差　2.0℃
　　　（外部24℃，内部26℃）

$$Q = (33\,000 \div 0.86 + 100 \times 100) \div 1\,006 \div 1.2 \div 2$$
$$= 20\text{m}^3/\text{s} = 72\,000\text{m}^3/\text{h}$$
（72 000m^3/h ÷ 建物ボリューム4 600m^3
＝16回/h換気に相当）

【排気開口面積の設定（ベンチレーター）】

使用するベンチレーターの性能@m：

42.3m^3/min/m（ベンチレーターメーカーデータ）

使用するベンチレーターの有効開口高さ@m：1.2m

1 300 ÷ 42.3 ＝ 30m（ベンチレーターの長さ）

有効開口 ＝ 1.2m × 30m ＝ 36m^2

【給気口の設定】

開口のサイズ・圧力損失を設定

排気口＝上記で決めた大きさ

排気口＝給気口×1.4倍

7.2 事 例

現在はコンピューターを用いた温熱環境シミュレーションが手軽に行えるため，建物の計画初期段階から，空調設備を設けない前提で，建物形状の検討や自然換気の給・排気口の設定を行うことができ，本事例はそういった設計手法の紹介である。

【解析条件】
・外気条件は，東京の標準気象データを使用。
・内部発熱，スポット空調は考慮しない。冬期のみ吹き下ろしファンを考慮。
・1月1日から1年間の，1時間ごとの非定常計算。（助走期間10日間）
・冬期は全ての開口を閉じ（0.5m^{2}の隙間を設定），1月1日～3月31日まで1時間ごとの非定常計算。

STEP3　熱換気回路網による温度解析
1. 各部の風速・温度を時刻ごとに解析
2. 最悪の条件下の温熱環境をチェック
* 年間気候データによる非定常計算
* 外皮負荷・内部発熱・躯体蓄熱／蓄冷を考慮
* 日射角度変動は夏期・中間期・冬期の季節単位

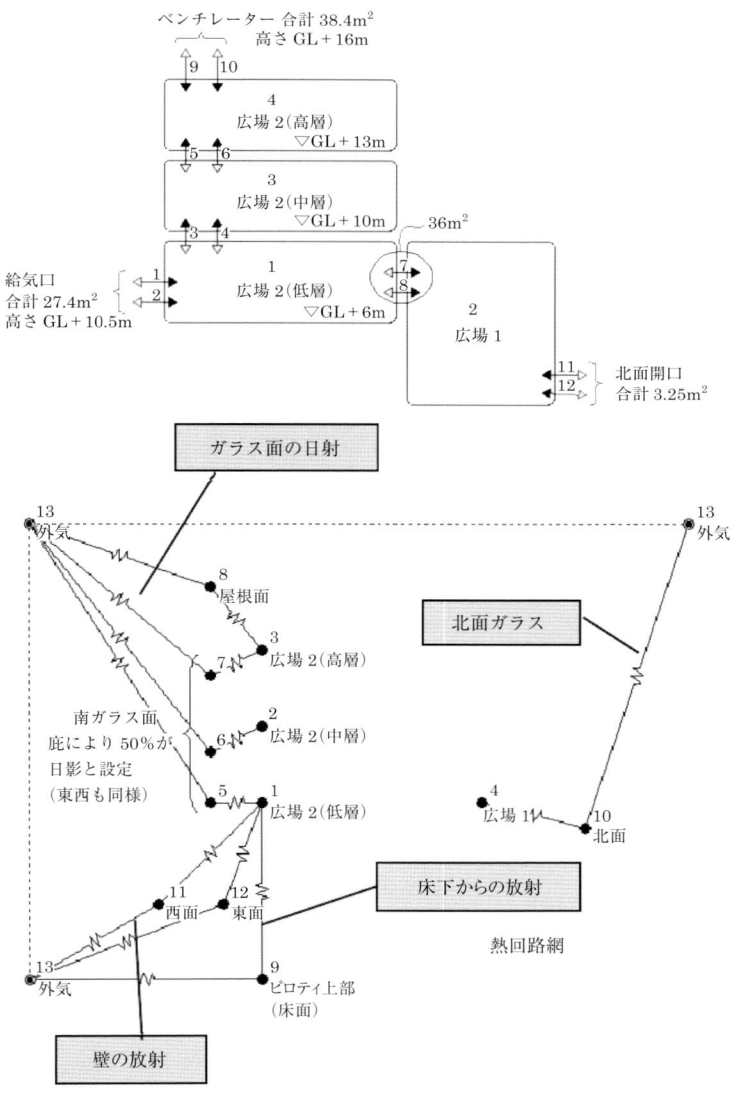

図 7.2.21　熱換気回路網モデル

7 建築設計者からみた自然換気の取組み

【熱換気回路網による温度解析】

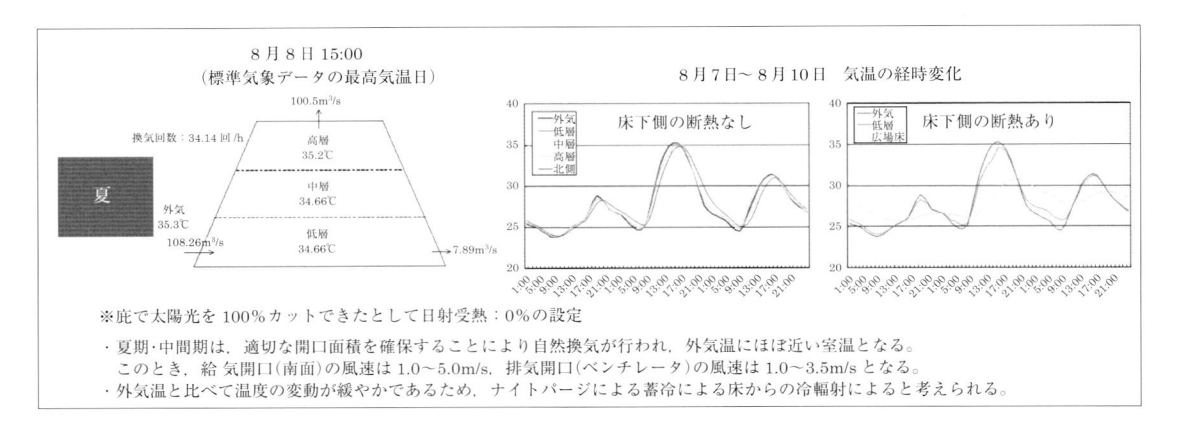

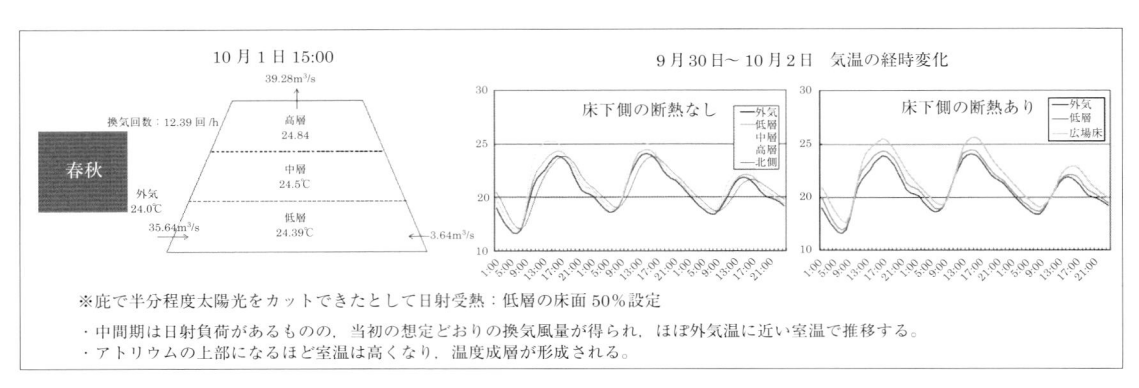

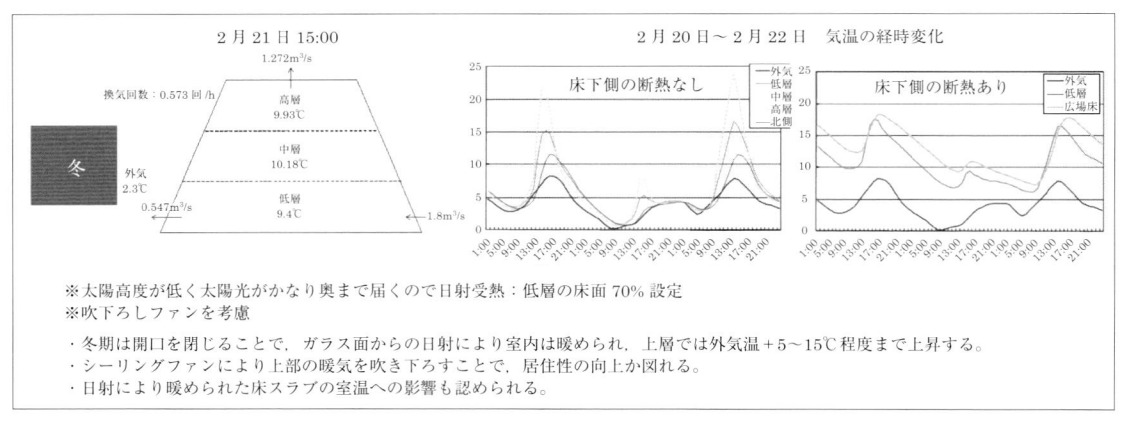

夏 8月8日 15:00（標準気象データの最高気温日）
換気回数：34.14回/h
高層 35.2℃／中層 34.66℃／低層 34.66℃
外気 35.3℃
100.5m³/s、108.26m³/s、7.89m³/s

8月7日〜8月10日 気温の経時変化（床下側の断熱なし／床下側の断熱あり）

※庇で太陽光を100%カットできたとして日射受熱：0%の設定
・夏期・中間期は，適切な開口面積を確保することにより自然換気が行われ，外気温にほぼ近い室温となる。
　このとき，給気開口（南面）の風速は1.0〜5.0m/s，排気開口（ベンチレータ）の風速は1.0〜3.5m/sとなる。
・外気温と比べて温度の変動が緩やかであるため，ナイトパージによる蓄冷による床からの冷輻射によると考えられる。

春秋 10月1日 15:00
換気回数：12.39回/h
高層 24.84／中層 24.5℃／低層 24.39℃
外気 24.0℃
39.28m³/s、35.64m³/s、3.64m³/s

9月30日〜10月2日 気温の経時変化（床下側の断熱なし／床下側の断熱あり）

※庇で半分程度太陽光をカットできたとして日射受熱：低層の床面50%設定
・中間期は日射負荷があるものの，当初の想定どおりの換気風量が得られ，ほぼ外気温に近い室温で推移する。
・アトリウムの上部になるほど室温は高くなり，温度成層が形成される。

冬 2月21日 15:00
換気回数：0.573回/h
高層 9.93℃／中層 10.18℃／低層 9.4℃
外気 2.3℃
1.272m³/s、0.547m³/s、1.8m³/s

2月20日〜2月22日 気温の経時変化（床下側の断熱なし／床下側の断熱あり）

※太陽高度が低く太陽光がかなり奥まで届くので日射受熱：低層の床面70%設定
※吹下ろしファンを考慮
・冬期は開口を閉じることで，ガラス面からの日射により室内は暖められ，上層では外気温＋5〜15℃程度まで上昇する。
・シーリングファンにより上部の暖気を吹き下ろすことで，居住性の向上が図れる。
・日射により暖められた床スラブの室温への影響も認められる。

図 7.2.22　熱換気回路網シミュレーション結果

【熱換気回路網による温度解析の結果】
・熱換気回路網では，年間を通じてアメダスのデータに基づいた，気温・太陽光・風向きの条件をモデル化した環境でシミュレーションを行い，室内の温度変化を見る。夏期の一番暑い日・中間期・冬期のそれぞれの代表的な日の3日分の温度変化を，床の蓄熱の有無を変えて計算してみた。
・夏期は夜間の床の蓄冷効果は明らかで，床面近くの室温は午前中は持続し，その後外気温度が下がり始めるので，結果的に夏の最も暑い日では外部温度より5度近く低くなった。

- 中間期では外気温度が快適なため，昼夜を問わず外気を導入することでちょうど外気温度に近い状態となり，室内は快適な温度と言える。
- 冬季は，太陽光を床に蓄熱し，ほぼ日中は暖房なしで暖かい状態を保つことができる。
- シミュレーション結果としては，100人程度の人数までは，夏期の夜間のナイトパージと中間期の自然換気，冬期の温室効果で，ほぼ通年で空調なしですごせるということになった。
- 熱換気回路網を使えば，年間のエネルギー消費量の累積の試算をすることも可能である。

STEP4　CFDによる空間形状の調整
1. STEP1・2・3より各開口のサイズ・風速を設定
2. 対象空間を細分化し，風速・温度分布を可視化
3. 空間の中で温度条件の悪い部分の形状や開口部などを調整し改善

【CFDでの検証の意味】

　CFDでは熱換気回路網では検証のできない，空間の形状の3次元での検証ができる。例えば，下記の事例のように，給気口と排気口の場所がよくないと，熱溜りができたりするが，CFDの検証で，開口の位置を変え，改善することができる。
　逆にCFDでは定常状態での検証にすぎないので，非定常状態の熱換気回路網による検証をCFDの前に必ず行う必要がある。

気象条件

鳩山の気象（中間期平均）

外気温度：15.7℃
室内温度：18.7℃
外部風速：0.5m/s
卓越風向：北・東南東

※気温・風速・風配図はEA気象データより引用
※EA気象データ：月別に平均的な年を選択してつなぎ合わせた仮想の年間データ

図7.2.23　CFD検討時の外気条件

【CFDによる温度分布の検証】

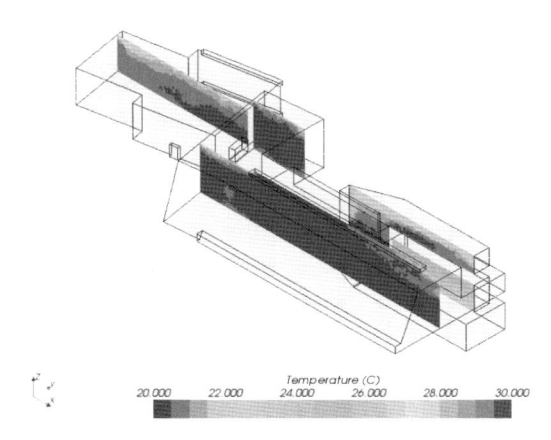

* 定常計算（外気条件は一定）
* 外皮負荷・内部発熱・躯体蓄熱を考慮
* 蓄熱による遅れを考慮できない

図7.2.24　CFD検討結果（温度）

【CFDによる気流の検証】

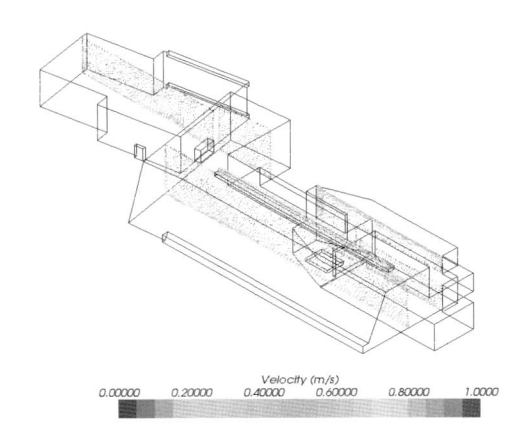

発熱
人体 1F床面　　550W（55W×10人）
　　2F多目的ホール床面　2 750W（55W×50人）
　　2F交流広場床面　　　2 750W（55W×50人）
　　照明　全ての天井面　10W/m^2
風量
換気検討書の計算結果より
流入温度　20℃

図7.2.25　CFD検討結果（気流）

7.2.3 ダブルスキンによる高層建築の自然換気

自然換気を利用した多様なタイプのダブルスキンが試みられてきた。ダブルスキンとは基本的には自然換気を活用して外壁の熱負荷を除去することを目的としているが，ドイツなどで見られるダブルスキンは高層建物において外気を屋内に入れることも目的としている。

夏は乾燥していて外気温度が屋内より低いことから，冷房設備を持たずに，外気を入れることで快適な環境となるドイツなどと異なり，ダブルスキンを日本の気候で活用するには課題が多く，日本ではエアフローウィンドウのほうが定評があり，広く普及している。

ドイツなどでガラスを多用したダブルスキンが普及している理由として，日照時間の短さも挙げられる。日本と比べてあまりにも冬季の日照時間が短く，太陽光をと入れることへの生理的な欲求と冬季の暖房負荷低減から，経済的にも成立しやすい条件となっている。

ダブルスキンとエアフローウィンドウは構成がいずれも二重ガラス構造になっていてよく似ているが，違いはダブルスキンが外気を二重壁内にとり入れているのに対し，エアフローウィンドウは屋内空気を二重壁内に入れていることが大きく異なる。

湿度が高く，外気温度が屋内より高い期間が長い日本においては，ドイツのようにダブルスキンで外気を屋内に取り入れる自然換気は適さず，密閉型のダブルスキンが適している。

日本の気候に合わせた自然換気を利用したダブルスキンを追いかけていくと，多層型のダブルスキンに行き着くが，これは多層型のエアフローウィンドウと非常に良く似た構成で，結果的にエアフローウィンドウと言えるかもしれない。

ドイツ人の積極的な自然採光と自然換気は理屈ではなく，好み，あるいは習慣とも言える。面白い例として，自然換気のできる高層のダブルスキンビルの例の多いフランクフルトにおいて，アメ

ヨーロッパに見られる農家の3重窓

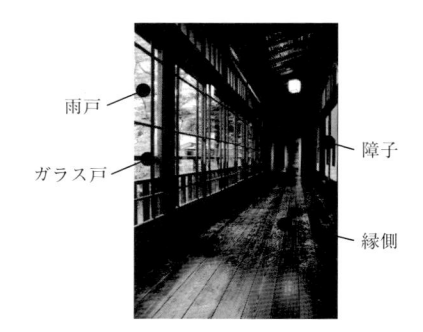

図 7.2.26 ドイツと日本の伝統的住居[2]

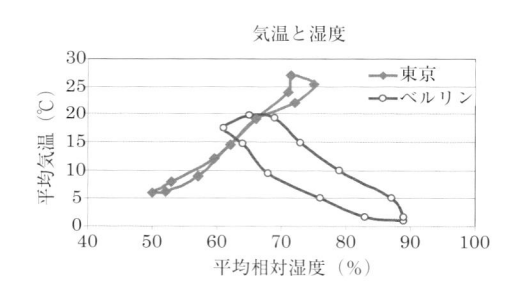

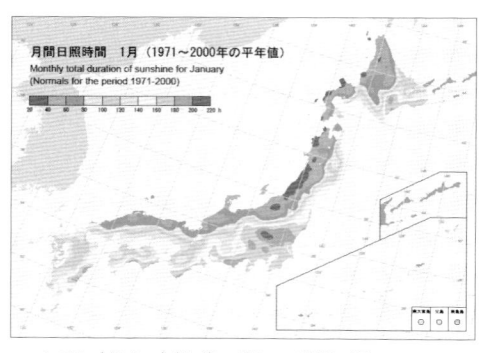

エムデン（ドイツ）（北緯53度）：20時間／月
エッセン（ドイツ）（北緯51度）：7時間／月
図 7.2.27 ドイツと日本の気候[3]

リカ系の企業の建物では自然換気は採用されず，完全空調のアメリカ型のシステムとなっている。

(1) エアフローウィンドウ
①ボックスタイプ・エアフローウィンドウ

　室内のリターンを外壁の2重ガラスの中を通して空調機へ戻すことで，外壁の熱負荷を低減するシステム。ペリメーター空調機やファンを設けずに，窓周りの環境改善が行える。

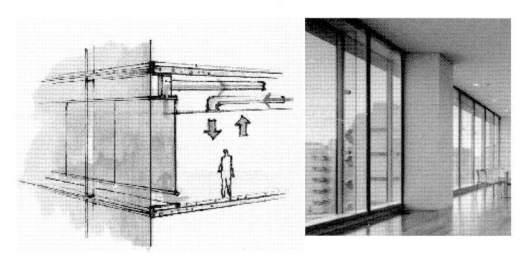

図7.2.28　ボックスタイプ・エアフローウィンドウ

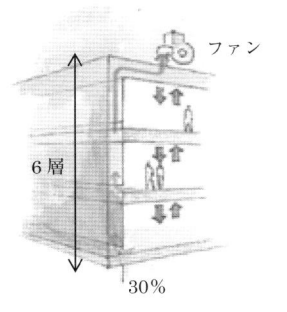

②多層型・エアフローウィンドウ

　ボックスタイプのエアフローウィンドウ6層が一体となった空間で，屋上ファンで排気を引っ張るシステム。1963年に東京虎ノ門のNCRビルで実現した。

図7.2.29　多層型・エアフローウィンドウ

③ボックスタイプ・セミエアフローウィンドウ

　エアフローウィンドウの2重ガラスの内側のガラスをロールスクリーンで置き換えたタイプ。

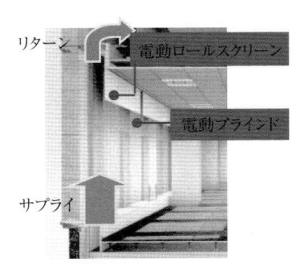

図7.2.30　ボックスタイプ・エアフローウィンドウ

(2) ダブルスキン
④連結ボックスタイプ・ダブルスキン

　伝統的なヨーロッパの農家の2重窓の現代版のようなタイプの窓。2重ガラスの構成で，内側の窓から自然換気を取り入れることができ，風の強い高層建物での自然換気と2重壁内に設けたブラインドで，日射負荷を低減するシステム。

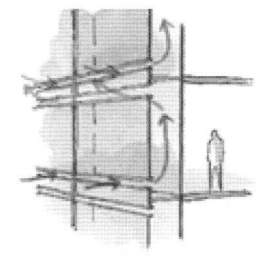

図7.2.31　連結ボックスタイプ・ダブルスキン[2)]

⑤ボックス＋シャフトタイプ・ダブルスキン

　連結ボックスタイプにガラスの縦シャフトを連結させ，煙突効果による重力換気で排気を促進させるタイプ。上層部が熱くなるため，縦シャフトは6層から7層ごとに縁を切る必要がある。

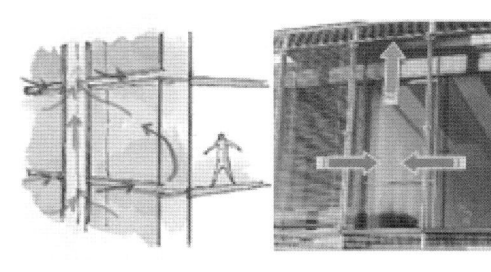

図7.2.32　ボックスシャフトタイプ・ダブルスキン[2)]

⑥コリドータイプ・ダブルスキン

　二重ガラスが横方向に連続し，床で上下階が仕切られているタイプ。上下左右の開口を通じて，ショートサーキットしないように，開口が互い違いに設ける工夫がされている。

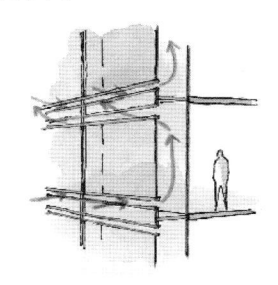

図7.2.33　コリドータイプ・ダブルスキン

（3）多層型ダブルスキン

二重ガラスが縦横方向全てに連続し，建物外壁全体を覆い，最上部と最下部に開閉窓を設け，夏季と中間季は二重ガラス内を自然換気し，外壁の熱負荷を除去するシステムで，冬季には上下の窓を閉めて温室効果を活用する。

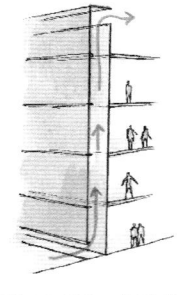

図 7.2.34　多層型

産業技術総合研究所臨海副都心センター
AIST　1999-2001
余剰排気活用

空調機が外気に捨てる余剰排気を二重ガラスの内に入れて，自然換気を利用して排気することで，夏には少し冷えた空気を，冬には少し暖かい空気を外壁に沿わして捨てることになり，外壁で熱回収することができる。これは自然換気を動力として利用している点を除いて，多層型のエアフローウィンドウと似たシステムである

実測データによると，ダブルスキン内の自然換気による外壁の熱負荷低減効果は通年でおよそ37%であった。

	Double-skin	Single pane
Coefficient of overall	1.47（25%）	5.8
Shading coefficient	0.18（33%）	0.54
ピーク冷房負荷 [kW]	74（38%）	195
ピーク暖房負荷 [kW]	99（28%）	354
年間負荷 [GJ/年]	166（37%）	449

図 7.2.35　実測結果

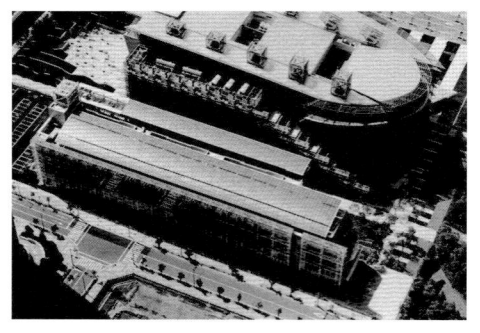

図 7.2.36　建物外観（提供：米倉英治）

図 7.2.37　ダブルスキン外観（提供：米倉英治）

7.2.4 ソーラーチムニー

某大学（2012～）

ソーラーチムニーは高低差による煙突効果に昼間の太陽光による煙突頂部の蓄熱による温度差でさらに上昇気流を助長するもので，自然換気の排気側には不可欠なものであり，夜間においても蓄熱効果が続くため，ナイトパージにも有効である。

図 7.2.38 ソーラーチムニータイプ

(1) 熱換気回路網を使ったシミュレーション

ソーラーチムニーの条件をいくつか変えて行った。

Aの室の条件：
通常の室内発熱，$75m^2$，天井高さ 3m，
給気窓 $2m^2$，排気窓 $1.6m^2$

A1：チムニーなしで自然通風のみ
　　上階のほうが室温は高い
A2：窓開口そのままチムニーを設置
　　最上階の室温が大きく下がっている
A3：窓開口とチムニー断面積を大きくした
　　チムニーなしに比べ1℃程下がっている
A4：最上階の窓を塞ぎ，相対的にチムニーを高くした
　　あまり大きな効果はない

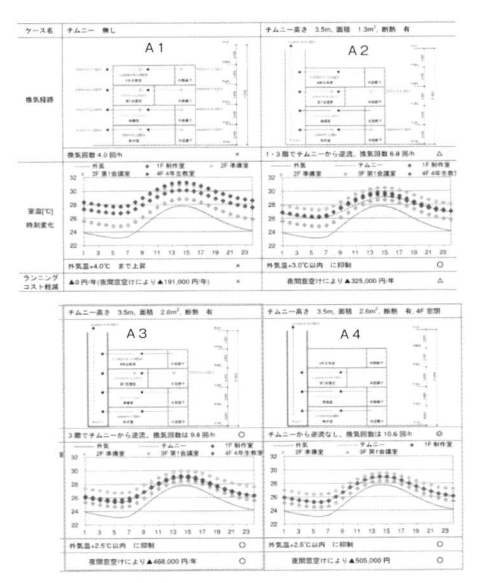

図 7.2.39 タイプA 温度検討結果

Bの室の条件：
大きな発熱，$75m^2$，天井高さ 6.5m，
給気窓 $4.8m^2$，排気窓 $4.2m^2$

B1：チムニーなしで自然通風のみ
　　室温に違いは発生熱源の違い
B2：窓開口は同じでチムニーを設置（外断熱なし）
　　6℃近く室温が下がっている
B3：チムニー外壁に外断熱施す
　　あまり変化は見られない。
＊　室の発熱が高い場合はソーラーチムニーの効果が大きくなる。

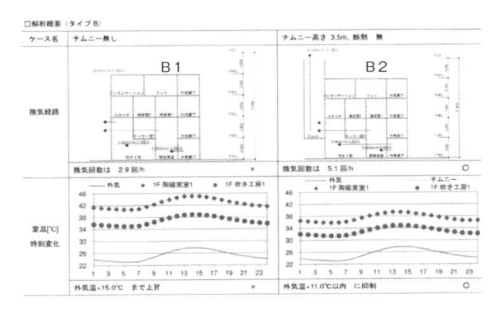

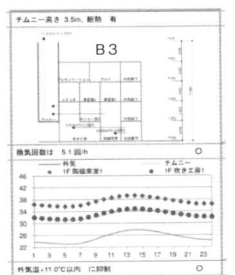

図 7.2.40 タイプB 温度検討結果

7　建築設計者からみた自然換気の取組み

（2）放射冷房パネル併用で自然換気期間の延長
　　（＝搬送動力をゼロとする空調）
インキュベーション・オン・キャンパス
本庄早稲田　2001-2004（早稲田大学 94 号館）

　ソーラーチムニーによる自然換気の限界は外気温が屋内温度に近づいてきた場合と湿度の高いときである。自然換気により，屋内環境が不快になる。給気側の外気を放射冷房パネルの間を通し，パネルを「結露」させることでの除湿と，給気の冷却で自然換気の使える期間を伸ばすことができる。つまり搬送動力を 0 とする空調とも言える。

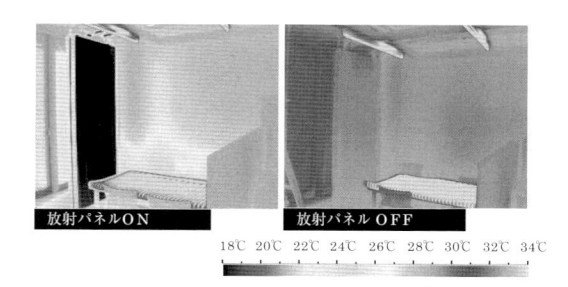

図 7.2.43　放射パネル温度 [4]

図 7.2.41　建物外観 [4]

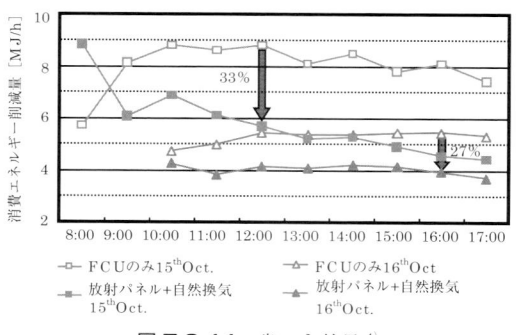

図 7.2.44　省エネ効果 [4]

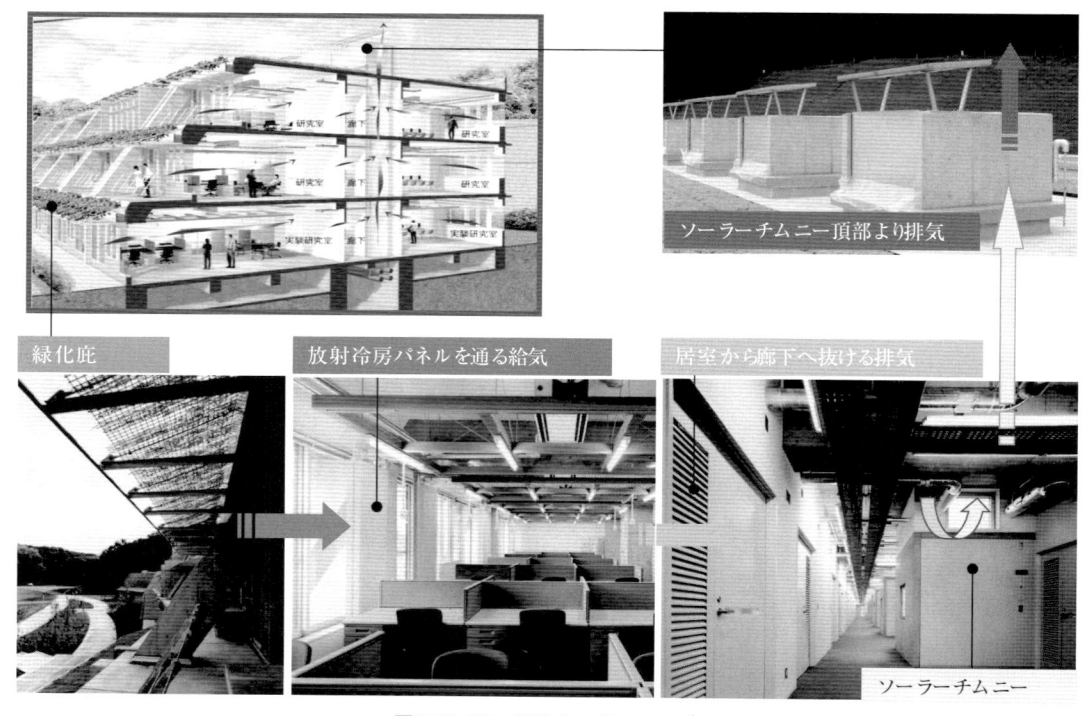

図 7.2.42　建物内の風の流れ [4]

《参考引用文献》
1) 彰国社編：自然エネルギー利用のためのパッシブ建築設計手法事典, p.26, 1983
2) Verlag Georg D.W. (original in German 1999), Peter Green (trans.), Rolf-Dieter Lieb (ed.), "Double-Skin Facades Integrated Planning", Prestel Verlag, Munich, 2001
3) 気象庁ホームページ
4) 田中佑昌, 山本佳嗣, 富樫英介, 安宅智洋, 北田 真, 渡辺賢太郎, 田辺新一, 竹部友久, 星野聡基：放射パネル・自然換気併用システムの冷房利用に関する研究 中間季における温熱環境と除去熱量及び自然換気の有効期間に関する考察, 日本建築学会大会学術講演梗概集, pp.1207-1208, 2005

付　録

付録 1　近年の自然換気研究例

　自然換気量の計算時に一般に用いられているオリフィス式（付式（1.1））を通風のように室容積に対して大きな開口部を気流が通過する現象に適用する場合には，いくつかの懸念事項があることが知られており，これらに対して種々の対策法や通風量算定法が提案されている。また，自然換気時の居住者の温熱感覚についても新たな指標が提案されている。本委員会ではこのような国内外の関連研究論文のレビューを行ってきたので，本節では代表的な研究例を簡単に紹介する。

付.1.1　開口間の相互干渉（干渉係数）に関する研究

　付図1.1に示すように，開口部を通過する風量は付式（1.1）のように表すことができる。ここで，αAを有効開口面積もしくは相当開口面積と呼ぶ。

$$Q = \alpha A \sqrt{\frac{2}{\rho} \Delta p} \quad （付1.1）$$

Q：自然換気量［m³/s］，α：流量係数［-］，A：開口面積［m²］，ρ：空気密度［kg/m³］，Δp：開口前後の全圧差［Pa］

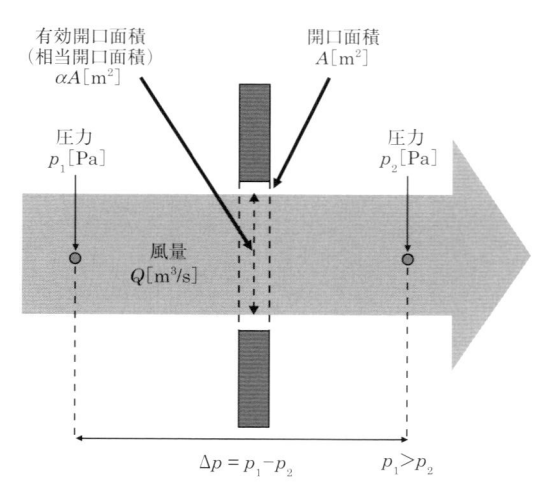

　開口部が直列に配置されている単室（付図1.2）の自然換気量は，有効（相当）開口面積の直列合成（結合）値$(\alpha A)_{1+2}$を付式（1.1）のαAに代入することで求めることが可能となる。
　流量係数の直列合成値は付式（1.2）で求めることができる。

$$(\alpha A)_{1+2} = \frac{1}{\sqrt{\frac{1}{(\alpha_1 A_1)^2} + \frac{1}{(\alpha_2 A_2)^2}}} \quad （付1.2）$$

　流量係数と開口面積の添字は開口部番号を表す。
　開口部の流量係数は抵抗係数ζを用いて付式（1.3）のように表すことができる。

$$\alpha = \frac{1}{\sqrt{\zeta}} \quad （付1.3）$$

ζ：開口部の形状抵抗係数［-］

　付式（1.3）を用いて付式（1.2）は付式（1.4）に変換ができる。

$$(\alpha A)_{1+2} = \frac{1}{\sqrt{\frac{\zeta_1}{A_1^2} + \frac{\zeta_2}{A_2^2}}} \quad （付1.4）$$

　抵抗係数の添字は開口部番号を表す。

付図1.1　開口部を通過する風量

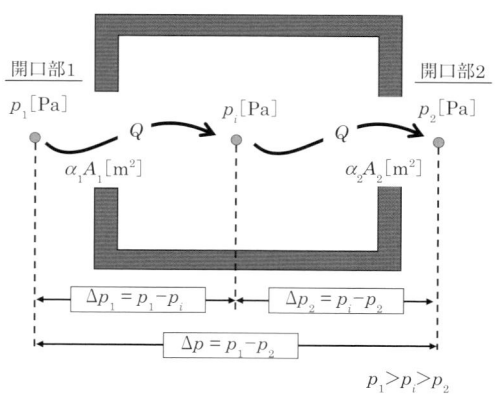

付図1.2　直列配置された開口部を通過する風量

付録1　近年の自然換気研究例

ここで，簡単のため，開口部1と開口部2の面積を同じと仮定して，$A_1 = A_2 = A$ と置くと，付式 (1.4) は付式 (1.5) となる。

$$(\alpha A)_{1+2} = \frac{A}{\sqrt{\zeta_1 + \zeta_2}} = \frac{A}{\sqrt{\Sigma\zeta}} \quad (\text{付 } 1.5)$$

ここで，$\Sigma\zeta$ は開口部の抵抗係数の合成値を表す。

各開口部の抵抗係数は室内の気流性状の違いに関わらず，チャンバー法によって測定された値を用いるのが一般的である。

しかし，通風のように大きな開口部を有する室を対象にする場合には，開口部の大きさに対して室内奥行きが十分に長くなく，室内に流入した気流は動圧が解消されないままに建物外へと流出することが考えられる。このような場合には，建物全体の総合抵抗係数は単一開口部の抵抗係数の合成値よりも小さくなることが知られている。石原[1]によると，2開口間の距離 L が開口面積の平方根（$=\sqrt{A}$）のおよそ10倍以上ある場合に，各抵抗係数の合成値は総合抵抗係数と等しくなるとされている。この問題に対し，石原は抵抗係数の合成による低下を開口間の相互干渉として捉え，その程度を表す「干渉係数」を付式 (1.6) のように提案している。

$$m = \frac{\xi}{\Sigma\zeta} \quad (\text{付 } 1.6)$$

m：干渉係数 [−]，ξ：総合抵抗係数（測定値）[−]

したがって，干渉係数を用いて自然換気量は付式 (1.7) により求めることができる。

$$Q = (\alpha A)_{1+2}\sqrt{\frac{2}{\rho}\Delta p} = \frac{A}{\sqrt{m\Sigma\zeta}}\sqrt{\frac{2}{\rho}\Delta p} \quad (\text{付 } 1.7)$$

付図 1.3 に山中・甲谷ら[2]による干渉係数の概念図を示す。

石原は一例として，間仕切り開口のある場合における干渉係数を付表 1.1 のように示している。この場合の各開口面積は等しく，風向は開口部に

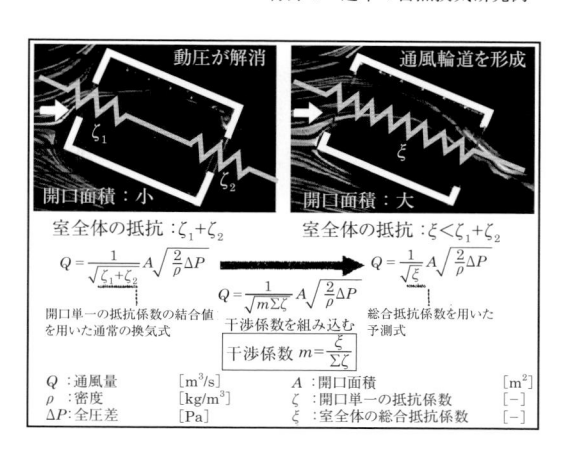

付図 1.3　自然換気量予測式への干渉係数の適用[2]

付表 1.1　間仕切り開口のある場合の干渉係数[1]

間仕切開口位置	$\Sigma\zeta$	ξ	干渉係数 m
→ □	1.85 + 2.4 = 4.25	3.50	0.82
→ □│□	1.85 + 1.67 + 2.4 = 5.92	3.10	0.52
→ □│□	同上	3.30	0.56
→ □│□	同上	3.50	0.59
→ □│□	同上	3.50	0.59
→ □│□	同上	3.50	0.56
→ □││││││□	1.85 + (5 × 1.67) + 2.4 = 12.6	2.85	0.23

室寸法は高12×幅12×長45，開口は6×6（単位cm）。
$\Sigma\zeta$ は入り口，出口および管中オリフィスのデータによる。

垂直である。

干渉係数を用いる補正方法は簡便であり，実務上は有用であると考えられているが，資料整備が十分になされていたとは言い難い。この点に着目し，近年では山中・甲谷ら[2]〜[7]による干渉係数の資料整備を目的とする研究が行われているので，詳しくはそれらを参考されたい。

付.1.2　エネルギー保存式に基づく通風量算定モデル（パワーバランスモデル）に関する研究

風力による自然換気量（通風量）を算出する際，付式 (1.1) における全圧差 Δp は一般に風上面風圧と室内静圧の差とするが，これは室内に流入

付　録

した気流の運動エネルギーが全て消失し，室内静圧は一様の状態になっていると仮定している．しかし，室の大きさに対して，相対的に開口部が大きい場合には，運動エネルギーが残存し，付式（1.1）の圧力差の室内側圧力に静圧を用いると正確な通風量の予測に困難が生じる（付図1.4）．石原はこの問題を開口部間の相互干渉と捉え，干渉係数の適用による総合抵抗係数の補正を提案しているが，村上・加藤・赤林ら[8]は，Guffeyら[9]によるエネルギー収支に基づくダクトの合流・分岐モデルを通風問題に適用したパワーバランスモデルを提案している．

パワーバランスモデルとは付図1.5に示すように建物の風上から風下へと流れる流管を考え，各々の流管内に複数の検査面を設定し，その検査面間のエネルギー輸送量と通風量の関係を示したものである．

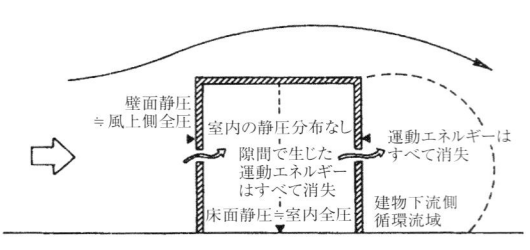

付図1.5の室内を通過する流管モデル3（c-d間）に着目すると，検査面cにおけるエネルギー輸送量は付式（1.8）となる．

$$PW_c = PW_d + LP_3 \qquad (付1.8)$$

PW_x：検査面xのエネルギー輸送量（全圧*風量）[W]

LP_y：流管yにおけるエネルギー損失 [W]

これをほかの流管モデルに適用すると，付式（1.9）のようになる．

$$\left.\begin{aligned}
PW_a &= PW_b + PW_c + LP_1 \\
PW_b &= PW_e + LP_2 \\
PW_d &= PW_f + LP_4 \\
PW_e &= PW_g + LP_5 \\
PW_f &= PW_h + LP_6 \\
PW_g + PW_h &= PW_i + LP_7
\end{aligned}\right\} \qquad (付1.9)$$

ここで，PW_xは付式（1.10）のように表すことができる．

$$\begin{aligned}
PW_x &= \int^{Ax} p_{tx} U_x dA \\
&= \int^{Ax} p_{sx} U_x dA + \int^{Ax} p_{dx} U_x dA \qquad (付1.10)\\
&= \left(\overline{p_{sx}} + \overline{p_{dx}}\right) Q_x
\end{aligned}$$

Ax：検査面 x の断面積 [m^2]，
p_{tx}：検査面 x の微小面積 dA における全圧 [Pa]，
U_x：検査面 x の微小面積 dA における風速 [m/s]，
p_{sx}：検査面 x の微小面積 dA における静圧 [Pa]，
p_{dx}：検査面 x の微小面積における動圧 [Pa]，
$\overline{p_{sx}}$：検査面 x の平均代表静圧 [Pa]，
$\overline{p_{dx}}$：検査面 x の平均代表動圧 [Pa]，
Q_x：検査面 x の風量 [m^3/s]

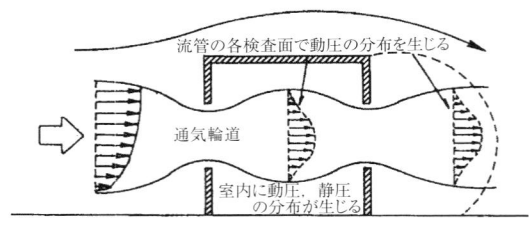

付図1.4　開口の大小に伴う内外気流の差のモデル化[8]

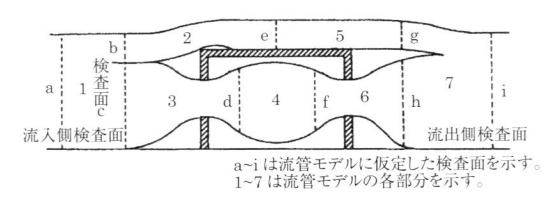

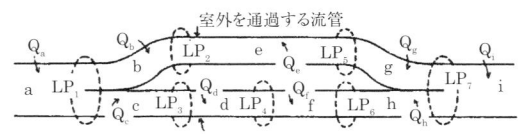

付図1.5　流管モデルによるエネルギー輸送量計算の考え方[8]

また，開口部に流入する検査面cにおけるLP_3は付式（1.11）で表すことができる．

$$LP_3 = C_{3c}\int^{Ac} p_{dc}U_c dA + C_{3d}\int^{Ad} p_{dd}U_d dA$$
$$= C_{3c}Q_c\overline{p_{dc}} + C_{3d}Q_d\overline{p_{dd}}$$

(付 1.11)

C_{yx}：流管 y，検査面 x における運動量輸送に伴うエネルギー損失係数［－］

付式（1.8），付式（1.9）より流量保存式および回路網計算などを用いて Q_x を求めるためには，開口や室内の形状に応じたエネルギー損失係数 C_{yx} を整備する必要がある。詳細は文献[8),10)〜14)]を参照されたい。近年では山中・甲谷・小林ら[15)〜20)]によって，同様に流管モデルに基づく検討が精力的に行われている。

付.1.3 開口部周辺の力学的相似性に基づく通風量算定モデル（局所相似モデル）に関する研究

前述のとおり，付式（1.1）中に示す流量係数 α はチャンバー法で測定した値を用いるのが一般的であり，各種開口部の流量係数が付表 1.2 のように，示されている[21)]。接近流が開口部に垂直となる場合（風向角 0 度とする）にはこの流量係数は妥当な値となるが，接近流が開口部の垂直軸と角度をなす場合には，流量係数は変化することが従来から指摘されている。倉渕・大場・遠

付表 1.2 開口部の形状と流量係数 α[21)]

名称	形 状	流量係数 α
通常の窓		0.6〜0.7
ベルマウス		約 1.0
ルーバー	β 90°	0.70
	70°	0.58
	50°	0.42
	30°	0.23

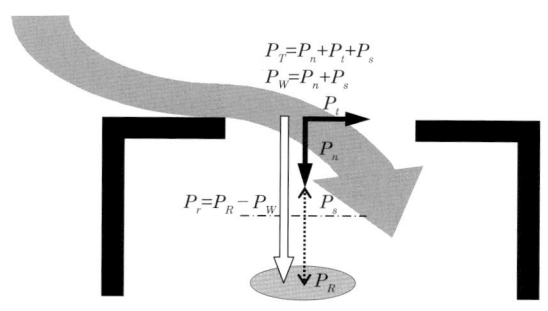

付図 1.6 流入開口部周辺における気流の力学的性状[22)]

藤ら[22)]は，風向が変化する際の流量係数の変化を合理的に説明する「局所相似モデル」を提案している。局所相似モデルによれば，開口部における流入状況は開口部周辺の力学的性状によって決定し，開口部周辺の力学的構造が同一であれば，開口の大きさや位置によらず，流入現象は相似となる。付図 1.6 に流入開口部周辺の力学的性状を示す。

通風が行われる流入開口部に作用する風圧力を P_W，全圧を P_T とおく。開口部法線方向動圧を P_n，開口部接線方向動圧を P_t，開口部静圧を P_s とおくと，P_T は付式（1.12）で表される。

$$P_T = P_n + P_t + P_s \qquad (付 1.12)$$

一方，P_W は P_n が開口部閉鎖時に静圧転換されたものと考えると，付式（1.13）で表すことができる。

$$P_W = P_n + P_s \qquad (付 1.13)$$

これらより，P_t は P_T と P_W の差として，付式（1.14）で表される。

$$P_t = P_T - P_W \qquad (付 1.14)$$

室内側の条件としては，室内静圧 P_R が重要であり，これを P_W 基準で表した基準化室内圧 P_r を付式（1.15）で定義する。

$$P_r = P_R - P_W \qquad (付 1.15)$$

$P_r=0$ の条件では通風量が 0 となり，P_r が小さくなるほど通風量は増加する。ここで，流入開口近傍の通風気流の構造を P_t の接線方向動圧に

付　録

さらされた開口部に，換気駆動力 P_r が作用した流れとして捉えると，P_t と P_r は独立に変動可能な変数であることから，付式（1.16）で与えられる両者の比（無次元室内圧 P_R^*）が等しい条件では，開口部付近の流れ場の力学的な相似が成立する可能性がある。

$$P_R^* = \frac{P_r}{P_t} = \frac{P_R - P_W}{P_T - P_W} \quad （付1.16）$$

付式（1.16）では $P_R^* < 0$ の条件で流入，$P_R^* > 0$ の場合に流出となる。開口部における力学的相似が成立すると，開口部周辺の動圧，圧力差の比が等しくなるので，P_n と P_t，P_r の比を用いて付式（1.17），付式（1.18）が一致する。

$$\alpha = \sqrt{\frac{P_n}{|P_r|}} \quad （付1.17）$$

$$\beta = \tan^{-1}\sqrt{\frac{P_t}{P_n}} \quad （付1.18）$$

付式（1.18）は開口部法線方向流入の場合を $\beta = 0$ とおいた場合の流入角度を表している。つまり，P_R^* が一致する開口部では，流れの力学的相似の成立により，付式（1.17）より流量係数 α が，付式（1.18）より流入角 β が一意に決まると考えられる。実験結果より P_R^* に対し α，β が単調に変化することから，付図1.7に示すように P_R^*，α，β はそのいずれか一つが決まれば，ほかは自動的に決定される。

ただし，通風時の主要な予測対象である換気量に直接関連した P_n が式中に含まれているので，実用的にはパラメータ中に P_n を含まない P_R^* か

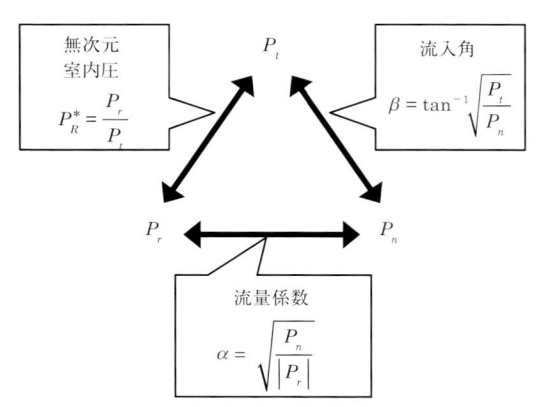

付図1.7　圧力の力学的局所相似性 [22]

付表1.3　通気特性データベース対象開口部 [23]

名称	形状	分類 [mm]
単純形状		長方形開口（基本開口），ベルマウス状，正方形開口，円開口
ルーバー窓		長辺ルーバー，短辺ルーバー
一重回転窓		横開口，縦開口
一重はね出し窓		短辺軸，長辺軸

ら α，β を決定するのが適当であることから，遠藤・倉渕ら [23] は P_R^* と α の関係式を算出し，付表1.3に示す各種流入開口部について，式中のパラメータをまとめた通気特性データベースを報告している。局所相似モデルを適用した通風量算定方法や適用範囲については文献を参照されたい [22]～[26]。

付.1.4　Adaptive Model

ISO7730-1994 [27] や ASHRAE Standard 55-1992 [28] など，従来一般的に用いられてきた室内温熱環境基準は，人工気象室内で被験者条件を固定した実験が基礎となっている。そのため，人間が単なる環境を感受する存在として捉えられており，人間の環境に対する適応性はほとんど無視されていた。

それに対して de Dear と Brager [29] は，世界中で行われた総計160件のオフィスビルの実測およびアンケート申告データに基づき，自然換気建物ではセントラル空調建物より在室者が快適だと感じる温度（快適温度）が外気温に近く，快適範囲も広いことを報告している。この理由として彼らは，自然換気建物では，快適性を改善するために人々が行う着衣調節や窓開けによる気流調節といった行動的適応が促進されること，さらに，日常の経験や場のコンテクストによって，環境へ

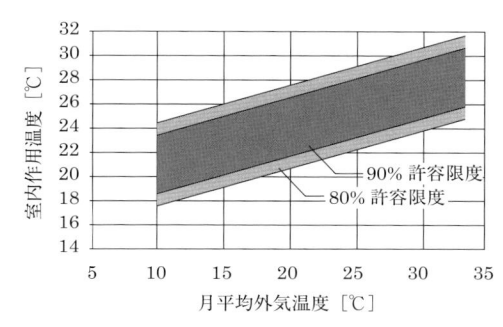

付図 1.8 Adaptive Model (ASHRAE Standard 55-2010)[31]

の要求が緩和されるような心理的適応が生じることを指摘している。彼らは，セントラル空調建物と自然換気建物のそれぞれに対し，快適温度および快適範囲を外気温の関数として予測するモデル－ Adaptive Model を提案しており，特に，自然換気建物に対する Adaptive Model は ASHRAE Standard 55 の 2004 年版以降にも採用されている（付図 1.8）[30),31)]。

これによって人間の適応性を考慮した自然換気設計の可能性が示されたことは，非常に画期的である。しかし一方で，このモデルを実際に日本の建物へ適用しようとした場合には，いくつかの課題が残されているので注意を要する。まず，de Dear らによる研究では，各国の気候的・文化的特徴の影響を一切考慮していないが，心理的適応が日常の経験などによって生じるものならば，本当にそれらの影響を無視してよいかに疑問が残る。また，ASHRAE Standard でも述べられていることでもあるが，このモデルは冷房設備が一切ないことが適用条件であるため，日本で多くを占める冷房と自然換気を併用する建物に対して安易に適用することはできず，そのことを示す実測結果も存在する[32)]。また，在室者が窓の開閉や着衣を自由に調節できることも，このモデルの適用条件となっているが[30),31)]，例えば，窓の開閉の自由度は在室者人数や窓から在室者までの距離などによって異なるはずであり，これによって適応の度合いが変わることは十分に考えられる。以上のことから，このような課題に関して，今後のさらなる研究の進展が望まれる。

《参考引用文献》

1) 石原正雄：建築換気設計，朝倉書店，1969
2) 越智景子，山中俊夫，甲谷寿史：直列配置された複数開口を持つ建物における通風量算定法に関する基礎研究（その5）流入風向を考慮した総合抵抗係数の測定，日本建築学会大会学術講演梗概集，pp.635-636，2001
3) 甲谷寿史，山中俊夫，越智景子：直列配置された複数開口を持つ建物における通風量算定法に関する基礎研究（その6）流入風向を考慮した総合抵抗係数の一様流下での通風量算定への適用，日本建築学会大会学術講演梗概集，pp.637-638，2001
4) 古川 準，山中俊夫，甲谷寿史：直列配置された複数開口を持つ建物における通風量算定法に関する基礎研究（その2）チャンバー法による干渉係数の測定，日本建築学会大会学術講演梗概集，pp.551-552，2000
5) 甲谷寿史，山中俊夫，古川 準：直列配置された複数開口を持つ建物における通風量算定法に関する基礎研究（その3）一様流下における通風量算定への干渉係数の適用，日本建築学会大会学術講演梗概集，pp.553-554，2000
6) 越智景子，山中俊夫，甲谷寿史：直列配置された複数開口を持つ建物における通風量算定法に関する基礎研究（その8）風上側開口における流入風向・通風量の予測法，日本建築学会大会学術講演梗概集，pp.711-712，2002
7) 甲谷寿史，山中俊夫：集合住宅の大開口における通風気流の流入角予測法（PREDICTION OF INFLOW DIRECTION AT LARGE OPENING OF CROSS VENTILATED APARTMENT BUILDING），日本建築学会環境系論文集，第 609 号，pp.39-45，2006
8) 赤林伸一，村上周三，加藤信介，水谷国男，金 永徳，富永禎秀：住宅の換気・通風に関する実験的研究（9）通気輪道に沿うエネルギー収支に基づく通風量算定モデル，日本建築学会大会学術講演梗概集 D，pp.549-550，1990
9) Guffey SE and Fraster DA:A power balance model for converging and diverging flow junctions, ASHRAE Transactions, Vol.95, Part2, pp.2-9, 1989
10) 加藤信介，村上周三，崔 棟皓：建物内外の空気流動に関するマクロ・ミクロ解析の結合（その1）エネルギー保存則に基づくマクロ解析モデルの提案，日本建築学会大会学術講演梗概集 D，pp.507-508，1990
11) 金 永徳，村上周三，加藤信介，赤林伸一，水谷国男，富永禎秀：住宅の換気・通風に関する実験的研究（その8）通風量と室内外の流れ場・圧力場の関連に関する風洞実験，日本建築学会大会学術講演梗概集 D，pp.547-548，1990
12) 水谷国男，村上周三，加藤信介，赤林伸一，金 永徳，富永禎秀：住宅の換気・通風に関する実験的研究（そ

付　録

の10）風洞実験に基づくエネルギー収支型通風量計算モデルの基礎的検討，日本建築学会大会学術講演梗概集 D，pp.551-552，1990

13）赤林伸一，村上周三，加藤信介，水谷国男，金永徳，富永禎秀：住宅の換気・通風に関する実験的研究（その11）仮想流管でモデル化した通気輪道の形状と全圧分布に関する風洞実験，日本建築学会大会学術講演梗概集 D，pp.577-578，1991

14）S. Murakami, S. Kato, S. Akabayashi, K. Mizutani and Y. D. Kim：WIND TUNNEL TEST ON VELOCITY PRESSURE FIELD OF CROSS-VENTILATION WITH OPEN WINDOWS, ASHRAE Transactions, Vol.97, pp.525-538, 1991

15）小林知広，相良和伸，山中俊夫，甲谷寿史，武田尚吾，西本真道：通風時の建物周辺気流に関する風洞実験及びCFD解析精度の検証，日本建築学会環境系論文集，第638号，pp.481-488，2009

16）甲谷寿史，相良和伸，山中俊夫，小林知広，武田尚吾，西本真道：通風量の簡易予測を目的とした室内外流管解析に関する研究（その12）PIVによる通風時の室模型周辺の風速測定，日本建築学会大会学術講演梗概集，pp.757-758，2008

17）小林知広，相良和伸，山中俊夫，甲谷寿史，武田尚吾，西本真道：通風量の簡易予測を目的とした室内外流管解析に関する研究（その14）室内外流管におけるパワー輸送に関する基礎的検討，日本建築学会大会学術講演梗概集，pp.761-762，2008

18）小林知広，甲谷寿史，相良和伸，山中俊夫，桃井良尚：通風量の簡易予測を目的とした室内外流管解析に関する研究（その16）通風室内におけるエネルギー損失に関する基礎的検討，日本建築学会大会学術講演梗概集，pp.749-750，2009

19）上恭子，甲谷寿史，小林知広，山中俊夫，桃井良尚，相良和伸：通風量の簡易予測を目的とした室内外流管解析に関する研究（その17）Large Eddy Simulationモデルを用いた流管性状の把握，日本建築学会近畿支部研究報告集，pp.185-188，2011

20）甲谷寿史，山中俊夫，桃井良尚，相良和伸，有馬雄祐：通風量の簡易予測を目的とした室内外流管解析に関する研究（その19）PIVを用いた流管同定とCFD解析との比較，日本建築学会大会学術講演梗概集，pp.637-638，2012

21）日本建築学会編：設計計画パンフレット18　換気設計，彰国社

22）倉渕隆，大場正昭，遠藤智行，赤嶺嘉彦：通風時の換気量予測法に関する研究（第1報）局所相似モデルの概念と風洞実験による検証，日本建築学会環境系論文集，第607号，pp.37-41，2006

23）遠藤智行，倉渕隆，赤嶺嘉彦，大場正昭，鎌田元康：流入開口部通気特性評価法の開発及び通気特性データベースの構築，日本建築学会環境系論文集，第646号，pp.1315-1320，2009

24）大場正昭，倉渕隆，後藤伴延，遠藤智行，赤嶺嘉彦，野中俊宏：通風時の換気量予測法に関する研究（第2報）流入開口部における局所相似モデルの適用性に関する検討，日本建築学会環境系論文集，第617号，pp.25-30，2007

25）後藤伴延，大場正昭，倉渕隆，遠藤智行，赤嶺嘉彦，野中俊宏，塚本健二：通風時の換気量予測法に関する研究（第3報）流出開口部への局所相似モデルの適用に関する検討，日本建築学会環境系論文集，第674号，pp.259-266，2012

26）塚本健二，大場正昭，倉渕隆，後藤伴延，遠藤智行，赤嶺嘉彦，野中俊宏：通風時の換気量予測法に関する研究（第4報）多数室換気に局所相似モデルを適用した場合の通風量予測の精度検証及び戸建住宅の通風量解析への適用，日本建築学会環境系論文集，第684号，pp.157-163，2013

27）International Organization for Standardization：Moderate thermal environments – Determination of the PMV and PPD indices and specification of the conditions for thermal comfort, ISO 7730, 1994

28）American Society of Heating, Refrigerating and Air-conditioning Engineers, Inc.: Thermal environmental conditions for human occupancy, ANSI/ASHRAE Standard 55-1992, 1992

29）R.J. de Dear and G.S. Brager：Developing an adaptive model of thermal comfort and preference, ASHRAE Transactions, 104, 1A, pp.145-167, 1998

30）American Society of Heating, Refrigerating and Air-conditioning Engineers, Inc.: Thermal environmental conditions for human occupancy, ANSI/ASHRAE Standard 55-2004, 2004

31）American Society of Heating, Refrigerating and Air-conditioning Engineers, Inc.: Thermal environmental conditions for human occupancy, ANSI/ASHRAE Standard 55-2010, 2010

32）猪股悦子，後藤伴延，三田村輝章，吉野博，田村明弘：オフィスにおける在室者の温熱適応性に関する実測調査，その5　着衣量および快適温度に関する考察，日本建築学会大会学術講演梗概書，pp.463-464，2006

付録2　用　語　集

【あ行】

圧力損失：流体が流れる際に失うエネルギーを圧力換算したもの。

エアフローウインドウ：窓ガラスを複層とし，そのガラスの間に室内からの排気を通すシステム。

煙突効果：建物の内外温度差に起因して発生する内外圧力差が原因となり発生する重力換気のことで，特に高層建物の竪穴周辺での予期せぬ漏気によるトラブルに注意が必要である。

オープンオフィス：間仕切りなし，もしくは低い高さの間仕切りにより作業空間を仕切ったオフィス空間。

温度差換気（重力換気）：内外温度差を駆動力とする換気。

温熱環境形成寄与率（CRI）：各種熱的要因がどのように室内の温熱環境形成に係るかの物理的構造を示す概念。

【か行】

外気（導入）量：給気のうち，室内から空調機などを通じて再度戻ってくる空気を含まない，外気だけの量。

外気負荷：取り入れ外気により生じる空調負荷。

外気冷房：中間期や冬季に冷房を必要とする場合に室温より低い外気を冷熱源として利用し，冷凍機の運転を必要とせずに冷房を行う方法。

外皮負荷：外壁や窓の熱貫流，窓の日射透過，すきま風によって生じる空調負荷。

拡張アメダス気象データ：気象庁が公開している全国のアメダス気象データに，日射量などのデータの追加やデータ欠損の補充を行い，建築設計に利用しやすくしたもの。

換気回数：換気量を室容積で割ったもので，単位は回／時間。

換気回路網：一般に建物の換気経路は回路網を形成しており，開口や隙間などの流路が通気に対する抵抗となることから電気抵抗と同様の「枝」として表現し，外気や室内については圧力を有する接点として閉回路を構成したもの。

換気効率：換気性能を評価する効率や指標の総称。空気齢や換気効率指標（SVE）などが含まれる。

換気効率指標（SVE）：室内濃度分布の性状を組み込んだ換気の質を判断する評価指標。

完全混合：一様にむらなく混じり合っている状態。

機械換気：送風機の駆動力を利用して一定の換気量を確保する換気。

基準風速：構造物の直接の影響を受けない位置で，かつその流れ場を代表できる点を基準点として定め，その点での平均風速をいう。通常は建物軒高さの平均風速が用いられる。

給気：給気口を通じて室内に供給される空気。機械換気の場合は，必ずしも外気のみではなく，空調機を通って再度戻ってくる空気も含む。

局所冷房：必要な場所を部分的に冷房すること。

居住域：室内空間のうち，人間が居住し活動する領域で，一般に床面から180 cmまでの間の空間。

空気齢：スウェーデンのM. Sandbergらにより室内の換気性状を表す指標として導入された概念で，新鮮空気が吹出口から供給され，ある点に到達するまでの時間を示す。

空調負荷：室内の温湿度を一定に維持するために供給または除去する必要のある熱量。一般に空調空気の搬送過程で生じる熱負荷もこれに含まれる。

クールピット：地中の熱を利用して，空調用外気を予冷または予暖するための空気の通り道。

形状抵抗係数：流路の形状変化による流体の圧力損失を，動圧で表すときの係数。圧力損失係数と同じ用語である。

【さ行】

作用温度：空気温度と平均放射温度とをそれぞれ対流熱伝達率と放射熱伝達率で重み付け平均した温度。

自然換気：自然の力を利用した換気。

自然換気口：自然換気のために設けられた換気口。

シックハウス：室内での化学物質などの放散や新鮮外気量の不足に起因する室内空気汚染が原因で健康障害を引き起こす住宅。

室内圧（室圧）：床面高さの室内圧をそれと同一水平面上の静止外気圧を基準として表したもの。

室内空気質：建物内部などの空気汚染物質レベル。

シャフト：建築設備用のダクト，配管やエレベーターなどを通すために，床や天井などを貫通して設けられる垂直方向の空間。

縮流：流体が開口部を通るときに，流路幅が狭くなる現象。

ショートサーキット：給排気の短絡現象。給気が室内の必要な場所へ充分にいきわたる前に排気されてしまうこと。

ステップダウン法：トレーサガス法の一種。トレーサガスの濃度減衰から換気回数や空気齢を測定する方法。

静圧：流れに対して水平に置いた障害物に作用する流体の圧力。

全圧：流れの持っている全てのエネルギーを圧力換算で表したもので，静圧と動圧の和である。

全熱交換器：ビル，住宅などの空調換気に使用され，換気によって失われる空調エネルギーの全熱（顕熱＝温度と潜熱＝湿度）を外気と交換して回収する省エネルギーを図る換気装置。

層流：流れの中に渦が無く，粘性によって周囲の流体に運動量が伝わっていく流れ。流速は変動成分を持たない。個々の流体粒子は滑らかな線を描いて整然と運動する。

ソーラーチムニー：太陽熱を利用した自然換気装置。

粗度：ダクト内表面や地表面における表面の粗滑の度合い。

【た行】

大気基準圧：ある高さの静止大気圧を基準圧に用いたときの圧力。

ダブルスキンファサード：通常の外壁の外側にガラス壁を設けて，外壁を二重にするシステム。

知的生産性：執務空間における生産性効率。

中性帯：壁面に作用する室内圧と外気圧が等しくなる位置。

通風：建物の開口部による大量の自然換気のこと。

デマンド制御：電力需要家が使用電力量を監視し，契約電力を超えないように負荷設備を制御するシステム。

動圧：流れに対して垂直に置いた障害物に作用する流体の圧力。速度圧ともいう。

等温場：温度の空間分布がない空間で，換気の場合は室内外の温度差がない場。

等価直径：円形以外の任意のダクトと圧力損失が等価になるような円形ダクトの直径。

ドラフト：普通は空気の流れをいい，人体に不快感を与える気流の意味を持つ。

トレーサガス法：室内に特定のガスを散布し，その濃度変化から換気回数や空気齢などを測定する方法。

【な行】

ナイトパージ：夜間換気を参照。

内部負荷：人体や照明，OA機器などの室内での発熱により生じる空調負荷。

熱源負荷：熱源で負担する必要のある熱量。空調負荷以外に，熱媒の搬送の過程で生じる熱損失も含む。

【は行】

排気：排気口を通じて室外に排出される空気。

ハイブリッド換気（自然換気併用冷房）：機械換気と自然換気を混在させた換気システム。

パスダクト：室と室の間をつなぐ換気経路のダクト。

非圧縮性流体：流体の運動に伴う密度の変化が無視できるほど小さな流体のこと。

付録2 用語集

必要換気量：空気環境の汚染質濃度を設計基準値以下に維持するために必要最小限の取り入れ外気量。

ファサード：建物外皮のことで，窓や壁廻りを含んで，環境制御上，重要となる。

風圧係数：流れの持っている速度のエネルギーが圧力に変換される割合を表す。

風圧力：風によって外壁面や開口部に作用する圧力と構造物の影響がない無限遠点での圧力との差をさす。流れの持っている速度のエネルギーが圧力に変換されて生じる。

風洞実験：人工的に作った小規模な気流と建物の縮小模型などを用いて行う実験。風圧係数などを求める際に用いる。

風力換気：風力を駆動力とする換気。

フェイルセーフ：誤作動や誤操作，設計上の不具合などの障害が発生することをあらかじめ想定し，起きた際の被害を常に安全側に制御する設計思想。

ペリカウンター：窓下のペリメーターゾーンに設けるカウンター。内部にファンコイルユニットなどの空調機器を設置する場合がある。

ボイド空間：建物内部の吹抜け空間。

【ま行】

摩擦損失係数：流路の摩擦による流体の圧力損失を，動圧で表すときの係数。

乱れの強さ：流速の変動成分の標準偏差を平均速度で除した値。

【や行】

夜間換気（ナイトパージ）：中間期や夏期の夜間に外気を取り入れ，室内空気を排出するとともに，建物内部・躯体に蓄積された熱を除去することで，主に空調立上がり時の冷房負荷を軽減する換気方法。

有効開口面積（相当開口面積，実効面積）：開口面積に流量係数を乗じて得られる面積。

【ら行】

乱流：流れの中に大小の渦が存在し，主にこの渦によって周囲の流体に運動量が伝わっていく流れ。流速は平均成分の他に変動成分を持つ。個々の流体粒子は不規則に運動する。

乱流モデル：乱流のCFD解析を行う際に，計算負荷を削減するために用いられるモデル。大きくRANSモデルとLESモデルの二つの種類がある。

流量係数：開口部を通過する流れが，開口部の形状抵抗と摩擦抵抗により，開口部流路で縮小する割合。

冷却塔：冷凍機のコンデンサーを冷却して，温度の上がった水を滴下し，これを送風機で吸い込んだ空気で冷却し，再使用するための装置。

漏気量：意図しない隙間から出入りする空気の量。

【略語】

AHU（Air Handling Unit）：エアハンドリングユニット。送風機，冷却コイル，加熱コイル，加湿器，エアフィルターなど構成されている空気調和機。

ASHRAE（American Society of Heating, Refrigerating and Air-Conditioning Engineers）：アメリカ暖房冷凍空調学会。

BCP（Business Continuity Plan）：事業継続計画。災害や事故発生時等の事業継続のためにあらかじめ策定しておく計画。

BEMS（Building Energy Management System）：業務用ビルや工場などの建物において，建物全体のエネルギー設備を統合的に監視し，自動制御することにより，省エネルギー化や運用の最適化を行う管理システム。

CAV方式（Constant Air Volume）：定風量単一ダクト方式。空調機から一本のダクトおよびその分岐ダクトからの給気により空調空気を送風する方式。

CFD（Computational Fluid Dynamics）：数値流体力学。

clo：着衣の断熱性能（着衣量）を表す単位。読み方はクロ。1 cloは，一般的なスーツ姿の男性の着衣量。

FCU方式（Fan Coil Unit system）：送風機，

付　録

冷水コイル，温水コイル，フィルターなどから構成される小型空調機器。
HEX（Heat EXchanger）：全熱交換器を参照。
IAQ（Indoor Air Quality）：室内空気質。空気質を参照。
LES モデル（Large-Eddy Simulationモデル）：小さなスケールの渦についてはモデル化を行い，大きなスケールの渦については計算を行う非定常計算モデル。
Met：代謝量を表す単位。読み方はメット。1 Met は，椅子に座って安静にしている状態の代謝量。
OHU（Outdoor air Handling Unit）：外気負荷処理用の空調機。
PAC（Package Air Conditioner）：本体に冷凍機の一部である圧縮機，凝縮器，膨張弁，冷媒蒸発器などを組み込み，さらに，送風機，エアフィルターなどを組み込んだ空調機。
PMV（Predicted Mean Vote）：予測平均温冷感申告。デンマークの Fanger が 1967 年に被験者実験から快適方程式を導出し，人体の熱負荷と人間の温冷感申告値を結び付けた温熱環境評価指標。
PPD（Predicted Percentage of Dissatisfied）：予測不満足者率。PMV と同じく Fanger により提案された，PMV の関数として求められる指標。温冷感の感じ方の個人差によって生じる不満足者の割合を予測するもの。
pQ 特性：送風機全圧と風量の関係を示す性能曲線。自然換気口では圧力差と風量との関係を示す。
RANSモデル（Reynolds-Averaged Navier-Stokes equationsモデル）：レイノルズ平均した Navier-Stokes 方程式を用いて，平均流を対象とし，平均値からの変動成分についてはモデル化を行い表現するモデル。
Re 数：レイノルズ数。流体の慣性力と粘性力の比を表す無次元数。レイノルズ数が小さければ流れは層流となり，大きければ乱流となる。
SET* （Standard New Effective Temperature）：標準新有効温度。椅子座安静状態（1 Met），軽装着衣（0.6 clo），静穏気流（0.1 m/s），相対湿度 50% の標準状態で，評価対象環境と等価な温熱環境を得るときの作用温度。
VAV 方式（Variabie Air Volume）：変風量単一ダクト方式。給気温湿度を一定として，分岐ダクトに設置した VAV ユニットにより，各ゾーンや各室の負荷変動に応じて吹出し風量を制御する方式。
VWV 方式（Variable Water Volume）：可変水量方式。各ゾーンの負荷の変動に応じて，空調用の冷水・温水の送水量制御を行う空調方式。

《参考引用文献》

1) 板本守正，市川裕通，塘　直樹，片山忠久，小林信行：環境工学，朝倉書店，1996
2) 空気調和・衛生工学会編：空気調和設備　計画設計の実務者の知識，オーム社，2002
3) 倉渕　隆：初学者の建築講座　建築環境工学，市ヶ谷出版，2006
4) 日本風工学会編：風工学ハンドブック，朝倉書店，2007
5) 村上周三：CFD による建築・都市の環境設計工学，東京大学出版会，2000

索　引

【あ行】

圧力仮定法 …………… 83
圧力勾配 ……………… 12
圧力損失 ………… 4,7,145
アトリウム ………… 27,43
網戸 …………………… 64
アンサンブル平均 …… 96
一次精度風上差分 …… 98
一般化対数則 ……… 99,102
移流項差分スキーム … 98
ウィンドタワー ……… 59
渦粘性モデル ………… 97
雨天，荒天による影響 … 73
運動量保存 ………… 96,99
運用体制 ……………… 20
運用マニュアル ……… 20
エアフローウィンドウ
　………………130,131,145
エコシャフト ………… 17
エコボイド ………… 27,32
エネルギー散逸率 …… 97
塩害 …………………… 16
エンタルピー ………… 71
エンタルピー基準 …… 73
鉛直風速分布 ………… 6
煙突効果 ………… 18,145
屋外空気質 …………… 16
音鳴り ………………… 73
温度差換気 ……… 4,14,145
温度差換気駆動力 …… 5
温熱快適条件 ………… 3
温熱環境 …………… 2,14
温熱環境形成寄与率 … 95,145
温冷感 ………………… 19

【か行】

外気導入量 ……… 66,68,145
外気冷房 ……… 38,68,145
開口部 ………………… 5,7
開口部通過風量 ……… 7
開口面積 ………… 7,16,45
外調機 ………………… 66
快適感 ………………… 19
ガイドライン値 ……… 38
外部騒音 ……………… 64
外部風 ………………… 10
開閉判断 ……………… 71
風の逆流 ……………… 43
渦動粘性係数 ………… 97
花粉 ……………… 16,62,74
換気回路網 … 8,16,80,82,145
換気駆動力 ………… 4,10,14
換気経路 …………… 8,11,43
換気口騒音 …………… 64
換気効率 ………… 110,145
換気効率指標 …… 95,145
換気シャフト ……… 42,43
監視装置 ……………… 74
干渉係数 ……………… 138
気圧変動 ……………… 77
機械換気 …………… 14,145
期間シミュレーション … 92
気候特性 ……………… 16
基準風速 ………… 5,6,145
基本必要換気量 ……… 39
気密性能 ……………… 18
給気型逆流防止窓 …… 11
給気口 ………………… 46
給気口タイプ ………… 56

給排気バランス ……… 18
局所相似モデル ……… 141
局所平均空気齢 ……… 111
局所冷房 ………… 69,145
空気線図 ……………… 71
空気調和・衛生工学会規準
　……………………… 39,110
空気齢 …………… 95,145
空調機 ………………… 66
空調気流 ……………… 69
空調システム ………… 19
クールビズ …………… 2
クールピット …… 12,58,145
計画チェックリスト … 22
形状抵抗係数 …… 7,48,145
形状抵抗損失 ………… 8
形状抵抗による圧力損失 … 7
建築基準法 …………… 38
建築基準法施行令 …… 38
建築物衛生法 ………… 38
光庭 …………………… 26,32
コールドドラフト …… 14
コスト ………………… 16

【さ行】

採風窓 ………………… 59
作業効率 ……………… 3
作動音 ………………… 62
事業継続計画 ……… 2,40
自然換気 …………… 2,146
自然換気経路（ルート）
　……………………… 18,41
自然換気口 … 14,55,69,146
自然換気制御 ……… 19,20

索　引

自然換気装置 …………… 32
自然換気の計画フロー …… 15
自然換気併用冷房 ……… 14,19
自然換気量 ………… 4,10,82
自然採光 ………………… 26
室圧 ………………… 4,5,9
シックハウス ………… 38,146
実効面積 ………………… 7
湿度制御 ………………… 73
室内圧 ……………… 82,146
室内温熱環境 …………… 19
室内空気質 ………… 42,146
室内パス ………………… 57
自動開閉 ……………… 68,71
自動制御 …………… 19,20,71
閉め忘れ防止対策 ……… 76
シャフト型 ………… 10,11,43
臭気 ……………………… 73
縮流 ………………… 7,8,146
手動開閉 …………… 18,68,71
省エネルギー ……… 2,14,76
上昇気流速度 …………… 11
状態表示装置 …………… 76
情報表示装置 …………… 76
ショートサーキット
　　　………………… 68,69,146
新鮮空気 ………………… 73
水密性能 ………………… 18
数値流体力学 …………… 19
正圧 ………………… 5,10,14
静圧 …………………… 7,146
制御フロー ……………… 71
節点 …………………… 8,82
全圧 …………………… 7,146
全熱交換器 …………… 66,146
騒音 …………………… 16,18,73
操作スイッチ …………… 74
相当開口面積 ………… 7,138
ソーラーチムニー
　　　………………… 11,57,133,146

速度圧 ……………………… 7

【た行】

第3種換気 ……………… 69
第2種換気 ……………… 69
大気圧 …………………… 4
大気基準圧 …………… 5,146
大空間換気 …………… 11
代謝量 ……………………… 3
対数則 ……………………… 99
竪穴区画 ………………… 44
縦シャフト ……………… 11
建物形態 ………………… 10
建物立地条件 …………… 16
ダブルスキン
　　　………… 18,118,130,131,146
単一開口 ………………… 4
チェックリスト ………… 22
知的生産性 …………… 3,146
チャンバー法 …………… 105
中央監視データ ………… 20
中空ボイド ……………… 11
中性帯 ……………… 11,26,146
超高層ビル ……………… 18
直管部の圧力損失 ……… 8
通気抵抗 ………………… 11
通風 …………………… 14,146
通風型 …………………… 10
定風量（換気）装置 … 27,32,47
天井チャンバー方式 …… 44
動圧 …………………… 7,146
ドラフト …………… 17,44,146
トレーサガスステップダウン法
　　　……………………… 109

【な行】

内外温度差 ……………… 5,14
ナイトパージ … 14,75,121,146
内部発熱 ………………… 37
二次精度風上差分 ……… 98

二次精度中心差分 ……… 98
2層モデル ……………… 99
二分法 …………………… 83
ニュートン・ラプソン法 … 83
熱気 ……………………… 69
熱流束 …………………… 99
粘性底層 ………………… 99

【は行】

排気型逆流防止窓 ……… 11
排気口 …………………… 46
排気口タイプ …………… 57
ハイブリッド換気 … 14,37,146
剥離 ……………………… 6
パスダクト ……… 43,46,146
パッケージエアコン …… 66
パワーバランスモデル … 139
光ダクト ………………… 2
必要換気量 ……… 3,37,147
非定常シミュレーション … 19
標準 k-ε モデル ………… 85
負圧 ………………… 6,10,14
ファン …………………… 14
ファンコイルユニット …… 66
風圧係数 …………… 6,84,147
風圧力 …………… 5,26,147
風力換気 ………… 5,14,147
風力換気駆動力 ………… 6
フェイルセーフ ……… 18,147
不快感 …………………… 73
吹抜け空間 ………… 26,46
複数開口 ………………… 5
浮力 ……………………… 14
粉塵 …………………… 16,74
閉回路 …………………… 83
壁関数 …………………… 99
べき乗則（分布） ……… 6,99
ベルマウス ……………… 8
変風量方式 ……………… 66
ボイド ……………… 43,147

ボイド型	10,11,43
防煙区画	44
防火区画	44
防虫網	64
ホルムアルデヒド	38

【ま行】

摩擦損失係数	8,147
マルチゾーンモデル	50
虫・鳥の侵入	64
メッシュ	64
目標換気回数	28,37
目標換気量	37
モックアップ	105
モニタリング方法	19

【や行】

夜間換気	14,147
誘引効果	27,29
有効開口面積	7,11,147

【ら行】

ライトシェルフ	2,32
欄間	32,43,44
乱流エネルギー	97
乱流モデル	85,96,147
流出開口部	10

流入開口部	10
流入出境界条件	98
流量仮定法	83
流量係数	7,46,84,147
レイノルズ応力	97
レイノルズ平均	96
レイノルズ方程式	96
冷房運転	66
冷房エネルギー	2
冷房負荷	14
連続式	97
労働安全衛生法基準	40

【欧文】

Adaptive Model	142
ASHRAE（American Society of Heating, Refrigerating and Air-Conditioning Engineers）	3,147
BCP（Business Continuity Plan）	2,40,147
BEMS（Building Energy Management System）	20,114,147
Boussinesq 近似	96
CFD（Computational Fluid Dynamics）	19,95,147
clo	2,147
CO_2 濃度指標	39,40
free slip	99
k-ε モデル	97
LES（Large-Eddy Simulation）モデル	96,148
Navier-Stokes 方程式	96
Newton 則	99
no slip	99
PID（Proportional Integral Derivative）制御	77
PMV（Predicted Mean Vote）	2,110,148
pQ 特性	84,105,148
QUICK	98
RANS（Reynolds-Averaged Navier-Stokes equations）モデル	96,148
Re 数	84,148
SET*（Standard New Effective Temperature）	2,148
SHASE-S	39,109
VAV（Variabie Air Volume）方式	66,148
y+	99
ZEB（Zero Energy Building）	120

実務者のための
自然換気設計ハンドブック　　　　　　　定価はカバーに表示してあります。

2013 年 8 月 25 日　1 版 1 刷発行　　　　　　　　　　ISBN 978-4-7655-2566-4 C3052

編　者　　一般社団法人日本建築学会

発行者　　長　　滋　　彦

発行所　　技報堂出版株式会社

〒101-0051　東京都千代田区神田神保町1-2-5
電　話　　営　業　　(03)(5217)0885
　　　　　編　集　　(03)(5217)0881
　　　　　F A X　　(03)(5217)0886
振替口座　00140-4-10
U R L　　http://gihodobooks.jp/

日本書籍出版協会会員
自然科学書協会会員
工学書協会会員
土木・建築書協会会員
Printed in Japan

Ⓒ Architectural Institute of Japan, 2013

装幀　田中邦直　印刷・製本　昭和情報プロセス

書籍のコピー，スキャン，デジタル化等による複製は，
著作権法上での例外を除き禁じられています。

落丁・乱丁はお取り替えいたします。
本書の無断複写は，著作権法上での例外を除き，禁じられています。

◆小社刊行図書のご案内◆

定価につきましては小社ホームページ（http://gihodobooks.jp/）をご確認ください。

シックハウス対策マニュアル

日本建築学会 編
B5・244頁

【内容紹介】室内化学物質汚染とその対応策について，建築設計者，建築施工技術者，建築関連業者，行政担当者，研究者などの実務者の他，一般の居住者にもわかりやすくなるよう，具体策を示しながら解説した書。室内化学物質汚染の原因や最新の規制・基準はもちろんのこと，設計・施工段階や建物使用段階，適切な維持管理などにおける留意点について，最新の知見をもとにより踏み込んだ解説をした。

微生物・花粉による室内空気汚染とその対策
―健康影響・測定法から建築と設備の設計・維持管理まで―

日本建築学会 編
B5・120頁

【内容紹介】昨今建築業は，設計・建設から維持・管理，居住・住まい方にまで広がっており，それぞれの場面での課題が出てきている。微生物についても，医学的側面のみならず生活そのもの，あるいは建築的な面で関連が出てきており，その内容も急速に変化・改善がなされつつある。本書は，微生物粒子として室内で浮遊・落下・付着を辿る真菌と細菌を中心に，関連する規準濃度，測定法などをまとめ，そこから室内空気汚染防止設計や維持管理技術を，現場で推し進めるための基本を指し示す。

室内空気質環境設計法

日本建築学会 編
B5・172頁

【内容紹介】シックビルやシックハウスが問題となっている近年，室内空気質を目的とするレベルに達成し，それを保つということは，環境を造る技術者にとって基本的な業務である。環境的な条件が出現されるためのメカニズムに基づき，自然条件，生活条件，社会的条件の要素を組み込んだエンジニアリングとしての設計が必要である。本書は，建築物室内環境で問題となっている主要な汚染物質について，改善のための設計を眼目において，ターゲット値，汚染の実態と機構，予測，発生量などをまとめた。

活かして究める　雨の建築道

日本建築学会 編
A5・196頁

【内容紹介】近年，雨量の増加やゲリラ豪雨など，雨や水に関する問題が増えてきている。そのような中で，人々が雨とどう付き合っていくか，雨ときちんと向き合い，上手に付き合って行くことをテーマに雨水の活用法や建築物への取り込み方をやさしく解説した書。「雨の建築」が取り組む基本概念を明らかにした後，雨水活用の用途ごとに具体的な取り組み方法を示す。また，実践のための制度整備や環境学習，市民や自治体の活動などについても触れており，幅広く語ったものとなっている。

暮らしに活かす　雨の建築術

日本建築学会 編
A5・160頁

【内容紹介】雨水とのつきあい方，暮らし方の知恵と工夫を探りつつ「健全な雨水循環」に役立つ建築をつくることを提案し，これを「雨の建築学」と呼んだ。本書は，技術的側面を中心にした事例集ではあるが，「雨の建築学」の理念を踏まえてこれを発展させ，有効に活かすという役目を担っており，ただ数多くの事例を羅列的に取り上げるのではなく，一つひとつの事例を吟味，整理して，丁寧に解説することに努めている。

雪と建築

日本建築学会 編
A5・132頁

【内容紹介】日本各地で降る雪の性質や量は，気温や地理的要因により異なり，建築物で起こる雪の問題を複雑にしている。また，地方の過疎・高齢化や都市の過密化，建築物の高層化に伴い，そこで起こる雪問題も変化してきている。本書は，雪国における建築計画において，検討すべき課題を整理するとともに，雪に配慮した建築物を設計する上で，必要とされる基本的知識をまとめた書。建築関係者，実務者などが雪にかかわる建築を企画・設計する際の座右の書である。

■技報堂出版■　TEL 営業 03(5217)0885　編集 03(5217)0881
FAX 03(5217)0886